U0701503

美丽中国

绿色发展与品牌传播

鞠立新◎著

人民日报出版社
北京

图书在版编目（CIP）数据

美丽中国：绿色发展与品牌传播 / 鞠立新著 . --
北京：人民日报出版社，2021.12
ISBN 978-7-5115-6391-0

Ⅰ . ①美… Ⅱ . ①鞠… Ⅲ . ①绿色经济－经济发展－中国－文集 Ⅳ . ① F124.5-53

中国版本图书馆 CIP 数据核字 (2021) 第 233466 号

书　　名：美丽中国：绿色发展与品牌传播
MEILIZHONGGUO: LVSEFAZHAN YU PINPAICHUANBO
作　　者：鞠立新

出 版 人：刘华新
责任编辑：季　玮
装帧设计：元泰书装

出版发行：人民日报出版社
社　　址：北京金台西路 2 号
邮政编码：100733
发行热线：（010）65369509 65369512 65363531 65363528
邮购热线：（010）65369530 65363527
编辑热线：（010）65369523
网　　址：www.peopledailypress.com
经　　销：新华书店
印　　刷：涞水建良印刷有限公司
法律顾问：北京科宇律师事务所 010-83622312

开　　本：710mm×1000mm　　1/16
字　　数：130 千字
印　　张：13
版　　次：2022 年 5 月第 1 版
印　　次：2022 年 5 月第 1 次印刷

书　　号：ISBN 978-7-5115-6391-0
定　　价：88.00 元

序一

“美丽中国”是中国共产党第十八次全国代表大会提出的概念，强调把生态文明建设放在突出地位，融入经济建设、政治建设、文化建设、社会建设各方面和全过程。2015 年 10 月召开的党的十八届五中全会上，“美丽中国”被纳入“十三五”规划，这是首次被纳入五年规划。2017 年 10 月 18 日，习近平总书记在党的十九大报告中指出，加快生态文明体制改革，建设美丽中国。党的十九大以来，在以习近平同志为核心的党中央坚强领导下，在习近平生态文明思想指引下，我国生态文明建设取得显著成效，生态环境质量明显改善，美丽中国建设迈出坚实步伐。2020 年，提出碳达峰、碳中和国家目标。当下，我国生态文明建设进入了以降碳为重点战略方向，实现生态环境改善由量变到质变的关键时刻。

为响应习近平总书记对生态文明建设作出的重要指示，切实贯彻新发展理念，树立“绿水青山就是金山银山”的强烈意识，中国传媒大学绿色低碳发展与品牌传播研究中心应运而生。中心不仅是交流前沿新知的讲坛，更是接触、分享成果的殿堂。通过机制创新，在更大范围内整合社会资源，壮大研究力量，拓展社会影响力。加强国际合作，实现国内与国际资源的统筹兼顾，建立双向的气候战略发展交流平台、特聘专家与科研团队，为时代发展培养后备力量。中心成立以来主持召开“绿色发展与气候传播研讨会”，出版《中国海洋文化产业体制机制创新研究》《中国新媒体产业国际竞争力研究》《精武特色小镇发展报告》等专著，参与编写《全国海洋经济发展“十三五”规划》《适应气候变化经济学》等，参与国家社科基金项目“生态文明建设和绿色发展理念背景下我国气候传播的战略定位与行动策略”，为辽宁省鞍山市供热集团撰写环保方案，节省近 1 亿元企业成本。这些工作的开展不仅体现了中国学者的责任担当，同时也是为应对气候变化工作迈上新台阶做出了贡献。

鞠立新教授的新书《美丽中国》是一次新的探索。鞠立新教授笔耕不辍，潜心科研，写了大量文章来为美丽中国建设献言献计，是其深入学习贯彻习近平生态文明思想的具体体现。

不忘初心、牢记使命，继续前进、再创佳绩，愿美丽中国建设事业更上一层楼，为促进生态文明、绿色发展，担负起我们的责任和使命，贡献出我们的智慧和力量！

杜祥琬

序二

20世纪以来，随着工业化的发展，气候变化成为全球性公共议题。科学应对气候变化事关每个社会成员的切身利益，而动员全社会共同参与保护气候环境，则离不开媒体传播。气候传播是以寻求气候变化问题的解决为行动目标，使气候变化信息及其相关科学知识为社会与公众所理解和掌握，通过改变公众态度和行为，寻求气候变化问题解决的社会传播活动。我们适时从国家的重大需求出发，在中国传媒大学成立绿色低碳发展与品牌传播研究中心，将中国低碳研究传播与生态文明的新概念传承下去。这种方式也无疑有效促进了中国生态文明建设、研究，具有至关重要的意义。

为中国气候变化做好传播，讲好中国故事很关键。气候变化对人类的生产和生活环境造成不可逆转的严重破坏，给人类的生存和健康带来难以预料的巨大威胁。随着我国媒体对气候变化报道的不断深入，气候传播影响力也在加强。但我们的气候传播人才缺乏，气候传播作为一个新兴交叉研究领域，涉及气候变化科学、新闻与传播、公共外交等多个领域，需要提高认识，将气候传播置于战略高度加以规划，确立集信息公开、议题传播、环境教育、公众对话与危机响应于一体的气候传播工作体系，所以说传播工作至关重要。关注气候变化与气候传播，这有助于树立中国良好国家形象、提升气候传播话语权，我们通过挖掘国内典型案例，通过新闻报道、影视作品等多种形式，讲好中国故事，向国内外展示中国应对气候变化领域的政策成效、面临的挑战和解决方案。

以鞠立新为代表的这支团队，开展了很多努力和尝试，其中《美丽中国》图书的出版就是一次很重要的实践，鞠立新教授把自己对美丽中国建设、气候传播工作的所思所想记录下来，不单是碎片化的文字，更是其对行业的深刻洞察和思考，有很强的学术价值和实践价值。这对助力我国加强国际传播能力建设、讲好气候变化中国故事、引导形成绿色低碳生活方式、展现真实历程全面突破的要求，很有必要，很有价值，要下大力气做好，并持续地做下去。

希望以鞠立新教授为代表的这支团队，以习近平生态文明思想为指导，以促进低碳绿色可持续发展和气候变化全球共治为目标，联合一切可以联合的力量，搭建起更多更好的学术交流平台，不断壮大研究团队，利用丰富的传播形式，不断提高国际传播能力，讲好中国故事，全方位向世界展现中国积极应对气候变化，主动实现碳达峰、碳中和的丰硕成果，为促进美丽中国建设，为实现气候变化全球共治的美好愿景，为保护我们共同的地球家园做出更大贡献。

丁俊杰

目　录

媒体聚焦

建言献策

媒体聚焦

建设绿色矿山

近年来，矿山变绿成为我国矿山发展的主旋律。守护矿山“绿”底色，补益生态金银山，只有适应生态文明建设要求，建设绿色矿山，才能有效推动矿产资源开发利用与生态环境保护协调发展。

我国建立绿色矿山战略由来已久。2003 年，科学发展观正式提出，为绿色矿山建设理念奠定了深厚的理论基础。2008 年,《全国矿产资源规划（2008—2015 年）》指出了发展绿色矿业的明确要求，确立了到 2020 年基本建立绿色矿山格局的战略目标。2010 年,《关于贯彻落实全国矿产资源规划发展绿色矿业建设绿色矿山工作的指导意见》为全面落实规划目标任务指明了方向，提出了国家级绿色矿山建设基本条件，由此标志着我国绿色矿山建设正式开始启动。

2017 年，我国绿色矿山建设从理念到实践又迈出坚实的一步，由原国土资源部、财政部、原环境保护部等六部委联合发布《关于加快建设绿色矿山的实施意见》。2018 年 4 月，自然资源部公示了非金属、化工、黄金等 9 个行业绿色矿山建设规范，首个国家级绿色矿山建设行业规范就此形成。目前，作为矿产资源管理制度改革创新的平台，绿色矿业发展示范区着力发挥政府引导作用，推动了技术、管理和制度创新，推动了绿色矿山建设。

有了标准及战略目标，践行就成为重要的事情。绿色矿山建设是一项系统工程，代表了一个地区矿业开发利用的水平。各地在绿色矿山开采中，融入了科学有序性、环境可控性、生态可持续性等理念，同时，“谁开发、谁保护，谁破坏、谁治理”成为矿业公司在生产建设中严格遵守的原则。

为让矿山变为绿水青山，矿业企业开采与治理相辅相成，将生态优先、绿色发展理念运用于矿业生产建设全过程：对一些矿业排土场土壤结构差，植物生长困难，矿业公司相继开展了排土场生态重建、产业开发技术集成示范工作。虽然先期投入较大，但治理效果好，排土场的水土保持度提高快，有效解决了排土场的生态用水问题，养护修复成本减少；对采矿造成的土壤重金属污染，矿产企业对污染较轻的土壤采用生物降解、改良等方式进行修复。对重金属污染的土壤采用香草、豆科植物等生物吸收方式净化；对矿区生活污水，大多企业采用氧化沟工艺、污水土地处理系统工艺等方式，对矿区废水处理，主要采用高效旋流工艺、传统混凝沉淀工艺等。

守护矿山“绿”底色，不是一朝一夕的事情，需要相关部门在开发全过程中，解决开采科学有序、资源运用高效、信息管理数字化、矿山社区和谐化等关键问题。对此，笔者建议：

建立养护成本预算。在绿色矿山建设时，应考虑管护工作成本及可行性。在绿色矿山建设时需考虑后期养护成本，形成生态循环；运行期管护应坚持生态、绿色、环保的理念，建立健全运行期绿色矿山监管，及时补充运行期开采区生态修复措施；实现数字化管护模式，提升运用能力；推动新技术应用。科技创新是绿色矿山建设的基本条件。要主动转换经营理念，实现矿业经济转型。

《人民日报海外版》（2021 年 11 月 09 日　第 08 版）

08 美丽中国　　人民日报海外版　　2021年11月9日　星期二

责编：罗 兰　邮箱：dzzb8888@163.com

从机器轰鸣，尘土飞扬，满山疮痍，到修整复绿，鸟语花香，满目青翠，一座座按高标准建设的绿色矿山如雨后春笋般在神州大地涌现。自然资源部发布的公告显示，2020年，全国301家矿山纳入绿色矿山名录，它们在安全环保前提下，合理、集约、高效开发利用矿产资源，实现着人与自然的和谐统一。

重庆万盛经开区丛林镇永胜村绿意盎然。这里曾有180平方公里的采煤沉陷影响区。近年来，当地加快生态环境修复，将绿色还给矿山。

曹永龙摄（人民图片）

矿山治理 绿水青山终不负

本报记者　罗　兰

国家行动

"天晴了满天灰尘，下雨了满身泥，看上去很沧桑，都是木房子、木架子，污水治理、环保设施，什么都没有。""太阳和月亮一个样，晴天和阴天一个样，鼻孔和嘴巴一个样。"一位业内人士介绍，这就是传统的矿山环境，只是为了挖矿而挖矿，没有环保措施，也没有长远规划。

传统的粗放采矿方式，既浪费资源又破坏环境。"进入高质量发展阶段，想走老路是行不通的。矿企要抛弃过去的观念，重新换个活法。"中国绿色矿山推进会会长史京壁说。越来越多的企业也意识到矿山资源和生态环境是企业的生命，养护好源头活水，建设绿色矿山，才能实现可持续发展。

绿色矿山不是简单地搞绿化，而是在矿产资源开发全过程中做到资源综合利用、节能减排、保护生态环境、矿地和谐等全部要求，既要严格实施科学有序开采，又要将对矿区及周边环境的扰动控制在可控范围内，是一项复杂的系统工程。

这一系统工程从本世纪初开始启动。2008年，《全国矿产资源规划(2008—2015年)》将发展绿色矿业、建设绿色矿山作为重点任务，各地开始试点探索绿色矿山模式。2017年，推进绿色矿山建设的纲领性文件——六部委联合发布的《关于加快建设绿色矿山的实施意见》出台，要求通过5年努力，基本扭转传统粗放浪费的矿业整体形象，形成符合生态文明建设要求的矿业发展新模式和新格局。至此，绿色矿山建设上升为国家行动。

浙江省温岭市坞根镇新方废弃矿山边坡锚固绿化修复工地，工人正攀援在岩壁边，铺设和加固钩花钢丝网，固化植绿。刘振清摄（人民图片）

绿色开采

大幅减少固废排放、井下充填绿色开采、立体化集约化工厂建设、矿山土地复垦、复垦绿化后的矿山遗迹旅游开发，对排放的废物和能源再利用、修复破坏的植被和周边环境……按照"节约优先、保护优先、自然恢复为主"的战略方针，十多年来，一批批国家级绿色矿山建设试点在全国落地开花，不断创新绿色矿山建设新模式。

绿色有序开采可从根本上消除采矿对环境和生态造成的破坏。绿色开采从绿色勘查开始。中国地调局成都探矿工艺所研发的空气潜孔锤跟管取心钻进等"以钻代槽"的新技术，使扰动面积由过去的一条大沟变成了一个钻孔，不仅能达到揭露较厚地段槽探找矿效果，而且能最大程度地降低对生态环境的扰动。

开采过程中，必须采用科学高效的绿色开采工艺技术和节能高效设备，保证采矿回采率、选矿回收率、资源综合回收率达到环保新要求。

在陕北矿业韩家湾煤炭公司的智能化集控平台上，一位工人坐在电脑屏幕前，根据作业现场变化情况，调整滚筒位置和支护方式，就可以最大限度减少矸石流入。韩家湾煤炭公司的一位采煤机司机说："以前在工作面操控滚筒割煤，遇到煤尘大的情况时，多靠经验调节割煤刀位置，一不留神会割到矸石。现在，在屏幕上就能把工作面看清楚，操作更精准了。"

高效利用资源，特别是对"三废"的治理与利用，是绿色矿山建设的一项重要内容。中煤集团大屯公司孔庄煤矿是一座老矿井，近年来研发出"压风机+洗浴废水"余热再利用项目。该项目的核心技术是污水源热泵技术，即通过污水源热泵机组做功，把低品位热能转化为高品位热能，为次日洗浴热水提供热量，最大限度地实现矿井余热、废水、煤矸石的循环利用。

现在，越来越多的矿山正在变"绿"。

2019年，全国绿色矿山目录管理制度开始实行，能入选国家级名录的企业可谓过五关斩六将，需达到自然资源主管部门制定的100项具体指标，包括矿区环境、开发方式、资源综合利用、节能减排、科技创新、企业管理与形象等六个方面的考核，非常严格。至今，已有上千家矿山企业"披上绿装"，进入了绿色矿山国家级名录。

在安徽省淮北市泉山废弃宕口生态修复项目治理区，工作人员在进行坡面高次团粒喷播绿化作业。

周方玲摄（人民图片）

四川省华蓥市按照4A级景区标准对高顶山矿区实施生态修复，昔日废弃的矿区逐渐变成了山清水秀、鸟语花香的矿山生态公园。邱海鹰摄

生态修复

"边开采、边治理"，除了在生产过程中加强绿色有序开采，对已经存在的矿山地质环境问题，按照现行政策，在建和生产矿山造成的矿山地质环境问题，由矿山企业负责治理恢复。遗留或者责任人灭失的矿山地质环境问题，由各级地方政府统筹规划和治理恢复，中央财政给予必要支持。

天鹅、白鹭、灰鹭、夜鹭、苍鹭、白头鹎、翠鸟……一年四季，百鸟在河北省邯郸市峰峰矿区清泉公园里现身，引得摄影爱好者流连忘返。水清、岸绿，美丽的清泉公园几年前还是一大片采煤沉陷区。峰峰矿区区委有关负责人介绍，矿区的矿产资源丰富，煤化工、钢铁、陶瓷等产业曾经风光一时，但生态环境也到了不得不治理的地步。禁采、叫停所有私营石料厂；修复煤矸石山，治理沉陷区；建设湿地和公园……一系列行动后，峰峰矿区的生态环境越来越好，摘掉了重污染区的帽子。

美丽的云南省大理白族自治州，一片残破废旧的矿山区——鹤庆金墩乡蝙蝠洞片区严重影响着周边环境。3年前，中冶天工集团承接了该矿区的修复项目。团队采用施工难度极大的"边坡治理施工工艺"：在30米高的边坡上进行机械爆破，之后再进行"机械修坡"。现在，废旧矿山区已建成"山""水""田""园"具备的郊野公园。

如今，许多矿山都在进行"矿区变景区"的建设：新疆风城油田实现"地下采油、地上旅游"；青海格兰金辉矿业把沙漠戈壁变绿洲；湖州吴兴埭溪东红废弃矿山变身千亩茶山……

自然资源部发布的《中国矿产资源报告(2021)》显示，我国矿山生态环境持续好转。2020年以来，支持重点流域和重点区域废弃露天矿山生态修复，中央财政下达20亿元支持12省(区)开展黄河流域、青藏高原历史遗留矿山生态修复治理。

建设绿色矿山

鞠立新

近年来，矿山变绿成为我国矿山发展的主旋律。守护矿山"绿"底色，补益生态金银山，只有适应生态文明建设要求，建设绿色矿山，才能有效推动矿产资源开发利用与生态环境保护协调发展。

我国建立绿色矿山战略由来已久。2003年，科学发展观正式提出，为绿色矿山建设理念奠定了深厚的理论基础。2008年，《全国矿产资源规划(2008—2015年)》指出了发展绿色矿业的明确要求，确立了到2020年基本建立绿色矿山格局的战略目标。2010年，《关于贯彻落实全国矿产资源规划发展绿色矿业建设绿色矿山工作的指导意见》为全面落实规划目标任务指明了方向，提出了国家级绿色矿山建设基本条件，由此标志着我国绿色矿山建设正式开始启动。

2017年，我国绿色矿山建设从理念到实践又迈出坚实的一步，由原国土资源部、财政部、原环境保护部等六部委联合发布《关于加快建设绿色矿山的实施意见》。2018年4月，自然资源部公示了非金属、化工、黄金等9个行业绿色矿山建设规范，首个国家级绿色矿山建设行业规范就此形成。目前，作为矿产资源管理制度改革创新的平台，绿色矿业发展示范区着力发挥政府引导作用，推动了技术、管理和制度创新，推动了绿色矿山建设。

有了标准及战略目标，践行就成为重要的事情。绿色矿山建设是一项系统工程，代表了一个地区矿业开发利用的水平。各地在绿色矿山开采中，融入了科学有序性、环境可控性、生态可持续性等理念，同时，"谁开发、谁保护，谁破坏、谁治理"成为矿业公司在生产建设中严格遵守的原则。

为让矿山变为绿水青山，矿业企业开采与治理相辅相成，将生态优先、绿色发展理念运用于矿业生产建设全过程：对一些矿业排土场土壤结构差，植物生长困难，矿业公司相继开展了排土场生态重建、产业开发技术集成示范工作。虽然先期投入较大，但治理效果好，排土场的水土保持度提高快，有效解决了排土场的生态用水问题，养护修复成本减少；对采矿造成的土壤重金属污染，矿产企业对污染较轻的土壤采用生物降解、改良等方式进行修复，对重金属污染的土壤采用香草、豆科植物等生物吸收方式净化；对矿区生活污水，大多企业采用氧化沟工艺、污水土地处理系统工艺等方式，对矿区废水处理，主要采用高效旋流工艺、传统混凝沉淀工艺等。

守护矿山"绿"底色，不是一朝一夕的事情，需要相关部门在开发全过程中，解决开采科学有序、资源运用高效、信息管理数字化、矿山社区和谐化等关键问题。对此，笔者建议：

建立养护成本预算。在绿色矿山建设时，应考虑管护工作成本及可行性。在绿色矿山建设时需考虑后期养护成本，形成生态循环；运行期管护应坚持生态、绿色、环保的理念，建立健全运行期绿色矿山监管，及时补充运行期开采区生态修复措施；实现数字化管护模式，提升运用能力；推动新技术应用。科技创新是绿色矿山建设的基本条件。要主动转换经营理念，实现矿业经济转型。

新时代新步伐

矿山变绿 生活更美

李明仪

锣鼓喧天，器乐奏响，演员开唱，陕西省渭南市合阳县坊镇渤海社区的村民们正乐享激昂的秦腔。

"村子越来越美，日子越过越好，大家经常聚在一起唱秦腔，找乐子。"56岁的村民李俊录坐在自家院子门口，望着如画般美丽的村庄感慨地说。

渤海社区属于黄河流域边上的一座小村庄。走进村里，只见条条街道平展，道旁树绿花艳，两侧排水设施全，孩童在绿树鲜花间嬉戏奔跑；小鸟在路旁树冠遮出的阴凉路面上蹦蹦跳跳，欢快地觅着食物，时而飞起、时而栖在树杈，轻晃尾巴，叽叽喳喳。

但想起过去，李俊录马上伤感起来。"荒野瘠田，风一刮，漫天黄土，睁不开眼睛。特别是道路，更是烂得令人头疼。羊没草了，割不回来，猪没料了，到不了磨坊加工，牛圈没干土，想去土场弄几车，路烂得出不了村。"李俊录说。

村子旁边的平政煤矿，当年没治理时，粗放的开采行为严重影响着村子及其周边的生态环境。如今，这座煤矿已建成国家二级质量标准化煤矿，成为一座绿色矿山。

近年来，按照"谁开发谁保护谁治理"的原则，秦晋矿业集团（平政煤矿是其前身）在开发矿产资源时，先进行合理规划以保护地质和生态环境，把矿产资源开发对环境的破坏降到最低。

煤矿原副井工业广场储煤场黑色的煤矸石，遇到刮风，黑色煤尘到处飞。2016年为了彻底改变环境，公司停止在此储煤，并花重金将储煤场改建为"幸福公园"。公园占地面积3000平方米，内设景观水池，栽种绿植、建了凉亭。原来黑尘飞扬的储煤场，如今变身景色宜人的公园，美化了矿区环境。

矿井工业废水和生活污水是一大污染源，煤矿建设了污水处理站，并将处理后的水二次利用，矿井净化后富裕水经过再处理后，暂存在蓄水池，有一部分输送到周边村庄用于数百亩农田的灌溉，提高土地的利用和产出，增加了农民的收入。

为了达到绿色开采，减少矿井煤矸石排放，煤矿采取了"煤矸石回填采空区"的方法，既减少了排放，又降低了生产成本。对原北工业广场煤堆场由抑尘网改为封闭煤棚，产品煤实行仓储化管理，减少了矿井生产对周边环境的影响和污染，产煤不见煤，实现了绿色开采。

工程技术人员还对燃煤锅炉进行改造，拆除原先的燃煤锅炉，更新为空气能热水锅炉和天然气锅炉。改造供暖燃煤锅炉为天然气锅炉和空气能热泵，避免供暖污染物排放。

绿色矿山离不开大面积绿化工作。在矿区主路两侧、生产区、办公区种植了银杏树、金叶榆、紫薇、小龙柏、红叶小檗、冬青、黄杨球，绿化达到100%，步入矿区和井下，给人一种地面是花园，井下是工厂的感觉。

以前开采煤矿后，许多土地遭到破坏。煤矿投专款对受采掘活动影响的地表进行复垦，目前复垦达到38.1公顷。在复垦过程中对受影响的村民给予作物补偿。

矿山绿了，当地百姓也受益。"坚持生态优先，绿色发展，我们要保护好黄河。"秦晋矿业集团负责人杨百斌也是渤海社区村民的一员，他说，合阳这块土地以及土地上的乡民接纳了我们，我们也要助力公共事业，反哺乡村。现在，果业和多种经营已经成为村民固定的产业收入。渤海社区被合阳县树为"生态新农村"示范村。

让生态水系活起来

生态环境用水是人类生存和发展的重要物质基础，也是动植物生长的要素之一。受季风气候影响，我国南方地区降水明显多于北方地区，东部地区明显多于西部地区。在北方饱受“春旱”等气候问题困扰时，南方阴雨绵绵；而当西部烈日当头、干旱肆虐时，东部沿海城市台风过境、电闪雷鸣。南多北少、东多西少的降水分布导致了南北方、东西部地表径流分布不均——当黄河的某些支流即将或正在陷入“断流”时，长江流域却在饱受洪涝的威胁；当黄河入海口迅猛的水流冲刷着岸堤时，中上游的土地可能往下刨 10 米也不出一滴水。

生态补水是恢复水资源可持续利用的重要环节，能助推正常的水循环和水体功能，促进水资源的可持续利用，保护生态环境。据报道，每年春天，随着黄河巴彦淖尔段开河加速，当地抓住黄河凌汛分凌泄洪的有利时机，提前疏通河道，通过河道下游的关键性工程——河套灌区红圪卜排水站向乌梁素海湖区持续排水，既减轻了黄河防凌压力，又实现了生态补水、改善环境的目的。

“引黄入冀补淀”工程实施后，白洋淀的水位明显回升，水质明显改善，绝迹多年的芡实、白花菜等多种沉水植物和浮叶植物已重现白洋淀，一度大量死亡的野生鱼类也在快速恢复和繁殖，白洋淀湿地生态环境得到了明显改善。

2021 年夏季滹沱河、大清河（白洋淀）生态补水工作，是推进华北河湖生态系统复苏和地下水超采综合治理的重大行动。通过补水，近年来多数时间处于断流或干涸状态的子牙新河、赵王新河、大清河等下游河道将实现全线复流。

生态补水对生态环境改善作用明显，为进一步做好这项工作，笔者建议：

第一，提前疏通河道，查找“病根”，将缺乏连通、生机的河道进行改善。促进水资源生态用量，提高河流的纳污能力。生态补水应遵循公正、公平理念，需以宏观格局切入生态补水差异端口，平衡水资源的循环利用。

第二，明确水资源生态保护的权利主体和义务主体，建立长效、可操作性强的保护措施。秉承共赢的微观原则，即“谁污染、谁治理”，在“谁受益、谁补偿”的保障条件下，生态补水逐步实现各经济体共赢局面。建立河湖“经络”连通体系，让各地方的生态水系“流动”起来。

第三，恢复河流补水及生物多样性是一项长期的综合治理工程，一般需要 5 至 10 年时间。因此，统筹解决河流水资源、水生态问题，开展沿岸生态修复显得尤为重要。相关部门应充分利用再生水措施增加河道生态水量，助推生态修复，打造重要水源生态廊道。

第四，优化生态环境、提升城市品位，建立生态补水基金、保证金制度等，实现资金支持。依据投入与产出效益进行评估，设定生态补水标准，防止出现数量过低不利于生态资源环保效果、数量过高又增加生态补水主体负担的情况。对投入与产出效益进行评估后，核算生态补水数额。

《人民日报海外版》（2021 年 09 月 14 日　第 08 版）

粤桂共护九洲江水

庞革平 晨苗苗

“走长江，看珠江，最美还是家乡九洲江……”九洲江发源于广西壮族自治区玉林市陆川县，流经广东廉江市，注入北部湾。“两广”（广西、广东）人民同饮九洲江水，这些年通过水源涵养、污染防治、统一监测、强化监管等措施，建立了横向水环境补偿机制，实现了“一江净水向东流”。

截至2021年6月，粤桂两省区累计投入用于九洲江流域保护治理资金达27.2亿元。2021年1—6月，九洲江山角断面水质为Ⅲ类，达到国家考核要求，流域生态保护成效明显。

生态治水

九洲江是跨粤桂两省区的独流入海河流，下游的鹤地水库是广东省湛江市最重要的饮用水水源地，九洲江水质直接影响湛江市400万人民群众的饮用水安全。以前玉林市产业转型升级发展，随着流域人口的快速增长、城镇化进程加快，九洲江水质一度降至地表水劣V类。

2013年以来，粤桂两省联手合作，同心治污。在建立“成本共担、效益共享、合作共治、双向补偿”机制的基础上，加强合作交流，实行联动联控和流域共治，建立统一的决策协调、信息通报、联合执法和预警应急机制，共同维护九洲江流域生态环境安全。

2014年8月，粤桂两省区政府正式签署合作协议，明确2015—2017年各出资3亿元治理九洲江。2015年9月，广西广东九洲江纳入国家跨地区生态补偿试点。2016年3月，粤桂两省区政府签署《九洲江流域上下游横向生态补偿协议》，中央财政在两省区各出资3亿元治理的基础上，拨付8亿元专项支持九洲江流域水环境综合整治工作。2019年1月，两省签订九洲江流域上下游横向生态补偿协议，两省（区）每年各出资1亿元，通过加强生态保护，推动流域走生态优先、绿色发展的高质量发展之路，九洲江水质逐年跨上新台阶。

广西壮族自治区生态环境厅水生态环境处处长、二级巡视员触春茁介绍，跨地区生态补偿一是对九洲江流域在开发利用与保护工作中各利益主体间的外部性问题予以优惠政策、资金、实物等形式的补偿。二是采用一系列政策、经济、法律市场手段的公共制度安排，对跨省流域的生态环境进行改善和修护，……

治理污染

自治区生态环境厅水处室察专员许桂苹是九洲江绿色蜕变的参与者和见证者。她告诉记者，畜禽粪污治理是九洲江治理的重点和难点。过去，许桂苹和同事们时常奔波在九洲江沿岸的农村，沿岸布满了一个个猪圈，酷暑时节，粪污发酵后臭气熏天，江面上经常漂过病死猪禽，生猪养殖成了水污染的重要“元凶”。通过大量实地调研，总结污染特点，许桂苹和同事们因地制宜为各流域设治污“把脉开方”。

玉林市创新畜禽养殖污染治理模式，解决了跨省区流域环境治理难题，被国务院第五次大督查作为典型经验做法，在全国通报表扬和推广。玉林的做法是创新推广“高架网床+益生菌”生态养殖模式，利用高架网床自动清粪技术，将生猪与粪污分离，养殖全程免冲水，源头节水90%以上。在网床和粪污处理环节添加益生菌，有效提高了饲料转化率，基本实现养殖无臭味。

……

绿色转型

……

人们在九洲江陆川县乌石镇河道清淤。资料图片

让生态水系活起来

鞠立新

生态环境用水是人类生存和发展的重要物质基础，也是动植物生长的要素之一。受季风气候影响，我国南方地区降水明显多于北方地区，东部地区明显多于西部地区。在北方饱受“春旱”等气候问题困扰时，南方阴雨绵绵；而当西部烈日当头、干旱肆虐时，东部沿海城市台风过境、电闪雷鸣。南多北少、东多西少的降水分布导致了南北方、东西部地表径流分布不均——当黄河的某条支流即将或正在陷入“断流”时，长江流域却在饱受洪涝的威胁；当黄河入海口迅猛的水流冲刷着岸堤时，中上游的土地可能往下刨10米也不出一滴水。

生态补水是恢复水资源可持续利用的重要环节，能维持正常的水循环和水体功能，促进水资源的可持续利用，保护生态环境。据报道，每年春天，随着黄河巴彦淖尔段开河加速，当地抓住黄河凌汛分凌泄洪的有利时机，提前疏通河道，通过河道下游的关键性工程——河套灌区红圪卜排水站向乌梁素海湖区持续排水，既减轻了黄河防凌压力，又实现了生态补水、改善环境的目的。

“引黄入冀补淀”工程实施后，白洋淀的水位明显回升，水质明显改善，绝迹多年的芡实、白花菜等多种沉水植物和浮叶植物已重现白洋淀，一度大量死亡的野生鱼类也在快速恢复和繁殖，白洋淀湿地生态环境得到了明显改善。

2021年夏季滹沱河、大清河（白洋淀）生态补水工作，是推进华北河湖生态系统复苏和地下水超采综合治理的重大行动。通过补水，近年来多数时间处于断流或干涸状态的子牙新河、赵王新河、大清河等下游河道将实现全线复流。

生态补水对生态环境改善作用明显，为进一步做好这项工作，笔者建议：

第一，提前疏通河道，查找“病根”，将缺乏连通、生机的河道进行改善。促进水资源生态用量，提高河道的纳污能力。生态补水应遵循公正、公平理念，需以宏观格局切入生态补水差异端口，平衡水资源的循环利用。

第二，明确水资源生态保护的权利主体和义务主体，建立长效、可操作性强的保护措施。秉承共赢的微观原则，即“谁污染、谁治理”，在“谁受益、谁补偿”的保障条件下，生态补水逐步实现各经济体共赢局面。建立河湖“经络”连通体系，让各地方的生态水系“流动”起来。

第三，恢复河流补水及生物多样性是一项长期的综合治理工程，一般需要5至10年时间。因此，统筹解决河流水资源、水生态问题，开展沿岸生态修复显得尤为重要。相关部门应充分利用再生水措施增加河道生态水量，助推生态修复，打造安全水源生态廊道。

第四，优化生态环境，提升城市品位，建立生态补水基金、保证金制度等，实现资金支持。依据投入与产出效益进行评估，设定生态补水标准，防止出现数量过低不利于生态资源环保效果、数量过高又增加生态补水主体负担的情况。对投入与产出效益进行评估后，核算生态补水数额。

新时代 新步伐

三峡水库在下游进入枯水期时，实施生态补水。图为三峡大坝。 郑坤摄（人民图片）

目前，由中建八局承建的上海市最大海绵公园——星空之境海绵公园开园试运行。项目在确保排水防涝安全前提下，最大程度实现雨水的自然积存、渗透和净化。图为市民在公园内游玩。 王诚 白毅宇摄

甘肃省张掖市通过采取退耕还湿、生态补水等措施，有效促进了湿地生态系统的保护和恢复。图为黑河湿地国家级自然保护区高台县明珠湖湿地。 郑耀德摄（人民图片）

生态补水 河畅景美

刁星彤

……

科学保护　和谐共生

科学保护野生动物是人类尊重自然的必然选择，也是我国生态文明建设的重要内容。

中国作为首先批准《生物多样性公约》的国家之一，颁布和修订了野生动物保护法、自然保护区条例、野生植物保护条例等多部与生物多样性相关的法律法规。不断完善的法律法规为野生动物的生存和繁衍提供了有力支撑。"十三五"期间，中国已建立各级自然保护地超过 1.18 万个，总面积超过 1.7 亿公顷，占陆域国土面积 18%，有效保护了 90% 的植被类型、85% 的重点保护野生动物种群，为 300 多种濒危野生动物建立了人工繁育种群，不仅呵护了自然生态系统的完整性、生物的多样性，更为野生动物建立了自己的家园。

今年 1 月，国家对《国家重点保护野生动物名录》(以下简称《名录》) 进行了科学调整，及时将一些野生动物纳入国家重点保护范围，同时对部分野生动物保护级别升级。新调整的《名录》列入野生动物 980 种和 8 类，与 1989 年首发的《名录》相比，在保留所有物种的基础上，将豺、长江江豚等 65 种由国家二级保护野生动物调升为一级。根据种群保护稳定、分布广泛等实际情况，将蟒蛇、熊猴、北山羊 3 种野生动物由国家一级保护野生动物降调为国家二级。同时，在新增的517种（类）野生动物中，大斑灵猫等43种还被列为国家一级保护野生动物，狼等474种（类）被列为国家二级保护野生动物。

经过30多年的努力，一些濒危野生动物得到有效保护，濒危程度减缓。在这种利好情况下，应进一步加大保护部分濒危野生动物的力度。同时，还有一些新发现的珍贵、濒危物种也需要及时保护。因此，笔者建议，相关部门应从以下几个方面加大工作力度：

第一，科学指定野生动物栖息地保护区域，将新增名录的野生动物集聚区、栖息地等重要区域纳入保护范围，加强保护范围内的生态保护与修复。

第二，构建信息畅通、配合默契、共享资源的管理机制。科学保护野生动物需要多个部门的配合，离不开林业、市场监管、公安系统等多个部门的有机配合和共同行动。科学建立野生动物保护机制，能有效解决野生动物资源保护工作中的核心问题，指导相关部门依法依规切实实施各项工作。

第三，增设野生动物救护站。科学设立野生动物救护站，做好人员、财物保障，配备相应的救护药品、工具、设备，打造野生动物救护体系。

第四，防控监测保护野生动物疫病情况。根据我国野生动物资源分布状况，科学设置疫源疫病监测站点和巡护路线，配备相应的监测设备，建立巡护队伍，提高预警能力，定期进行风险评估，科学防控、处置野生动物疫病疫情。

第五，严厉打击野生动物违法犯罪行为，广泛开展保护野生动物传播教育，引导公民抵制违法行为，形成全社会保护野生动物的良好氛围。

（资料来源：贵州绿色发展战略高端智库）

《人民日报海外版》（2021年08月31日 第08版）

08 美丽中国　人民日报海外版　2021年8月31日　星期二

陕西省汉中市洋县朱鹮生态园内的朱鹮。　新华社记者 刘潇摄

藏羚羊：万羊齐奔

阿里羌塘草原上，近千头藏羚羊在觅食。它们时而奔跑，时而悠闲漫步。这一和谐画面得益于国家多年对藏羚羊的保护。“我敢说毫不夸张，青藏高原‘万羊齐奔’的壮阔景象又复现了。”生态环境部部长黄润秋在新闻发布会上骄傲地对记者说。

藏羚羊被誉为“高原精灵”，分布于新疆维吾尔自治区阿尔金山、西藏自治区羌塘以及青海省可可西里等地区，对于青藏高原自然生态构建和维持生态平衡尤为重要。由于常年处于气温低于0摄氏度的环境，藏羚羊通体都有厚密的绒毛，这也为它们引来了杀身之祸。上世纪八九十年代，可可西里盗猎猖獗，藏羚羊种群的数量一度下降到7万头左右。

时任青海省玉树藏族自治州治多县索加乡党委书记的索南达杰组建了中国第一支武装反盗猎队伍。之后，索南达杰保护站、可可西里国家级自然保护区相继建立，越来越多的志愿者加入到藏羚羊保护的队伍中。

藏羚羊的种群数量恢复也离不开科学保护。由于藏羚羊多生活在高寒无人区，当地政府采用了天地空结合的方式，利用北斗卫星导航定位系统、太阳能无人机航测技术、高清智能球形摄像机等多种技术手段，进行藏羚羊种群、栖息地及迁徙机制等研究，为藏羚羊保护提供了科学的支撑。据国家林草局最新发布，从上世纪八九十年代至今，中国藏羚羊数量已增至约30万头，保护级别从濒危物种降级为近危物种。

朱鹮：飞越秦岭

朱鹮，因其华美的外表和稀有的数量，被誉为“世界珍禽”和“东方宝石”。当人们看到陕西“千鸟麋树”的场景时，很难想象这一庞大的种群，是从当时中国仅剩的7只朱鹮发展而来的。

在保育站的精心照料下，1981年至1990年，朱鹮在陕西省汉中市洋县姚家沟成功繁育10窝，出飞幼鸟19只。

从“秦岭一号朱鹮群体临时保护站”，到洋县朱鹮保护观察站正式成立；从升格为陕西朱鹮保护观察站，再到设立省级朱鹮自然保护区，直至2005年升格为陕西汉中朱鹮国家级自然保护区，朱鹮保护体系日渐完善。

如今，朱鹮已繁衍至5000余只，不仅飞越秦岭，还飞向全国，飞到海外。1985年，朱鹮“华华”出借日本。此后，中国向外输出朱鹮种源14只。如今，日本、韩国通过再引入工程也建立了朱鹮野外种群，数量多达近千只。据不完全统计，全球朱鹮数量已扩展到现在的7000余只，受威胁等级也从极危降为濒危。

金丝猴在秦岭四宝科学公园内玩耍。
新华社记者 李一博摄

野生动物在中国越过越好

刁星彤

条子泥湿地申报世界自然遗产地取得成功后，湿地生态不断优化，人为干扰也越来越少，为麋鹿提供了良好的生存环境，条子泥湿地的麋鹿逐渐增多。图为在江苏东台条子泥湿地，三百余头野生麋鹿成群结队在海滨湿地栖息觅食。

孙家泉摄（人民图片）

西藏羌塘，万头藏羚羊在草原上奔跑；陕西秦岭，近千朱鹮展翅览翔；四川卧龙，大熊猫怡然自得地休憩；湖北石首，麋鹿群正在为即将到来的繁殖做准备……这些曾被世界自然保护联盟划为“极危”、“濒危”的物种，如今受威胁程度等级都在下降。与此同时，荒漠猫、棕颈犀鸟等神秘动物再次出现；东北虎进村，亚洲象北迁，鲸鱼又现大鹏湾……在当今的中国，野生动物越过越好！

野生动物喜获“降级”无疑是一个特大利好。今年，生态环境部介绍，大熊猫野外种群数量达到1800多只，受威胁程度等级由濒危降为易危。国家林草局的最新数据显示，朱鹮从上世纪后期的7只增加到几千只；极度濒危的海南长臂猿，从低谷时的7至9只增长到了33只，第五个家庭群正在形成；白头叶猴从上世纪80年代的300余只恢复到1300多只……专家指出，多种野生动物“降级”，是对动物保护工作最好的褒奖，但“降级”并不意味着降低保护力度，反而提醒我们更要关注和保护那些濒危动物。

在西藏自治区那曲市申扎县境内拍摄的藏羚羊动态。　新华社记者 普布扎西摄

广西壮族自治区崇左市白头叶猴国家级自然保护区的一只猴王。　新华社记者 周华摄

四川省阿坝藏族羌族自治州小金县巴朗山公路养护站附近的中国熊猫大道盘山路。
刘国兴摄（人民图片）

科学保护　和谐共生

魏立新

科学保护野生动物是人类尊重自然的必然选择，也是我国生态文明建设的重要内容。

中国作为首先批准《生物多样性公约》的国家之一，颁布和修订了野生动物保护法、自然保护区条例、野生植物保护条例等多部与生物多样性相关的法律法规。不断完善的法律法规为野生动物的生存和繁衍提供了有力支撑。十三五期间，中国已建立各级自然保护地超过1.18万个，总面积超过1.7亿公顷，占陆域国土面积18%，有效保护了90%的植被类型、85%的重点保护野生动物种群，为300多种濒危野生动物建立了人工繁育种群，不仅呵护了自然生态系统的完整性、生物的多样性，更为野生动物建立了自己的家园。

今年1月，国家对《国家重点保护野生动物名录》（以下简称《名录》）进行了科学调整，及时将一些野生动物纳入国家重点保护范围，同时对部分野生动物保护级别升级。新调整的《名录》列入野生动物980种和8类，与1989年首发的《名录》相比，在保留所有物种的基础上，将豺、长江江豚等65种由国家二级保护野生动物调升为一级。根据种群保护稳定、分布广泛等实际情况，将蟒蛇、猕猴、北山羊3种野生动物由国家一级保护野生动物降调为国家二级。同时，在新增的517种（类）野生动物中，大斑灵猫等43种还被列为国家一级保护野生动物，狼等474种（类）被列为国家二级保护野生动物。

经过30多年的努力，一些濒危野生动物得到有效保护，濒危程度减缓。在这种积极情况下，应进一步加大保护部分濒危野生动物的力度。同时，还有一些新发现的珍贵、濒危物种也需要及时保护。因此，笔者建议，相关部门应从以下几个方面加大工作力度：

第一，科学指定野生动物栖息地保护区域。将新增名录的野生动物集聚区、栖息地等重要区域纳入保护范围，加强保护范围内的生态保护与修复。

第二，构建信息畅通、配合默契、共享资源的管理机制。科学保护野生动物需要多个部门的配合，离不开林业、市场监管、公安系统等多个部门的有机配合和共同行动。科学建立野生动物保护机制，能有效解决野生动物资源保护工作中的核心问题，指导相关部门依法依规切实实施各项工作。

第三，增设野生动物救护站。科学设立野生动物救护站，做好人员、财物保障，配备相应的救护药品、工具、设备，打造野生动物救护体系。

第四，防控监测保护野生动物疫病情况。根据我国野生动物资源分布状况，科学设置疫源疫病监测站点和巡护路线，配备相应的监测设备，建立巡护队伍，提高预警能力，定期进行风险评估，科学防控、处置野生动物疫病疫情。

第五，严厉打击野生动物违法犯罪行为，广泛开展保护野生动物传播教育，引导公民抵制违法行为，形成全社会保护野生动物的良好氛围。

（资料来源：贵州绿色发展战略高端智库）

新时代新步伐

大熊猫：种群壮大

大熊猫作为国宝，一直是野生动物保护工作的重点。20世纪60年代至今，中国先后建立大熊猫自然保护区67个，通过实施天保工程、退耕还林工程，开展人工繁育研究、野化放归实验、对大熊猫栖息地进行保护修复等行动，实现了野生和圈养大熊猫种群的恢复壮大。

2018年10月，大熊猫国家公园管理局在成都正式挂牌成立。其后，大熊猫国家公园四川、陕西、甘肃三省管理局分别成立。自大熊猫国家公园体制试点启动以来，四川省整合投入资金近4亿元，实施了岷山、土地岭、泥巴山、凉山山等大熊猫生态廊道建设工程，修复廊道植被68公里，恢复大熊猫栖息地28平方公里。

陕西省动物研究所大熊猫保护研究中心主任金学林提到，大熊猫作为“伞护物种”，依靠其明星效应带动了其栖息地的建设和完善，使栖息地内许多伴生物种，如金丝猴、小熊猫和扭角羚等得到了数量上的恢复，发挥了“伞护效应”。

“大熊猫受威胁程度‘降级’代表着我国多年环境保护取得的成绩受到了国际上的认可。”金学林说，“但大熊猫仍是我国一级保护动物，世界自然保护联盟的‘降级’对中国的物种保护工作几乎不存在影响，未来一段时间内，大熊猫保护重点不会发生变化。”

金学林介绍说，研究所目前采用了多种先进技术对大熊猫进行保护监测。比如，从大熊猫粪便中提取DNA进行种群动态监测，或者通过激素含量判断大熊猫受干扰程度，从而进一步判断个体是否健康。

广东韶关华南虎繁育研究基地的虎宝宝。　新华社记者 邓华摄

麋鹿：重新引入

麋鹿是中国特有的珍稀物种，它们“战乱中被盗运至海外，乱世中绝迹于中国”。

1985—1987年，中国政府着手开展麋鹿引入工作。30多年来，经过保护区人员的精心照料和科学放归，麋鹿种群数量已恢复至8000多只。2006年，中国一级保护动物麋鹿正式从世界濒危动物名录“红皮书”中退出，由“濒危动物”降级为“珍稀动物”。

目前，保护区工作人员配备了更科学的巡护设备，运用视频监测、生物多样性检测系统等多种科技手段，对麋鹿种群进行实时监测。据中国野生动物保护协会相关工作人员介绍，中科院、华中农业大学、长江大学、北京麋鹿生态实验中心等多家科研机构通力合作，共同研究麋鹿种群疾病防控预警系统，呵护麋鹿健康生长。

系统修复生态

近二十年来，我国发展理念从“增长优先”转变为“生态优先”，生态文明建设上升为国家战略，生态环境发生了历史性、转折性和全局性变化。

秉承生态优先发展理念，我国科学修复治理山水林田湖草沙生态系统，一系列环保制度、生态补偿机制陆续出台，各地积极推进落实。

“现在我们精武小镇越来越美了，空气也非常清新。”一位在天津西青区精武文化公园散步的张玉英女士告知笔者。精武镇坚持绿色发展理念，巩固蓝天、碧水、净土保卫战成果。

天津西青区精武镇相关负责人告诉笔者，为建设绿色生态屏障，目前镇里完成了京沪高铁沿线、独流减河沿岸等绿色工程，新增造林 4000 亩，植树 40 万株，“蓝绿交织”空间占比达 60%。据悉，精武镇下大力气改善水质生态，推行河湖长制，14 条河道水质得到充分改善。

据悉，福建的母亲河闽江，将局部生态问题，放到整个生态系统中统筹修复，形成了生态保护、治理、水系修复、人居环境治理等保障体系，通过山上自然保护区、水土流失防治、林木补栽以及违规矿山的治理等措施，提升生态系统的稳定性和整体生态价值。

目前，全国碳达峰行动已启动。各地努力提高光伏发电转化效率并打造能源管理智能化模式，倡导发展可再生能源，发展水、风电、太阳能等非化石能源发电。一些企业主动提出碳中和的目标和实施计划。碳含量指标将成为企业产品、原材料与成本同等重要的要素。

《人民日报海外版》（2021年08月17日 第08版）

08 美丽中国　　人民日报海外版　　2021年8月17日　星期二
责编：[illegible]　邮箱：[illegible]@163.com

天门中断，大江北去。马鞍山，这座依于长江转折处的资源型城市，正奋力蹚出转型新路径——

2020年8月19日，习近平总书记亲临马鞍山考察，对马鞍山提出"打造长三角'白菜心'"新定位。马鞍山坚定走生态优先、绿色发展之路，以"生态进、生产退，治理进、污染退，高端进、低端退"的柔性智慧，加快推动经济社会发展绿色转型，全力答好打造长三角"白菜心"这份时代考卷。

生态马鞍山　转型促发展

杜继斌　刘　挺

一江碧水向东流

马鞍山依江而建，由于经历了"先有矿后有市，先生产后生活"的发展过程，在经济社会发展取得巨大成就的同时，也背负了沉重的环保欠账。

把岸线还给自然，让城市临近长江！

马鞍山将修复长江生态环境摆在压倒性位置，把生态环保工作作为最大的责任、最大的发展、最大的民生来抓，奋力打响了"长江保卫战"的[illegible]。

面积986亩的薛家洼，曾经非法码头林立、乱搭乱建严重、江岸垃圾成堆、散乱污企业环绕，是长江环保问题最突出、最典型的地方之一。经过综合整治，如今这里变成了一个集观江、生态、研学、文化于一体的生态园，一年四季游人如织。

划定沿江"1515"三道防线，拆除长江干、支流非法码头153家，清退长江岸线约10公里，整治散乱污企业704家……马鞍山一体推进治污、治岸、治渔，把综合整治延伸到一江两岸79公里长江岸线，力度之大前所未有，成效前所未有。

从临江不见江到临水更亲水，"一江碧水向东流"的胜景正逐渐重现。江豚欢腾嬉戏，沙鸟翔集，长江生物多样性正逐渐丰富。

"我们的生活正像长江一样越来越美！"和丈夫一起退捕上岸后，"三姑娘"陈立梅喜事不断：先是住进了政府安置的新房，后成立劳务公司当起了老板，公司业务也逐渐有了起色。"争取年底多给参股的上岸渔民分红，带领大家一起致富！"

马鞍山率先在全省实施长江干流及重要水域常年禁捕和渔民退捕转产，对上岸渔民，做到了有工作、有住房、有学上、有社保、心情舒畅。同时，建立健全长效监管机制，确保长江"十年禁渔"一抓到底，取得实效。

"采石夜月"光影秀美轮美奂，美食夜市香气四溢、地方戏剧旋律悠扬……漫步夜幕笼罩下的江边采石古镇，传统与现代交相辉映，"夜经济"正蓬勃兴起。

"把生态保护好，把生态优势发挥出来。"马鞍山通过整合采石风景区、薛家洼、杨树林等生态资源，推进生态产品价值转化，大力发展文化旅游、康养休闲等产业，加快滨江地区产业转型升级。

走，去江边！越来越多的马鞍山人爱到江边闲逛、锻炼，长江已成为这座城市最令人向往的风景。慕名而来的游客从四面八方赶来"打卡"，美丽风景变成美丽经济，百姓的"生态饭"越吃越香……

百年矿区迎新生

登上观景平台，眺望，具有百年开采史的华东地区第一大露天冶金辅助原料矿场向山采场，已蝶变为一座秀丽的人工湖。湖岸边，一棵棵新栽植的元宝枫、杜仲和山桐子错落有致，从山脚一直延伸到山顶，为原本荒芜的山体增添了浓浓绿意。

"元宝枫、杜仲、山桐子是附加值较高的特种经济林树种，通过采取'矿山治理+特种经济林'一二三产融合发展模式，在做好生态修复的同时培育新的经济增长点，让绿水青山向金山银山加快转化。"向山治理"三棵树"一二三产融合项目现场负责人魏泽伟介绍。

马鞍山因矿而生、因钢设市。地处城东的向山地区，被当地人誉为"城市之源"。然而，经过多年超强度、大规模粗放式开采，百年矿区逐渐成为"灰头土脸"的"生态伤疤"。

今年7月，马鞍山召开向山地区生态修复与绿色转型发展动员大会。"高格"设立由市委市政府主要领导任双指挥长的指挥部，将向山地区综合整治作为创建经济社会发展绿色转型示范区的"一号工程"，吹响了全市上下齐动员、千军万马战向山的冲锋号。继"长江保卫战"后，再举全市之力打响"向山大会战"。

一片片荒山披上绿装，一处处矿坑被治理改造，一系列功能配套提升陆续就位……马鞍山采用"生态修复+"治理模式，围绕生态环境修复、土地整理开发、人居环境改善、基础设施提升、产业导入升级五大方面，统筹推进重度污染治理、生态短板补齐、绿色矿山提升等十大工程，着力把向山地区打造成践行"两山"理念的样板区。

为彻底治理城区黑臭水体，马鞍山一体推进雨污分流、截污纳管和污水处理厂提标扩能等工程，在安徽省率先完成城区雨污分流改造，城区35条黑臭水体全部变清，37条河道及其附属设施已纳入运维。过去人们"绕河走"，如今"临河游"，马鞍山成功荣登全国首批黑臭水体治理示范城市榜单，成功入选"十四五"首批海绵城市建设示范城市。

"一亩地"里看转型

亩均税收达到462万元，增长近5倍！这是马鞍山经开区隆海（马鞍山）食品有限公司"精耕细作"交出的"成绩单"。"我们通过大力实施智能化改造、技改升级，让产量更高、品质更优、效益更好、减排更多。"公司负责人曹余军表示。

以"亩均论英雄"，让"寸土生寸金"，是马鞍山推动产业转型升级的"关键一招"。

马鞍山在安徽省地级市中率先建立起"亩均效益"综合评价体系，企业按"星"排名，实行差别化资源配置，优先扶持资源环境效益好、发展质量高的企业，对发生环保责任事故的企业实行"一票否决"，以此倒逼企业实现创新强、高产出、节能好、减排多。

通过实施亩均效益评价，全市规上工业企业亩均税收年均增长10.8%。去年以来，共倒逼低效企业转型或退出261户，清理处置批而未供和闲置低效用地1.3万多亩，为先进产能腾出了宝贵空间。

从"最强大脑"马钢智园，到"智慧明灯"遍地开花，以"智造"引领提升发展质效的深刻变革，正让中国宝武马钢集团焕发出全新活力。上半年，宝武马钢集团经营业绩创历史同期最高水平。

马鞍山突出产业智能化和智能产业化，推进数字化制造普及、网络化制造提升、智能化制造引领等重大工程。用智能升级钢魂，马钢"灯塔"已成全市"风景"。

马鞍山作为安徽省"标准地"改革试点唯一城市，工业用地"附带"亩均税收、能耗标准、环保标准等指标一同公开出让，落实"拿地即开工"，有效减轻了企业负担，更切实做到了招大引强、好中选优，让一大批"一高三强"（绿色程度高、创新研发强、亩均效益强、引领带动强）项目加速落地。

以生态保护倒逼经济转型，用产业升级助力生态保护，马鞍山经济发展不仅未受影响，反而呈现速度加快、质量提升、后劲增强的良好态势。

上半年，马鞍山主要指标增幅居全省位次全面提升，其中GDP增幅居全省第四位，战略新兴产业产值增幅居全省第三位，城乡居民收入水平均居全省前位。

题图左上：宝武马钢智园。
题图右上：傍晚的薛家洼。童祖鸣摄
题图下：向山矿变人工湖。唐　焱摄

生态优先　"守绿换金"

刁星彤

"坚定不移走生态优先、绿色发展之路"作为生态文明建设的重要思想，其内涵丰富，涵盖了"坚持人与自然和谐共生"的自然观、"绿水青山就是金山银山"的发展观、"良好生态环境是最普惠的民生福祉"的民生观、"山水林田湖草是生命共同体"的系统观、"用最严格制度最严密法治保护生态环境"的法治观。

党的十八大以来，中国开展一系列根本性、长远性工作，加快推进生态文明顶层设计和制度体系建设。河长制、湖长制、生态补偿机制、环保税等一系列环保制度密集出台；长江流域重点水域10年禁渔、黄河流域生态保护和高质量发展、蓝天碧水保卫战等重大生态修复工程深入推进……

坚持生态优先，是为了更好的可持续发展。从靠山"卖石矿"到护绿"挂金窝"，从关停"小散乱"到迈向"高精尖"，各地的发展实践，印证着一个朴实而深刻的道理：经济发展与生态保护不是非此即彼的"单选题"，而是和谐共生的命运共同体。实现绿色、低碳、高质量发展需要良好的生态环境作为基础和保障，而拥有良好的生态环境也是普及民生的绿色、低碳、高质量发展的要义之一。加大生态环境保护力度，并不是降低对经济发展的要求，更不是不要发展，而是要坚决贯彻绿水青山就是金山银山的理念，在绿色、低碳和循环的道路上推动更高水平的发展。

这一方面要求我们保护绿水青山，让人民安居；另一方面要求我们"守绿换金"，用创新思维把"绿水青山"变成让人民乐业的"金山银山"。2017年以来，生态环境部共命名了87个"绿水青山就是金山银山"实践创新基地，培育打造了一批践行"绿水青山就是金山银山"理念的生动实践样本，初步探索形成了"守绿换金"、"添绿增金"、"点绿成金"、"绿色资本"4种转化路径和生态修复、生态农业、生态旅游、生态工业、"生态+"复合产业、生态市场、生态金融、生态补偿等8种转化模式。通过实践，"生态优先"和"绿色发展"更有机地联系在了一起，为全国生态成果和经济效益转化提供了丰富的案例和经验。

坚持生态优先，30年前寸草不生的库布其沙漠在当地政府倾力支持下，进行了规模化、系统化、产业化治沙绿化，发展了沙漠生态光伏、生态旅游和生态农牧业等沙漠生态产业，带动沙区农牧民创业就业和脱贫致富；依托于矿山企业发展起来的浙江省安吉县，在"绿水青山就是金山银山"理念的科学指引下，关闭了污染严重的相关企业，探索绿色发展之路。如今，当地以竹产业、白茶产业等为代表的生态加工业蓬勃发展。在中国，还有无数个"库布其"和"安吉"，他们在生态优先的基础上，走出了一条"产业与扶贫"、"生态与生意"互促共赢的新路子。

知不足而奋进，望远山而力行。同建设美丽中国的目标和人民对美好生活的新期待相比，我们还需要再接再厉，把生态文明建设推向新的高峰。坚持生态优先，迈步新征程，要深入理解在保护中发展、在发展中保护的辩证关系，贯彻落实好新发展理念，绘好"山水图"，念好"草木经"，打好生态牌，走好绿色路；做好顶层设计，从整体出发，统筹全局，平衡各方关系，实现整体目标的最大化；坚持走绿色发展之路，巩固已有成果，扩展未知领域，大胆探索，在把握普遍性的基础上认识到各地情况的特殊性，坚持具体问题具体分析；把自上而下的力量与自下而上的力量结合起来，从而形成强大合力，推动全社会共同参与生态建设，引领世界潮流。

新时代新步伐

系统修复生态

鞠立新

近二十年来，我国发展理念从"增长优先"转变为"生态优先"，生态文明建设上升为国家战略，生态环境发生了历史性、转折性和全局性变化。

秉承生态优先发展理念，我国科学修复山水林田湖草沙生态系统，一系列环保制度、生态补偿机制陆续出台，各地积极推进落实。

"现在我们精武小镇越来越美了，空气也特别清新。"一位在天津西青区精武文化公园散步的张玉英女士告知笔者。精武镇坚持绿色发展理念，巩固蓝天、碧水、净土保卫战成果。

天津西青区精武镇相关负责人告诉笔者，为建设绿色生态屏障，目前该镇已完成了京沪高铁沿线、独流减河沿岸等绿色工程，新增造林4000亩，植树40万株，"蓝绿交织"空间占比达60%。此外，精武镇下大力气改善水质生态，推行河湖长制，14条河道水质得到充分改善。

据悉，福建的母亲河闽江，将局部生态问题，放到整个生态系统中统筹修复，形成了生态保护、治理、水系修复、人居环境治理等保障体系，通过山上自然保护区、水土流失防治、林木补植以及选矿废矿山的治理等措施，提升生态系统的稳定性和整体生态价值。

目前，全国碳达峰行动已启动。各地努力提高光伏发电转化效率并打造能源智慧智能化模式，倡导发展可再生能源，发展水、风电、太阳能等非化石能源发电。一些企业主动提出碳中和的目标和实施计划。碳含量指标将成为企业产品、原材料与成本同等重要的要素。

江西省吉安市吉水县盘谷镇同江村，成群的鹭鸟在这里觅食。　廖　敏摄（人民视觉）

以巡护员精神呵护绿水青山

爱护山水林田湖草沙，建设美丽中国，争做保护生态环境的“巡护员”，如今正成为许多民众的自觉行为。

在我国，每个自然保护区里都有乐于奉献的专业巡护员队伍。甘肃祁连山国家级自然保护区管理局的马堆芳为完成河西走廊野生动物资源调查，主动申请陆生野生动物资源调查，负责祁连山地理单元，为雪豹的调查研究提供了非常重要的数据。巡护员的工作不轻松，因为资金不足、编制有限，很多国家级自然保护区巡护员工作强度大、地处偏远、条件有限。近些年，在我国落实精准扶贫政策以后，各个保护区增加了生态公益林管护人员的新岗位，为村民们带来新机遇，提高了巡护员的收入。

在四川，由当地村民、退伍军人、大学生、攀登爱好者等组成的6000余名巡护员，长年驻守在一线，他们为生态保护奉献着自己的力量。笔者了解到，巡护员们来自不同的民族，有汉族、藏族、彝族、羌族等，共同的使命让大家的心紧密相连。长江作为世界水生生物最为丰富的河流之一，现有水生生物4300多种。在长江豚类省级自然保护区镇江，巡护员们在烈日下徒步穿行焦北滩，用自己独特的巡护方式工作着。据悉，镇江长江豚类省级自然保护区总面积 57.3 平方公里，物种资源丰富、生态价值极高。正是因为这些巡护员们的辛勤工作，很多植被和物种得到充分的保护，乱砍、乱伐和偷猎、打猎等行为得到有效制止和监督。

在生态文明建设的新时代，每个公民都应当成为一名合格的“巡护员”，以巡护员精神践行绿色生活。专业的巡护员肩负着巡逻、监控野生动物、打击偷猎等任务，他们工作在林场、自然保护区，战斗在防火、反盗伐、盗猎的第一线，为保护森林资源、野生动物，工作辛苦，而且充满危险。精神的力量是无穷的，在日常生活中，我们应以“巡护”之精神行动起来，为保护生态环境做一些力所能及的事，例如在点外卖时选择“不要一次性餐具”，少用一双一次性筷子意味着节省了森林资源；平时养成节约用水、电，垃圾分类习惯；逛超市时，携带循环购物袋等。

绿水青山需要我们以巡护员精神来呵护，需要进一步加强全体民众的生态环保意识。2018 年，国务院办公厅出台《关于加强长江水生生物保护工作的意见》，引导退捕渔民成为巡护员。2020 年 11 月，《关于推动建立长江流域渔政协助巡护队伍的意见》由农业农村部、人力资源和社会保障部、财政部联合印发，建立渔政协助巡护队伍，增强了渔政执法监管力量。2021 年，农业农村部、国家发展改革委、公安部、财政部、交通运输部、市场监管总局印发《关于完善长江流域禁捕执法长效管理机制的意见》，提出巡护队伍的工作目标。2021 年 1 月 1 日起，长江“十年禁渔”全面开展，昔日“打鱼人”变身“护鱼人”，成为长江协助巡护员。据悉，目前长江协助巡护队伍已成为渔政工作的重要力量。长江流域 15 省（市）拥有渔政协助巡护队伍 288 个、协助巡护员约 7750 人。

《人民日报海外版》（2021 年 08 月 10 日 第 08 版）

08 美丽中国　人民日报 海外版　2021年8月10日　星期二
责编：罗兰　邮箱：dzzb90886@163.com

我是一名巡护员

刁星彤

极度濒危灭绝物种疏花水柏枝重现长江，梅花鹿群从几只扩大到几十只，野生熊猫、东北虎、豹子越来越多地活跃在自然保护区中……当人们赞叹中国生态环境越来越好，生物多样性越来越丰富时，不要忘记一群默默守护绿水青山的特殊人群——巡护员。在中国，近500处国家自然保护区里活跃着巡护员的身影，他们日复一日不辞辛苦地守护着广大的野生动物栖息地和自然保护区。

云南省红河哈尼族彝族自治州弥勒市东山镇的牧场风光。
普佳勇摄（人民图片）

志愿者在江苏省如皋市长江边如皋港捡拾垃圾。
吴树建摄（人民视觉）

投身山林

"我目前的工作是我以前最怕的职业人员——巡护员。"1994年出生的甘明东面对采访者娓娓道来，"以前我们这里动物特别多，后来来了很多猎人，我也和一些老猎人进山打猎，那时，最怕的就是碰到山里的巡护员。但是后来我发现这样打下去，动物越来越少了。"甘明东得知当地动物被捕被杀以后，放下猎枪，投身山林，成为四川绵阳老河沟自然保护区的一名巡护员。

从业以来，甘明东从来忘记自己守护山林的初心。上山巡护期间，他不仅能够每天步行十多公里的蜿蜒山路，躲避黑熊、羚牛、猪獾等野兽袭击，还要留心保护区内动物的生活痕迹，拍摄影像资料和动物爪印，甚至粪便痕迹都不能放过。虽然这项工作枯燥、危险，但看着保护区里的生态环境越来越好，甘明东乐在其中。

像甘明东一样的巡护员还有很多。据相关基金会统计，除自然保护区的正式巡护员外，还有二线、三线的环保者和志愿者们，一共有70多万名巡护员，他们日复一日不辞辛劳地守护着百万多平方公里的野生动物栖息地和自然保护区。

巡护员，是指从事野生动植物保育和自然环境保护工作的相关人员，他们的工作包括巡逻、监控野生动物、打击偷猎、协调当地社区、预控火灾风险和诊助兽医……巡护员们每天都要动态监测保护区的一草一木，幽静的深山老林、荒芜的戈壁沙漠、蜿蜒的河流、粗犷的无人区，都是他们活动的范围；遭遇蚂蟥、蚊虫、毒蛇、猛兽，是他们随时可能面对的困难和挑战；热情、奉献、真诚、坚守，是他们如金子一般美好的品质。

云南省普洱市洱源县大坡乡海峰湿地巡护员清理湿地水面漂浮物。
赵泽洋摄（人民图片）

自发行动

……

科技助力

……

……的APP，通过"无人机、信息化系统、传统管护网络"三位一体实现了"天上有卫星、空中有飞机、地上有探头、管控有队伍"的多维保护体系。"科技让巡护工作更加便捷高效了。"当地一名巡护员说，"我们永远期待着更高新的技术。"

北京延庆区园林绿化局今年率先建设完成了林长制智慧管理平台PC端和手机巡护APP端。林管员用手机拍照上传，可以轻松实现巡护事件上报和巡护路径记录。如遇有火情或有病虫害等特殊情况更是可以快速精准上报，为管控及时有效处理险情提供了保障。经过前期试点，从今年8月起，延庆面向全区的区级林长及100余名乡镇级林长、428名村级林长、800余名林管员、200余名巡查队员进行全面推广、普及。

在位于贵州两省交界处的梵净国家级自然保护区，巡护员或各民在进行巡护工作。　梁子栋摄（新华社发）

野生东北虎巡护员董红雨在迎春林业局有限公司辖区区内进行巡护工作。
新华社记者 李建平摄

以巡护员精神呵护绿水青山

鞠立新

爱护山水林田湖草沙，建设美丽中国，争做保护生态环境的"巡护员"，如今正成为许多民众的自觉行为。

在我国，每个自然保护区里都有乐于奉献的专业巡护员队伍。甘肃祁连山国家级自然保护区管理局的马维寿为完成河西走廊野生动物资源调查，主动申请始生野生动物资源调查，负责祁连山地理单元，为當的的调查研究提供了非常重要的数据。巡护员的工作不轻松，因为资金不足、编制有限，很多国家级自然保护区巡护员工作强度大、地处偏远、条件有限、待遇差。在我国落实精准扶贫政策以后，各个保护区增加了生态公益林管护人员的新岗位，为村民们带来新机遇，提高了巡护员的收入。

在四川，由当地村民、退伍军人、大学生、摄影爱好者等组成的6000余名巡护员，长年驻守在一线，他们为生态保护奉献着自己的力量。笔者了解到，巡护员们来自不同的民族，有汉族、藏族、彝族、羌族等，共同的使命让大家的心紧密相连。长江作为世界水生生物最为丰富的河流之一，现有水生生物4300多种。在长江豚类省级自然保护区镇江，巡护员们在烈日下徒步穿行在江滩，用自己独特的巡护方式工作着。据悉，镇江长江豚类省级自然保护区总面积57.3平方公里，物种资源丰富，生态价值极高。正是因为这些巡护员们的辛勤工作，很多植被和物种得到充分的保护，乱砍、乱伐和偷猎、打猎等行为得到有效制止和监管。

在生态文明建设的新时代，每个公民都应当成为一名合格的"巡护员"，以巡护员精神践行绿色生活。专业的巡护员肩负着巡逻、监控野生动物、打击偷猎等任务，他们工作在林场、自然保护区，战斗在防火、反盗伐、盗猎的第一线，为保护森林资源、野生动物，工作辛苦，而且充满危险。精神的力量是无穷的，在日常生活中，我们应以"巡护"之精神行动起来，为保护生态环境做一些力所能及的事，例如在点外卖时选择"不要一次性餐具"，少用一双一次性筷子意味着节省了森林资源；平时养成节约用水、电，垃圾分类习惯；逛超市时，携带环保购物袋等。

绿水青山需要我们以巡护员精神来呵护，需要进一步加强全体民众的生态环保意识。2018年，国务院办公厅出台《关于加强长江水生生物保护工作的意见》，引导退捕渔民成为巡护员。2020年11月，《关于推动建立长江流域渔政协助巡护队伍的意见》由农业农村部、人力资源和社会保障部、财政部联合印发，建立渔政协助巡护队伍，增强了渔政执法监管力量。2021年，农业农村部、国家发展改革委、公安部、财政部、交通运输部、市场监管总局印发《关于完善长江流域禁捕执法长效管理机制的意见》，提出巡护队伍的工作目标。2021年1月1日起，长江"十年禁渔"全面开展，昔日"打鱼人"变身"护鱼人"，成为长江协助巡护员。据悉，目前长江协助巡护队伍已成为渔政工作的重要力量。长江流域15省（市）拥有渔政协助巡护队伍288个、协助巡护员约7750人。

新时代新步伐

浙江安吉：竹林里的空气能变钱

首笔竹林碳汇质押贷款发放

陈毛应

竹林里的空气能变钱？听起来如天方夜谭，但现实中却真真切切。浙江安吉县报福镇统里村民杨忠勇就是见证者和受益者："做梦也不会想到，竹林里的空气能质押贷款37万元。"

中国素有"竹子王国"之称，竹资源量和种类均居世界首位。浙江安吉县以立竹量、商品竹年产量、竹业年产值、竹制品年出口额、竹业经济综合实力5个全国第一成为名副其实的中国第一竹乡。

早在2010年，县里就与专业学术机构合作进行竹林碳汇研究，建设了高度40米的毛竹林碳汇通量观测塔，塔内辐射传感器、光三维超声风速仪、二氧化碳水汽分析仪等科学探测仪器，能全自动、全天候采集竹林不间断的二氧化碳浓度等竹林生态系统的详实数据，经过十多年来的科技攻关，形成了《竹林经营碳汇项目方法学》等研究成果。

安吉农商银行是"湖州市绿色金融改革与服务创新示范点"，为助力国家碳达峰、碳中和在安吉落地见效，依据上述研究成果，敢闯敢试第一个"吃螃蟹"，对报福镇统里村杨忠勇承包经营的三块毛竹林共1030亩面积进行计算，平均每亩毛竹林每年碳减排量为0.39吨，承包经营有效期内能减排二氧化碳7045吨，参考今年7月16日全国碳排放权交易市场碳排放权交易价格，得出了三块林地评估价值为37.19万元的结论，通过人民银行征信中心动产融资统一登记公示系统进行质押登记和公示，7月30日，首笔竹林碳汇质押37万元贷款顺利发放。

拿到贷款后，杨忠勇这两天起早摸黑，请施工队抢修被台风破坏的承包竹林林道。

让"金山银山"反哺"绿水青山"，本着"谁污染谁治理，多污染多治理"的原则，……

浙江省湖州市安吉县天荒坪镇，竹农们忙着晾晒加工好的竹篾。竹篾是加工竹席、竹椅等竹制品的原材料。
张 锋摄（人民图片）

美丽中国，我是行动者

推行“光盘行动”、禁止过度包装、治理快递垃圾、倡导绿色出行、分类处置生活垃圾、购买环境友好型产品……建设美丽中国要求重构人与自然的关系，确保以绿色生活的方式实现和维护人与自然和谐共存。中共十九届五中全会明确提出要“广泛形成绿色生产生活方式，碳排放达峰后稳中有降，生态环境根本好转”。如今，“绿色生活，从我做起”的理念已深入人心，其行动也在全国如火如荼地展开。

争当志愿者

工作闲暇之时，将自己投身到环保公益行动中，正在成为许多中国人的一种生活方式。

在北京延庆，“环保奶奶”贺玉凤20余年志愿守护母亲河的故事已在当地传为佳话。贺玉凤是位土生土长的延庆农民，已过花甲之年，她20多年如一日捡拾白色垃圾40余万个，成为延庆妫水河两岸的义务环保践行志愿者。榜样的力量是无穷的，在她的引领下，“延庆乡亲”志愿者团自发形成，大家用行动打造着美丽延庆。

炎炎夏日，酷暑难耐，在全国各大海滩和海岸线上，志愿者们弯腰俯身，挥汗如雨，一点一点地将玻璃、塑料瓶、泡沫、渔网等垃圾拾捡起来。部分海洋垃圾在风吹日晒、海浪冲击等自然因素作用下破碎成体积较小的碎块，又被海浪冲回到海滩上，更加大了拾捡的难度。但是志愿者们不畏辛苦，即便是一块小小的塑料泡沫也逃不过他们的眼睛。

这是近日启动的“净海大作战”全国净滩联合行动的一个场景。此次活动旨在通过联合全国各环保机构，在同一时间段开展清理海滩垃圾行动。第一个活动周，参与人数达到2782人，整个活动历时23天，参与人数7468人，覆盖了22个省份、46个城市、131.5千米海岸线，共清理失控垃圾23.2吨。

为鼓励民众参与到环保行动中，中国出台《志愿服务条例》和《“美丽中国，我是行动者”提升公民生态文明意识行动计划（2021—2025年）》。在国家支持下，公众参与生态志愿服务的热情越来越高，志愿者服务日臻成熟。

注重绿色消费

买环保型衣物、选有机食品、用节能家电、共享网约出行……现代人越来越注重绿色消费。国务院近日印发《关于加快建立健全绿色低碳循环发展经济体系的指导意见》，提出到2025年，绿色低碳循环发展的生产体系、流通体系、消费体系初步形成。

辽宁市民刘女士告诉笔者，在超市购物时，她一般会选择有机食品，因为家里有老人和孩子，饮食安全很重要。有机食品比普通产品会贵一些，但她觉得有机产品绿色环保，有保障。

笔者在北京朝阳区一家大型超市看到，标有“有机”“无公害”的食品柜台受人青睐。纪萍等几位女士背着朴素的布袋在购买商品，她们告诉笔者，这样可以反复使用，避免使用塑料袋造成浪费。

在南京一家4S汽车店，一位五十岁左右的小凤女士卖掉了自己原先的燃油车，准备入手一台绿色新能源车。她说，国家对新能源车有许多补贴，买下来划算，更主要的是行驶起来还能保护环境。

生活中，年轻的消费者们也比较注重节能产品。一位唐教授告诉笔者，她的儿子是“90后”，结婚时选择用品注重“再生”“循环”等元素。在灯具和家电上选择节能产品，价格贵些，但可以节约不少电费，而且用起来也踏实。

标有能效标识的洗衣机、冰箱和热水器等家电产品现在已成为消费者的首选。拼多多统计数据显示，2020年该平台上节能类大家电的消费人群、消费金额同比增长35%、41%。

为减碳做贡献

2020年，中国向世界做出承诺，提出力争在2030年前实现碳达峰、2060年前实现碳中和，这意味着中国开启了低碳发展的新征程。踏上低碳发展新征程，除了体制机制建设，还要引导居民践行绿色低碳生活方式。“碳达峰是一个漫长而艰苦的过程。”中国生态环境部宣传教育中心主任贾峰表示，节能减排需要全民动员，让每一个中国人成为减碳目标的参与者，而不是旁观者、局外人。

交通出行是人们日常生活必不可少的组成部分，各地通过开展绿色出行和公交出行等主题宣传活动，引导公众出行优先选择公共交通、步行和自行车等绿色出行方式，降低私家车通行总量，提升城市绿色出行水平。

“上班不开车，绿色出行益处大。”北京市一位公务员在接受笔者采访时由衷地说，“骑行的最大好处就是不用担心堵车，每天上班可以感觉到天空的变化，心情愉悦，还能为减少碳排放做贡献。”

2020年3月，《关于促进消费扩容提质加快形成强大国内市场的实施意见》出台，国家发展改革委、工信部、中宣部、财政部等23个部门联合发文，提出要建立健全新能源汽车等绿色产品的推广机制，并鼓励公交、环卫、城市邮政快递作业、城市物流等领域新增及更新车辆采用新能源汽车，以此减少温室气体排放、促进产业绿色发展。

2020年，我国延长新能源汽车补贴政策，开展新能源汽车下乡活动，新能源汽车销量比上年增长10.9%。在国家政策导向支持下，许多银行积极参与到新能源汽车的推广活动中。日前，中国银行桂林分行选定了比亚迪、威马、哪吒、广汽传祺、大众四个品牌开展试驾活动。

客户从临桂出发，驾车前往阳朔凤凰山水尚境。大家一边观沿途山水，一边充分感受和了解新能源的“绿色”“低碳”“环保”的性能。特邀嘉宾蒋先生谈到感受时说，新能源车与平时开的燃油车的区别是特别智能，不管是语音控制还是自动驾驶都特别棒。

《人民日报海外版》（2021年07月13日第08版）

08 美丽中国　　人民日报海外版　　2021年7月13日　星期二
责编：罗兰　邮箱：dzzb9888@163.com

"绿色家园"系列报道之五

推行"光盘行动"、禁止过度包装、治理快递垃圾、倡导绿色出行、分类处置生活垃圾、购买环境友好型产品……建设美丽中国要求重构人与自然的关系，确保以绿色生活的方式实现和维护人与自然和谐共存。中共十九届五中全会明确提出要"广泛形成绿色生产生活方式，碳排放达峰后稳中有降，生态环境根本好转"。如今，"绿色生活，从我做起"的理念已深入人心，其行动也在全国如火如荼地展开。

美丽中国，我是行动者

苟立新

浙江省湖州市德清县新市镇中心幼儿园培养孩子们勤俭节约、反对浪费的习惯。王正摄（人民图片）

争当志愿者

工作闲暇之时，将自己投身到环保公益行动中，正在成为许多中国人的一种生活方式。

在北京延庆，"环保奶奶"贺玉凤20余年志愿守护妫水河的故事已在当地传为佳话。贺玉凤是位土生土长的延庆农民，已过花甲之年。她20多年如一日捡拾白色垃圾40余万个，成为延庆妫水河畔的义务环保践行志愿者。榜样的力量是无穷的，在她的引领下，"延庆乡亲"志愿者团队发展壮大，大家用行动打造着美丽延庆。

江苏省南京市高淳区桠溪街道瑶宕村百亩生态茶园里，志愿者用卡片授课等方式向茶农宣传垃圾分类知识。高晓平摄（人民图片）

在湖南省常宁市烟竹镇荟坪村，游客一边骑行，一边赏荷花。周秀鱼春摄（人民视觉）

构建资源节约型社会

蒋高明

近年来，我国十分重视资源节约型、环境友好型社会的建设。目前，国家发展改革委发布《"十四五"循环经济发展规划》，提出了新的目标：到2025年，我国资源循环型产业体系基本建立，覆盖全社会的资源循环利用体系基本建成，主要资源产出率比2020年提高约20%，单位国内生产总值能源消耗、用水量比2020年分别降低13.5%、16%左右。

这些明确目标也给经济社会的可持续发展提出了更高要求。节约资源也是发展生产力，是最有效的环境保护，是统筹人与自然和谐发展的重大举措。节约发展、清洁发展、安全发展，对于我国这样人多地少的国家具有重要意义。绿水青山就是金山银山，资源节约与循环利用是实现"两山"的关键。如何实现并构建资源节约型社会呢？笔者有以下建议。

重视可再生资源循环利用。要构建废旧物资循环利用体系，建设资源循环型社会，尤其要注重社区的参与。过去一些社区设有废品收购站，分类回收头发、玻璃、牙膏皮、旧电池、纸片、废铜烂铁等，而可降解材料则作为肥料利用，全民参与，在源头实现垃圾分类利用，今天仍然具有借鉴意义。从乡村振兴的角度来说，要重点关注废旧农用物资回收利用问题，鼓励乡镇层面的回收和资源化利用举措。

现代可再生资源利用须从资源开采、资源利用效率、资源再生等不同环节下功夫。资源开采应确保对环境破坏降到最低；资源利用效率要在现有基础上大幅度提高，做到物尽其用；资源再生则充分利用废弃的物质"二次采矿"，从而减少对原生自然资源的挖掘；另外，在废旧金属再生利用上，要提升高质量循环利用能力。

大力发展低碳、生态循环型农业是节约资源的重要举措。深化农业循环经济发展，建立循环型农业生产方式，需要大幅度考虑农药、化肥、地膜、激素、除草剂等的减量，创新生态农业实践，注重生物多样性保护与应对气候变化的协同增效，并通过提供健康农产品，从源头保障公众健康。生态循环农业利用自然界中各种要素，如秸秆、动物粪便、人粪尿、园林废弃物、菌棒、酒糟、剪枝、屠宰厂与渔业废弃物、城乡可降解生活垃圾等，作为有机肥生产粮食作物，对于推动"碳中和"目标的实现有巨大帮助。除此之外，生态循环农业还包括节水灌溉、恢复生态平衡、传统种质资源繁育与可持续利用、生态农产品收储等内容，都是推进资源节约集约循环利用需要着力的领域。

避免食物浪费。针对过去比较普遍的食物浪费现象，我国已于今年4月出台了《反食品浪费法》，全面推动厉行节约、反对粮食浪费。提倡光盘行动无疑是很好的举措，但笔者认为，还必须提高食品的品质，尊重农民的劳动，推动优质优价的良性循环。

逐步减少一次性用品，提升公众意识。如今习以为常的一次性餐具、洗漱用具，农田里的一次性地膜，礼品乃至书籍一次性的包装材料等，都是对自然资源的浪费，带来的塑料环境污染不容忽视。笔者建议，未来可从资源税上加大对于一次性用品生产和消费的征收力度，以鼓励环境友好型、资源节约型社会建设。从消费端来看，要推动形成绿色生活方式，如鼓励消费者形成自带日常用具的习惯，形成用生物质材料替代目前广泛使用的农田地膜等。

（作者系中国科学院植物研究所研究员）

新时代新步伐

还圣湖一片翠绿

王靖雯

清理雍泽绿措的五名志愿者。　资料图片

位于西藏日喀则市仁布县德吉林乡的"圣湖"雍泽绿措，距离拉萨近200公里，碧绿的湖面仿若一块高嵌山间的翡翠。然而，伴随着络绎不绝的游客和朝圣者，雍泽绿措周边甚至湖里的垃圾也开始泛滥。

绿起来　美起来①

“三北”防护林、“退耕还林”、“京津沙源治理”、“塞罕坝、库布齐沙漠绿化”、国家级森林公园……从北到南，从东到西，一片片茂密的森林和郁郁葱葱的草场绿地，让中华大地不断“绿起来”、“美起来”。通过持续开展国土绿化，中国林草资源总量持续快速增加，成为全球森林资源增长最多的国家，为世界减碳作出重大贡献。如今，“科学绿化”成为关键词。日前出台的《关于科学绿化的指导意见》，要求不仅增绿，更要提质，同步提升国土绿化的“含绿量”和“含金量”。

增绿

山西省右玉县四五道岭生态景区，林草茂密，鸟语花香。当地一位村民感慨地对采访者说，“小时候可不是这样，到处是荒山秃岭，风沙大得很。”

地处毛乌素沙漠边缘的右玉县，在新中国成立之初是风沙肆虐的不毛之地，得益于20年前国家实施的京津风沙源治理工程，10万右玉人一代又一代

① 本文刊载时署名为：罗兰、鞠立新。

接力植树，让1亿多棵树在这里落地生根，昔日“不毛之地”变成了“塞上绿洲”。

不仅右玉县人民得到好处，京津风沙源治理工程还让数亿人受益。西起内蒙古达茂旗，东至河北平泉县，南至山西代县，北到内蒙古东乌珠穆沁旗，在方圆45.8万平方公里的中华大地上，京津风沙源治理工程将这里的绿色版图不断扩大。

国家林草局公布的数据显示，构筑起中国北方绿色生态屏障的京津风沙源治理工程实施20年来，工程区森林覆盖率由10.59%提高到18.67%，区域沙化土地面积年均减少432平方公里。

一项项大型生态修复工程绿化着祖国的山川大地，与此同时，全民参与让绿意更浓。1982年2月，植树造林、绿化祖国成为每一位适龄公民的法定义务。自2004年以来，大约441座城市开展了“森林城市”运动，市民踊跃参加。如在距离北京130公里的雄安新区，“千年秀林”项目混合种植了100多种树木。

到2020年底，全国适龄公民累计175.19亿人次履行植树义务，累计植树达780.62亿株（含折算数量）。在全民共同努力下，20世纪80年代至今，中国森林覆盖率由12%提高到23.04%，人工林面积居全球第一，全国城市建成区绿化覆盖率由10.1%提高到41.11%。

提质

增绿不是简单的种树，而是要考虑整个生态系统。如今，许多地方绿化更加注重数量与质量并重，因地制宜，以本地化体现特色，以多样化实现多功能。

“最早种木材，成材快就行；后来种林子，绿了就行；现在我们种下的是生态系统，要有量、有质、有生物多样性，最大限度接近自然、还原自然。”湖南省林业局局长胡长清说。以“种下健康生态系统”为目标，湖南坚持本土化、多样化、良种化，正在推进国土绿化从造林向造绿、造景、造福、造富提升。

过去相当长一段时间，欧美黑杨作为造纸原料林在西洞庭湖区域被广泛种植。但大面积单一外来树种造成了当地生态环境急剧恶化，湿地功能退化，候鸟无处安息。2017 年起，欧美黑杨改造行动开展。4 年间，中央和地方政府投入杨树清理和湖区生态修复资金超过 7 亿元。欧美黑杨被清理后，芦苇、枸杞、益母草、橘藤等野生植物重新生长，湖区湿地生态环境和生物多样性已逐渐恢复，西洞庭湖再次成为候鸟天堂。

在益阳市沅江市草尾镇乐园村，农田网格之间，樟树、银杏、红叶石楠、桂花迎风挺立，乔木下配植了迎春、万寿菊等灌木、草本和水生植物，一个多样化、多色彩、多层次的农田防护林系统展现出勃勃生机。“这是第五代农田防护林，主要特点就是以珍贵乡土树种和常绿阔叶林为主要树种，突出近自然理念，强化混交和复层。”益阳市副市长胡安邦说。

如今，湖南绿化坚持“大生态提质”，要求在树种草种的选择上、在生态修复过程中、在管护经营森林时，都要做到“近自然”。

北京市朝阳区在提质方面主要采取“见缝插绿”原则。据悉，经过连续几年持续绿化，四环、五环路之间多了 23 个郊野公园，城市第一道绿化隔离带在朝阳区内率先贯通。

天津市西青区精武镇在增绿提质方面有小诀窍。相关负责人告诉笔者，为整治裸露土地，让乡村画上“绿”妆，精武镇以“绣花功夫”扎实细致做好植树增绿，对裸露土地全面开展补植补绿，对已有绿化带精修整理。

严管

党的十八大以来，各地区各部门积极推进大规模国土绿化行动，但在一些地方还存在急功近利，违背自然规律、经济规律、科学原则和群众意愿搞绿化、行政命令瞎指挥等不科学问题。

国家林业和草原局局长关志鸥说，目前全国自然条件好的地方已经基本绿化，但“在哪种”“种什么”“怎么种”“怎么管”等问题日益突出，继续增加林草资源难度越来越大。

针对上述问题，国务院日前印发了《关于科学绿化的指导意见》。《意见》提出，实施森林质量精准提升工程，加大森林抚育、退化林修复力度，优化森林结构和功能，提高森林生态系统质量、稳定性和碳汇能力。

国土绿化是一项复杂的系统工程。关志鸥说，科学绿化要遵循自然规律，坚决反对"大树进城"等违背科学规律和急功近利的行为，坚决反对脱离实际、铺张浪费、劳民伤财搞绿化的面子工程、形象工程。

科学绿化内容丰富，比如坚持量水而行，宜绿则绿、宜荒则荒，科学恢复林草植被；因地制宜确定绿化方式，宜林则林、宜灌则灌、宜草则草，乔灌草合理配置；合理选择绿化树种草种，积极采用乡土树种营造混交林，提高乡土珍贵树种比例；加大封山育林、森林抚育、退化林修复、退化草原恢复力度，保护自然植被的原真性完整性。

"未来一段时期，特别是'十四五'时期，整个绿化工作将由过去注重数量向数量和质量并重转变，推动大规模国土绿化。"国家林业和草原局副局长刘东生介绍说。据悉，"十四五"林业草原保护发展规划纲要、国土绿化规划纲要将以科学绿化理念为指导。其中，南部、东部、中部地区在巩固现有绿化成果基础上，以调结构、提质量为主，着力开展森林抚育和退化林修复；西部、北部地区坚持数量质量并重，以增绿扩绿为主，充分利用适宜绿化空间，加大林草植被恢复力度。

护林

夏季山中多雨。一场大雨刚过，河南省商城县黄柏山林场磨盘山村党支部书记李俊就跨上摩托、带上镰刀上山了，"林长"的身份让他感到肩上的担子沉甸甸的。

拥有林地面积 192 万亩、森林覆盖率达 60.6% 的商城县，是河南省 25 个林业重点县之一，也是全省推行林长制试点县。"查看道路是否被冲毁、林木是否折断或倒伏，还要注意森林病虫害情况。我理解的'林长'，就是要当好大山的守护神。”李俊介绍说，黄柏山林场初步建立了乡、村、组三级林长制体系，作为林场中承上启下的村级林长，每周最少要上山巡查一次。

“林长制”正成为全国提高林业生态保护和管理水平的一个有效方式。目前，全国已有 24 个省区市开展林长制改革试点，安徽、江西、山东等 8 省市已经全面推开林长制，广西、广东、青海、吉林、辽宁等 16 个省区正在部分市县开展试点。各地通过探索实施林长制改革，实现了“山有人管、林有人护、责有人担”，形成了保护发展林草资源的强大合力。到 2022 年 6 月，将在全国全面建立林长制。

笔者从北京市园林绿化局获悉，到今年底，市、区、乡镇（街道）、村（社区）四级林长制责任体系和各项制度将全面建立，通过构建党政同责、属地负责、部门协同、源头治理、全域覆盖的长效机制，形成保护发展首都园林绿化资源的强大合力。

林长制的实施让生态资源得到保护。目前，北京市森林覆盖率已达 44.4%。各级林长将在此数据基础上逐级签订园林绿化资源保护发展目标责任书，森林覆盖率、蓄积量等指标将纳入首都林长制目标考核体系。

《人民日报海外版》（2021 年 06 月 15 日 第 08 版）

08 美丽中国　人民日报海外版　2021年6月15日　星期二

“绿色答卷”系列报道之三

“三北”防护林、“退耕还林”、“京津沙源治理”、“塞罕坝、库布齐沙漠绿化”、国家级森林公园……从北到南，从东到西，一片片茂密的森林和郁郁葱葱的草场湿地，让中华大地不断“绿起来”、“美起来”。通过持续开展国土绿化，中国林草资源总量持续快速增加，成为全球森林资源增长最多的国家，为世界减碳作出重大贡献。如今，“科学绿化”成为关键词。日前出台的《关于科学绿化的指导意见》，要求不仅增绿，更要提质，同步提升国土绿化的“含绿量”和“含金量”。

绿起来　美起来

罗兰　鞠立新

题图：河南省商城县乡村美景。　资料图片

增绿

提质

广西柳州市柳东新区洛江生态公园从昔日的荒草滩变身生态公园，成为人们休闲健身的好去处。　黎寒池摄（新华社发）

护林

严管

游客在山东省荣成市崖西镇伟德山国家级森林公园的金鸡菊花田里拍照。　李信君摄（人民图片）

甘肃省张掖市甘州区一景点处，工人正在栽植花草绿植。　成学磊摄（人民图片）

珍稀小鸟在江西省婺源县太白镇的林间嬉戏。　段俊利摄（人民图片）

植树造林早日实现“碳中和”

王赛鸽

植树造林是保护生物多样性的治本之举，是应对气候变化的关键举措，是通往美丽中国的必由之路。近年来，中国国土绿化取得重要进展，“十三五”期间，森林蓄积量超过175亿立方米，提前并超额完成《巴黎协定》既定目标。

大规模植树造林不仅起到防风固沙、保水固土、优化生态环境的作用，还为众多物种提供了生存空间，使珍稀候鸟和濒危物种生境得到有效恢复，在保护生物多样性方面发挥了重要作用。同时，植树造林是增加森林碳汇、实现碳达峰、碳中和的重要途径。目前，中国森林植被总碳储量已达92亿吨，平均每年增加的森林碳储量超过2亿吨。2020年中国提出的新气候行动目标中，确立到2030年森林蓄积量比2005年增加量从45亿立方米左右提高到60亿立方米的目标，彰显了中国进一步推进国土绿化、应对气候变化的决心。

为进一步推进国土绿化工作，2021年6月国务院办公厅印发《关于科学绿化的指导意见》，指出中国将全面推行林长制，开展大规模国土绿化行动，进一步提升生态系统碳汇增量，并提出了推动国土绿化高质量发展的十大主要任务，包括科学编制绿化相关规划、合理安排绿化用地、合理利用水资源、科学选择绿化树种草种、规范开展绿化设计施工、科学推进重点区域植被恢复、稳步有序开展退耕还林还草、节俭务实推进城乡绿化、巩固提升绿化质量和成效、创新开展监测评价等。

要保护好现有森林资源、提高森林覆盖率，更要切实提高造林绿化质量，并加强对森林资源的科学管理。

要适地适树，改善树种结构，优选良种壮苗，从源头提高造林绿化质量，并对森林进行分类经营，加强森林培育、管护和病虫害防治。要建立完善绿化后期养护管护制度和投入机制，优化森林结构和功能，加强森林草原防火基础能力建设，提高林木质量，建立健康、稳定、高效的森林生态系统，增强其固碳能力。还应积极推进林业碳汇交易，探索可商业化发展的森林经营模式，进一步促进森林碳汇从生态价值到经济价值的转化，以市场化的生态补偿机制来反哺林业建设，更好地发挥植树造林在应对气候变化中的作用。

以习近平生态文明思想为指引，中国将进一步坚持“绿水青山就是金山银山”的发展理念，贯彻山水林田湖草沙的系统治理思想，牢牢把握使命引领与问题导向相统一，统筹国土绿化建设和气候变化目标，推进国土绿化高质量发展，提升植树造林的经济、社会和生态价值，助力我国碳中和目标早日实现。（作者系北京师范大学环境学院研究人员）

新时代新步伐

贵州省铜仁市印江土家族苗族自治县沙子坡镇，村民在采茶。陈晓阳摄（人民图片）

打赢污染防治攻坚战

第五十个世界环境日即将到来，世界环境日以“生态系统恢复”为主题，聚焦“恢复人类与自然的关系”。作为发展中国家、全球第二大经济体，中国提出环境日主题为：人与自然和谐共生，旨在唤醒全社会防治污染、保护生物多样性的意识，增强蓝天幸福指数，树立尊重、顺应、保护自然的理念，建设人与自然和谐共生的美丽中国。

中国连续多年强力推进蓝天保卫战，其做法和成果令世界瞩目。污染防治攻坚战、蓝天保卫战和碳达峰、碳中和目标呈正相关，具有长期性、复杂性和艰巨性。中国高度重视大气污染防治工作，相继实施《打赢蓝天保卫战三年行动计划》《大气污染防治行动计划》，把蓝天幸福指数列为攻坚战的核心要素。

打赢污染防治攻坚战、蓝天保卫战，需要相关部门做好顶层设计，完善推进机制，聚合工作力，确保相关政策能够落地见效。

打赢污染防治攻坚战、蓝天保卫战，需探索精准治污路径，科学管理，并建立预警机制的新模式。目前，环境治理进入关键期，精准施策尤为重要。

今后，为增强蓝天幸福指数，笔者建议如下：

第一，坚持高格局推进，实施部门联防联控。建立污染防治、蓝天保卫战工作小组，各职能部门积极认领相关问题，并定期对空气质量动态进行研判，提出预警，有效把控污染防治变化趋势。加大大气监测站点检测力度，对道路扬尘进行专项治理。各部门应强化日常保洁工作，增设城市道路清洗洒水除尘力度。对施工工地扬尘整治需要进一步加强，督促工地施工时做好防尘网封闭、工程主体作业无敞开堆放垃圾等工作，确保扬尘达标。

第二，科技溯源，精准管控。相关各部门应积极采用科研无人机检测污染状况，全方位掌控污染分布情况，高效、精准管控问题区域。对监测异常区域进行溯源追踪，排查问题，实时研判。积极开展大气污染防治培训，提高相关部门人员的业务能力。各级各部门通过培训会，宣传生态环保知识，增强公众防治污染的环保意识。

第三，督察常态化，定期进行检查。污染防治攻坚战、蓝天保卫战是一场攻坚战、持久战，相关部门应坚持精准考核，发送相关数据并做好分析日、周、月报。强化督察管控力度，发现问题及时整改。抓落实是关键，抓好重点任务推进工作。

一分部署，九分落实，全力治污必须深入践行我国的生态文明思想，坚持协同推进节能降碳方向不变，精准、科学、依法治污的力度不减。污染防治攻坚战是一场硬仗，离不开政府、企业、媒体、公众、社会组织等合力上阵。

《人民日报海外版》（2021 年 06 月 01 日 第 08 版）

08 美丽中国　人民日报 海外版　2021年6月1日 星期二
责编：罗兰　邮箱：dzbl8808@163.com

开篇语：

党的十八大以来，中国生态文明建设驶入快车道，绿色发展方式和生活方式成为全体共识，天更蓝、山更绿、水更清的美丽中国画卷不断展现在世人面前。

6月5日是世界环境日，本版将在6月连续推出"绿色答卷"系列报道，反映中国生态环境改善给广大人民带来的获得感和幸福感。

"绿色答卷"系列报道之一

"这个夏天的天空真美，空气透亮，就是紫外线比以前强了，更得注意防晒了""空气中没有刺鼻的味道了""雾霾天越来越少见了""一出门就看到蓝天白云，真舒心"……从京津冀到长三角，从东部沿海到汾渭平原，各地居民明显感受到一种变化，灰色的天空越来越少，蓝天白云正成为新常态。大家在空气质量改善中获得感和幸福感与日俱增！

这种变化得益于中国开启了一列保卫蓝天、治理大气污染的高速列车。列车在近十年的时间里不仅从未减速，还不断创造出新速度、新成绩。

保卫蓝天 幸福满满

罗兰 马放

持续发力

雾霾锁天，出门看不到对面的行人，空气污浊不敢顺畅呼吸，中小学停课、工厂限产、空气净化器一机难求……这是8年前北方许多城市频频出现的情况。据统计，2013年1月，北京只出现了5个优良天，1/6的国土面积遭遇到灰霾袭击。

也就是在那年，消除人民"心病"的蓝天保卫战全面打响：国务院发布实施《大气污染防治行动计划》，各地按计划要求开始行动，企业推行绿色生产、公众自觉践行绿色生活。

自2017年下半年起，蓝天保卫战持续发力：国家大气污染防治攻关联合中心成立，中心的科研人员分别入驻京津冀及周边的28个城市，为每个城市推出一套定制化治霾方案；2018年，蓝天保卫战进入攻坚阶段——国家出台《打赢蓝天保卫战三年行动计划》。

专家指出，打赢蓝天保卫战，是党的十九大作出的重大决策部署，事关满足人民日益增长的美好生活需要，事关全面建成小康社会，事关经济高质量发展和美丽中国建设。

调整产业结构、控制煤炭消费量、优化交通结构、工业排放提标改造、移动源排放管控、燃煤锅炉整治、提升机动车排放水平、治理无序排放的散乱污企业……在重点污染防治区域京津冀及周边地区、汾渭平原、长三角等地，大气污染治理行动开展得如火如荼。

2020年2月，生态环境部宣布，3年大气治理圆满收官。"十三五"确立的与空气质量相关的约束性指标均全面超额完成。尤其是秋冬季大气污染得到改善，2020年第四季度，京津冀及周边地区、汾渭平原39个城市PM2.5平均浓度为62微克/立方米，比2016年同期下降39%；重污染天数比2016年同期下降87%。今年空气质量持续向好。2021年4月4日，全国339个地级及以上城市平均空气质量优良天数比例为92.5%，同比上升3.8个百分点；PM2.5平均浓度为28微克/立方米，同比下降15.2%。

江苏建德，在蓝天白云下晨练的人们。 程吕德摄

结构调整

产业结构偏化工、能源结构偏煤炭、运输结构偏公路，是造成大气污染严重的根本原因。京津冀及周边、长三角、汾渭平原等区域单位国土面积煤炭消费量是全国平均水平的4-6倍。同时，在城乡接合部、乡镇和广大农村地区，存在大量"散乱污"企业，严重污染环境。对于这些"散"产业，改造升级迫在眉睫，结构调整势在必行。

北京，石景山首钢工业园内，曾当了十几年钢铁工人的刘博强，现在已随着首钢搬迁而改行在首钢园区冬奥训练馆为冰场做修复工作了。

为改善北京整体生态环境，降低重点行业污染物排放，首钢北京石景山园区钢铁主流程全面停产，十几万首钢人参与到这场大搬迁中。"我觉得很幸运。这次转型对我来说很重要。"刘博强说。

北京300公里之外，河北曹妃甸，首钢新厂区。一场提标改造、升级换代的大工程同时展开。这里是中国第一个临海靠港的1000万吨级钢铁企业，拥有中国目前最大、世界上为数不多的大型生产装备，一流的环境装备保障高水平运行。

不仅在大气污染的重灾区京津冀地区，其他区域也在加大治理"散乱污"企业的力度。

据生态环境部介绍，2020年10月20日，内蒙古自治区呼和浩特、包头、乌海及周边地区召开冬季大气污染防控工作调度会。会议要求各盟市将所有涉气企业纳入应急减排清单，实行"一城一案""一厂一策"，确保减排措施可操作、可监测、可核查。

辽宁盘锦推出多项举措，加强"散乱污"企业治理，其中包括强化混凝土和沥青搅拌站的治理，增加检查频次；对搅拌站搅拌设备、上料系统及料堆进行密闭处理，厂区加大洒水频次，遏制扬尘污染；强化防水卷材行业治理，10多家防水卷材企业对沥青烟处理装置进行整改，新安装了光氧催化、经典捕捉等沥青烟收集处理设施。

安徽合肥发布《合肥市大气环境质量限期达标规划》，开展"散乱污"企业及集群综合整治行动，细化整治标准。实行拉网式排查，建立管理台账。按照"先停后治"的原则，实施分类处置。同时建立"散乱污"企业动态管理机制，坚决杜绝"散乱污"企业项目建设和已取缔的"散乱污"企业异地转移、死灰复燃。

福清海坛海峡海上风电项目首台海上风电主控系统国产化机组（右）。
新华社记者姜克红摄

能源更迭

石油、煤炭等化石能源在中国能源结构占比曾一度高达93.8%，其排放的污染物成为影响空气质量的又一大元凶。中国的目标是到2030年非化石能源占一次能源消费比重将达到25%左右，这意味着大量化石能源将为清洁能源所替代。

在辽宁盘锦大堡村，村民李仁忠和老伴儿开心地点燃燃气灶。"烧煤改成烧天然气，省去了捡柴引火的麻烦，不用点炉子了，也不用看炉子了。"李仁忠高兴地说。前几年，李仁忠家作为村里第一批试点用户安装了天然气炉。

看到亲家用上天然气后生活发生的改变，一年后，杨洪贵也给自家安上了天然气炉。杨洪贵说："刚开始人们都不知道气咋回事儿，有的害怕着火。现在越使越有经验。"

据了解，政府补贴，企业让利，市场化运作让盘锦9万多农户安心用上了清洁能源。

通过改气、改电等方式替代散煤，是中国北方地区大气污染治理的重要举措之一。比如冬季清洁取暖气代煤、电代煤工程，可以有效降低供暖季大气污染物排放强度，减少秋冬季重污染天气发生频次和程度。

河北将洁净煤及煤炉具配送到户，强化散煤整治。

作为北方地区清洁取暖试点城市，河南郑州推动地热能供暖建设。截至2020年10月，已建成投运地热能供暖项目20个，实现供暖面积逾400万平方米。

茶园小天使。 谢敏毅摄

风电、生物发电等清洁能源建设也日新月异。

在苏南地区第一个生物发电站，一艘艘货船正将秸秆等农务废弃物源源不断地送到这里，每年可以发电2亿多千瓦时。福清兴化湾建有30万千瓦海上风电二期工程。全中国，每小时就有2部风机安装到位。风电开发已延伸至中国所有省区市。

2020年底公布的数据，我国汽车保有量仍在以每年2000多万辆的速度增加，由此带来的机动车污染物排放量居高不下，已成为大气污染的重要来源。

山西太原，曾是世界十大空气污染城市。2016年，太原启动更换纯电动出租车工程。今天，太原是全世界拥有电动出租车最多的城市之一。

目前，中国是世界新能源汽车第一大国，销量、保有量占世界一半，每年减少300多万吨污染物排放。为强化重型车排放源头控制，2021年7月起，中国还将全面实施重型柴油车国六排放标准。

全网监测

"22日到23日，全省大部分云量较大，空气质量以良为主。"出租车上，乘客在收听空气质量预报。地铁里，人们通过看手机及时了解当天的空气质量情况。

在江苏省海安市曲塘镇一国网充电点，技术人员对新装的充电桩进行调试。 翟慧勇摄（人民图片）

从2015年开始，广播、电视、手机中的天气预报中，多了一项空气质量预报，来自中国环境监测总站的空气质量预报预警信息，不仅为公众提供空气质量和重污染预报，也为重点区域大气污染联防联控提供技术支持。

在应对大气污染突发事件时，大气环境监测工作作用大，能帮助及时发现、快速处置突发事件，并能以更加科学详实的监测数据追根溯源，从根源上解决大气污染问题。北京市生态环境监测中心工程师王欣说："以监测发现问题，以监测评估效果。"

"滴滴滴……"河北省石家庄市大气污染防治指挥调度中心响起一阵警报声，与此同时，秸秆垃圾露天焚烧公共视频与红外报警系统上跳出预警信息。工作人员及时赶到现场进行了处理，避免了一起污染事件。

当前，京津冀及周边地区"2+26"城市已建立具备国际先进水平的城市空气质量预报预警技术体系。"整个区域重污染过程预报准确率接近100%，污染级别准确率接近80%。此外，预报时长由提前7天拓展到10天，能够为地方政府和相关企业采取应对措施争取更多时间，同时也进一步减少对经济社会的扰动。"生态环境部相关负责人介绍。

从遥感卫星到激光雷达，从地面空气质量监测站到红外公共视频点，今天，中国337个地级及以上城市共建成1436个国控空气质量监测点位。环境空气质量信息公开已经实现了时间尺度上从小时到全年，空间尺度上从区县到全市。

据生态环境部介绍，"十三五"期间，我国生态环境监测网络建设基本实现了"全面设点、全国联网、自动预警、依法追责"的目标，生态环境监测能力显著提升，生态环境监测数据质量稳步提高，监测数据的"真、准、全"得到有力保障。

据悉，"十四五"期间，城市空气自动监测站将实现地级及以上城市填平补齐，环境监测点位建设将由"规模化扩张"向"高质量发展"转变，力争实现全国"一张网"智慧感知。

打赢污染防治攻坚战

鞠立新

第五十个世界环境日即将到来，世界环境日以"生态系统恢复"为主题，聚焦"恢复人类与自然的关系"。作为发展中国家、全球第二大经济体，中国提出环境日主题为：人与自然和谐共生，旨在唤醒全社会防治污染、保护生物多样性的意识，增强蓝天幸福指数，树立尊重、顺应、保护自然的理念，建设人与自然和谐共生的美丽中国。

中国连续多年强力推进蓝天保卫战，其做法和成果令世界瞩目。污染防治攻坚战、蓝天保卫战和碳达峰、碳中和目标呈正相关，具有长期性、复杂性和艰巨性。中国高度重视大气污染防治工作，相继实施《打赢蓝天保卫战三年行动计划》《大气污染防治行动计划》，把蓝天幸福指数列为攻坚战的核心要素。

打赢污染防治攻坚战、蓝天保卫战，需要相关部门做好顶层设计，完善推进机制，聚合工作力，确保相关政策能够落地见效。

打赢污染防治攻坚战、蓝天保卫战，需探索精准治污路径，科学管理，并建立预警机制的新模式。目前，环境治理进入关键期，精准施策尤为重要。

今后，为增强蓝天幸福指数，笔者建议如下：

第一，坚持高格局推进，实施部门联防联控。建立污染防治、蓝天保卫战工作小组，各职能部门积极认领相关问题，并定期对空气质量动态进行研判，提出预警，有效把控污染防治变化趋势。加大大气监测站点检测力度，对道路扬尘进行专项治理。各部门应强化日常保洁工作，增设城市道路清洗洒水除尘力度。对施工工地扬尘整治需要进一步加强，督促工地施工时做好防尘网封闭、工程主体作业完毕并堆放垃圾等工作，确保扬尘达标。

第二，科技溯源，精准管控。相关各部门应积极采用科研无人机检测污染状况、全方位掌控污染分布情况，高效、精准管控问题区域。对监测异常区域进行溯源追踪，排查问题，实时研判。积极开展大气污染防治培训，提高相关部门人员的业务能力。各级各部门通过培训会，宣传生态环保知识，增强公众防治污染的环保意识。

第三，督察常态化，定期进行检查。污染防治攻坚战、蓝天保卫战是一场攻坚战、持久战，相关部门应坚持精准考核，发送相关数据并做好分析日、周、月报。强化督察管控力度，发现问题及时整改。抓落实是关键，抓好重点任务推进工作。

一分部署，九分落实，全力治污必须深入践行我国的生态文明思想，坚持协同推进节能降碳方向不变，精准、科学、依法治污的力度不减。污染防治攻坚战是一场硬仗，离不开政府、企业、媒体、公众、社会组织等合力上阵。

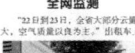

新时代新步伐

为碳达峰碳中和作贡献

低碳消费是碳达峰碳中和的重要组成部分，如何助推低碳消费，为中国碳达峰碳中和作贡献，值得我们每位消费者思考。据统计，全球 72% 的温室气体排放与家庭消费正相关，家庭消费行为的变化能促使温室气体排放的减少。消费者由传统的高碳消费逐渐调整为低碳消费十分必要。

目前，我国碳达峰、碳中和策略大多是基于政府补贴、监管和企业供应链减排的视角，重视政府和企业两大主体的作用，但消费者低碳消费行为对碳达峰碳中和的拉动作用也不容忽视。在低碳经济发展中，政府、企业和消费者三方主体缺一不可，碳达峰、碳中和策略的实施需要我们充分考虑消费者策略的变化。

中国高度重视以低能耗、低污染、低排放为基础的绿色低碳经济发展。绿色低碳经济不仅拥有好的环境收益，同时还具有经济效益和社会效益，是应对碳排放增加的重要途径之一。探究低碳消费对绿色经济发展的影响具有重要的现实意义。

为此，笔者建议：国家相关部门需加大扶持企业低碳减排投入力度，提高企业绿色创新能力。政府对绿色企业进行补贴，运用经济、行政等措施减少企业低碳技术、资源成本，助推绿色低碳消费产品进入市场。

增强企业低碳经济责任感，加大绿色市场有效供给。企业在经济发展中需立足于低碳消费的长期利益，勇于承担社会责任。企业在销售过程中应引导消费者的低碳偏好，并提供足够的低碳产品，满足市场需求。

提高低碳消费产品性价比，一方面加大绿色产品生产规模，降低成本；另一方面，鼓励企业缩小低碳与非低碳产品价格差距，让消费者获得实惠。

加大媒体宣教力度，引导消费者增强低碳消费的环保意识。宣传低碳消费知识，向公众传播低碳消费的内涵及意义。引导消费者关注应对气候变化问题，同时让消费者认识到低碳消费的环保效益，增强消费者的荣誉感和动力。

提高能源利用效率，优化城市能源消费结构，减少城市交通带来的能源需求。助推低碳交通工具的研发工作，加大新能源汽车产业补贴退税等政策，鼓励高能量低电耗技术发展。

加快低碳消费认证制度，加强低碳消费制度政策落实。进行试点推广低碳消费碳足迹标签，对国内产品采取“低碳消费碳足迹标签”，引导低碳消费。通过设立低碳消费标准，制定低碳消费的评估指标，运用消费补贴方式鼓励消费者购买低碳产品。

《人民日报海外版》（2021 年 05 月 04 日 第 08 版）

08 美丽中国　人民日报海外版　2021年5月4日　星期二
责编：罗兰　邮箱：

在全社会积极落实"碳达峰碳中和"进程中，"买买买"被赋予了新要求：生活消费低碳化。各地尝试从商品的前端（供应链）和末端（消费端），引导企业和居民进行低碳消费。在衣、食、住、行、娱等生活的各方面，有意识、有意愿地选择低气候和环境友好型产品与服务，避免浪费，鼓励回收利用。

低碳消费，我们来了

本报记者　罗兰

游人在热闹的北京前门大街购物。
新华社记者 李欣摄

低碳消费兴起

生活在广州的王小姐环保意识浓厚，上班时尽量不开私家车，而是选择地铁、公交或自行车出行。在家中，还将水、电、气设备换成了节能设备，随手关灯。她的这些低碳行为获得了回报——通过广东省碳普惠平台兑换成了碳币。这些碳币可以兑换商品，也可以捐赠用于社会福利。

广东的碳普惠平台于2015年在广州、中山、东莞、韶关、河源和惠州试点运营。用户通过平台网站、手机APP、微信公众号等渠道登录碳普惠账户，用其低碳行为兑换碳币和相应的优惠。平台不仅面向个人，也对小微企业、居民家庭的减碳行为进行量化并对其赋值。2021年3月植树节，碳普惠还将游戏和绿色公益相结合，借助用户量大的游戏平台进行低碳传播。

像广东一样，许多城市都在推动居民参与低碳消费。2014年，低碳城市试点之一的湖北省武汉市启动了"碳积分体系"工作，以引导市民践行低碳生活。武汉市的碳宝包系统也应运而生。碳宝包于2016年6月上线运营，市民通过使用城市公共自行车、搭乘城市公交、步行等绿色出行方式兑换碳币，碳币可用于兑换电影票、团购券等优惠券。虽然碳宝包于2018年停运，但作为国内最早的城市碳积分项目之一，为推动城市低碳生活提供了新思路。

还有的地方尝试搭建碳积分体系，如广东省深圳市的碳账户平台、四川省成都市的早点星球平台等。据日前发布的《政府与企业促进个人低碳消费的案例研究》介绍，深圳碳账户平台帮助市民在交通警察局提交违章停驶申诉后，通过自愿减排等行为获取碳积分，兑换公益奖励；成都的早点星球与四川联合环境交易所合作推出个人碳账户，基于四川联合环境交易所的碳减排核算方法对个人的碳排放量进行核算，计算用户乘坐地铁、公交、步行等低碳出行行为所减少的碳排放量，为用户生成减排记录。核算后的减排量将被转换为"星碳币"存入用户账户中。上述这些项目均由政府主导发起，项目的整体行动框架、行动目标均服务于城市低碳发展的政策目标。

个人减碳不可小觑

减碳是项大工程，许多重大产业比如电力、钢铁、水泥等担当了重任。那么，个人消费能在其中起多大作用？《政府与企业促进个人低碳消费的案例研究》报告认为：为实现2030年碳达峰、2060年碳中和的目标，除加快能源结构调整外，也应采取必要的干预手段降低因居民消费带来的碳排放量的增长速度。

随着国内消费的持续增长，居民消费产生的碳排放量也会持续上升。研究表明，2012年我国居民消费所产生的碳排放量约为2002年的2.27倍。居民消费造成的碳排放不仅包括日常烹饪、取暖、出行等过程中消耗能源产生的碳排放，还包括个人在衣、食、住、行、用等各个领域所消费产品和服务在其生产、运输过程中产生的碳排放。

专家指出，从长远看，个人消费也是特别重要的领域和环节。个人消费模式的改变将直接或间接影响前端供应链。

"如果我们不能有效地、及时地对大家的消费行为进行低碳化引导，未来可能相应的碳排放增长将会对环境、对实现国家气候变化目标带来压力。"自然资源保护协会中国城市项目主任潘涛说。

集腋成裘，个人减碳也能产生大作用。比如广东省的碳普惠平台，现有减碳项目20个，会员数量两万多人，累计减碳量达到了16976.75吨。2020年碳阻迹（一家咨询公司）发布的《大型城市居民消费低碳潜力分析》报告，对人口超过1000万的大型城市居民在衣、食、住、行、用五个消费领域以及十三个场景下的减排潜力进行分析。报告指出，若相应场景下居民从现有生活消费方式逐步转向相应的低碳消费方式，2030年人口超过1000万的一二线城市人均年减排量至少可达到每人每年1.1吨，潜力巨大。

实现"碳达峰碳中和"是一场广泛而深刻的经济社会系统性变革。能源基金会低碳城市项目主管林淑薇表示，我们今天倡导的绿色低碳生活方式，就是一种在双碳目标下社会系统性变革的一部分，也是实现中国"碳达峰碳中和"的重要举措之一。

营造良好环境

鼓励大家践行低碳消费，还需全社会共同营造良好的环境。其中，政府和企业作为两方主体，能够发挥大作用。

自2013年国务院将每年节能宣传周的第三天定为全国低碳日以来，上海每年都会在低碳日开展以"城市生活，乐享低碳"为主题的宣传，活动围绕市民衣、食、住、行、用等生活的多方面展开，这项行动覆盖到了商家、校园、办公楼、企事业单位。

北京市交通委、北京市生态环境局2020年9月联合高德地图、百度地图，开展绿色出行碳普惠激励措施。用户通过使用高德地图、百度地图进行公交、地铁、自行车、步行路径规划和导航，在出行结束后可获得对应的碳能量，并将其转化为奖励。截至2021年2月，绿色出行碳普惠日活跃用户约为300万人，累计碳减排量达23800吨。

作为产品和服务的提供方，企业在衣、食、住、行、用领域内推动低碳消费也不甘落后。衣方面，迪卡侬、东隆集团等制造商与中国纺织工业联合会合作推出了"旧衣零抛弃计划"，通过对旧物品的回收再利用，降低了废旧织物大量增加对环境造成的负担，延长了原料的生命周期。

食方面，传统的中餐连锁、西式连锁快餐纷纷推出了适合"一人食"的食品分量，还推出"光盘行动"；住方面，企业积极研发节能家电和节能建筑，为减少个人在居住领域碳排放量做出了积极贡献；行方面，共享出行企业不断推陈出新，拼车以及共享单车等产品提高了车辆的利用率；用方面，越来越多的电商平台、外卖平台、物流行业通过联合上下游企业采取包装减量、提供可回收的快递包装、减少一次性塑料产品的使用等方式，降低个人在用这一领域的碳排放量。

为开创规模化个人低碳消费新局面，《政府与企业促进个人低碳消费的案例研究》报告建议，今后应搭建多主体的倡导低碳消费、低碳生活的交流和共同行动网络，以城市和企业为主体，不断引入不同的机构和利益相关方，构建多主体参与的对话平台和对话机制；搭建统一的、场景全面的减碳量核算体系，撬动公益组织和研究机构的力量，为碳减排量核算提供坚实的技术支撑；争取更多企业跨企业跨领域合作，全链条降低商品能耗、服务能耗，以提供更多低碳选择，创造良好低碳消费环境为最终目标。

驾驶员在贵州省黔西南布依族苗族自治州安龙县电动汽车集中充电站给新能源纯电动出租汽车充电。　刘朝富摄（人民图片）

左图：河北省邯郸市永年区骑迹单车俱乐部在洺湖生态湿地公园开展"低碳骑行 爱我家园"主题宣传活动，倡导健康低碳的绿色出行方式。　胡高雷摄（人民图片）

为碳达峰碳中和作贡献

鞠立新

低碳消费是碳达峰碳中和的重要组成部分。如何助推低碳消费，为中国碳达峰碳中和作贡献，值得我们每位消费者思考。据统计，全球72%的温室气体排放与家庭消费正相关，家庭消费行为的变化能促使温室气体排放的减少。消费者由传统的高碳消费逐渐调整为低碳消费十分必要。

目前，我国碳达峰、碳中和策略大多是基于政府补贴、监管和企业供应链减排的视角，重视政府和企业两大主体的作用，但消费者低碳消费行为对碳达峰碳中和的拉动作用也不容忽视。在低碳经济发展中，政府、企业和消费者三方主体缺一不可。碳达峰、碳中和策略的实施需要我们充分考虑消费者策略的变化。

中国高度重视以低能耗、低污染、低排放为基础的绿色低碳经济发展。绿色低碳经济不仅拥有好的环境效益，同时还具有经济效益和社会效益，是应对碳排放增加的重要途径之一。探究低碳消费对绿色经济发展的影响具有重要的现实意义。

为此，笔者建议：国家相关部门需加大扶持企业低碳减排投入力度，提高企业绿色创新能力。政府对绿色企业进行补贴，运用经济、行政等措施减少企业低碳技术、资源成本，助推绿色低碳消费产品进入市场。

增强企业低碳经济责任感，加大绿色市场有效供给。企业在经济发展中需立足于低碳消费的长期利益，勇于承担社会责任。企业在销售过程中应引导消费者的低碳偏好，并提供足够的低碳产品，满足市场需求。

提高低碳消费产品性价比。一方面加大绿色产品生产规模，降低成本；另一方面，鼓励企业缩小低碳与非低碳产品价格差距，让消费者获得实惠。

加大媒体宣教力度，引导消费者增强低碳消费的环保意识。宣传低碳消费知识，向公众传播低碳消费的内涵及意义。引导消费者关注应对气候变化问题，同时让消费者认识到低碳消费的环保效益，增强消费者的荣誉感和动力。

提高能源利用效率，优化城市能源消费结构，减少城市交通带来的能源需求。助推低碳交通工具的研发工作，加大新能源汽车产业补贴退税等政策，鼓励高能量低电耗技术发展。

加快低碳消费认证制度，加强低碳消费制度政策落实。进行试点推广低碳消费碳足迹标签，对国内产品采取"低碳消费碳足迹标签"，引导低碳消费。通过设立低碳消费标准、制定低碳消费的评估指标，运用消费补贴方式鼓励消费者购买低碳产品。

新时代　新步伐

天津：向半瓶水说"不"

刘汇佳　王华

"一瓶水，一场会；会一散，扔一半"这个现象曾在很多会议现场上屡见不鲜，会场瓶装水浪费随处可见。有专家估计，我国每年在会议场所浪费的瓶装水有上千万瓶，"绿色会议"势在必行。

新华社记者曾走访天津市南开区、和平区、河东区的多家酒店，发现瓶装水浪费现象均有存在。比如天津一家星级酒店一场学术会议散会后，剩下的"半瓶水"有15瓶。"五六十人的会议，能剩20多瓶没喝完的水。"酒店的相关负责人说，只要开了瓶，酒店一般就当垃圾处理。

笔者还曾在北方一家大型会议中心调研。公开数据显示，这家会议中心在2009年11月至2017年底累计接待会议人数3500余万人次，平均1年参会人数达430多万人次。按每天上午下午各一瓶水计算，每年耗费800多万瓶水。

"十四五"规划纲要提出，要实施国家节水行动。节约每一滴水，需要全社会的共同努力，营造"厉行节约、反对浪费"的浓厚氛围。

鉴于"半瓶水"的浪费现象，天津市开始采取光瓶行动。该市水务局日前发布《关于开展节水"光瓶"行动 深化节水型社会建设的工作方案》公开征求意见的公告，要求以节水"光瓶"行动为契机，把节水作为解决全市水资源短缺问题的重要举措。

《方案》要求天津市党政机关、事业单位、高等院校等在召开会议、举办展会、组织调研考察等活动时，无特殊要求不提供瓶装饮用水，如有瓶装饮用水特殊需求，宜提供小瓶饮用水，并按需取水。在制发会议通知时明确提倡自带水杯。会场摆放水壶，按需自助取水，张贴节水"光瓶"等节水宣传提示。公共机构和教育主管部门应建立监管制度，对节水"光瓶"行动执行不到位的单位，在全市范围内进行通报。

宾馆、酒店、展览场馆等在承接会议、会展等活动时，鼓励不提供瓶装饮用水，如主办方确有需求，应提供小瓶饮用水；应提供瓶装饮用水"签名"标签，方便识别；在会场等地点张贴节水"光瓶"等节水宣传标识，提示与会者将瓶装饮用水喝完，未喝完的随身带走。各种剩余水工作人员应集中收集倒用，主要作为绿化用水。

对企业，《方案》也提出要求：根据市场需求，生产小瓶饮用水，包装上印刷节水宣传标语，提倡消费者识别标识，引导消费者节约水资源。

在安徽省合肥市瑶海区御景湾幼儿园，环保志愿者带领孩子们进行垃圾分类体验游戏。　熊伟摄（人民图片）

江苏省海安市海安街道社区组织居民到南通供电公司智慧能源体验厅，了解"碳达峰碳中和"知识。　翟慧勇摄（人民图片）

广告联系电话　65363547　65367287　办公室　65369330　发行部　65369319　传真：(8610) 65003109　零售3元/份　国内定价全年420元　国内统一刊号：CN11-0066

为山青水绿天蓝作贡献

地球生态环境问题事关人类生存，作为地球家族的一员，每个人都无法“独善其身”。党的十八大后，中国将绿色发展纳入快车道，生态环境保护力度之大前所未有，生态修复机制创新持续深化，生态环境问题得到显著改善。中国建立的生态环境修复制度和实践行动，为地球实现山青水绿天蓝作出了重要贡献。

生态修复在我国生态文明建设中具有重要地位。立法方面，相继出台了《土地复垦条例》《生态环境损害赔偿制度改革方案》等，具备相应的指导作用。为使环境执法有效推进，中国落实绿色原则，《民法典》第 1234 条突破了民法保护私益的限制，创建了生态环境损害代修复制度，将受损的生态环境纳入救济范畴。

为建立健全生态环境修复机制，笔者认为今后应做好以下几点工作：

第一，科学梳理生态环境修复责任流程。解决生态修复实践中的各种难题，应有针对性地健全生态环境修复责任法制体系，完善实现机制。要明确生态环境修复的基本要素条件，进一步完善修复配套制度。在生态环境修复过程中，要指定修复目标并制订执行方案。

第二，科学制定合理目标，权衡各方利益，因地制宜健全协商与公开机制。要设立标准，统一修复制度条件，以防止修复执法过程中的矛盾，并应合理规划修复流程，使修复工作有序开展，提高生态环境修复的救济效率。

第三，加大监管力度。修复完成后，应进行生态环境修复评估工作，力求达到生态环境修复的统一化。通过构建系统体系，监管污染者应担的责任，体现政府保护环境的决心，提升司法公信力。

第四，构建验收评估机构责任制，遵循生态修复规律，采用周期性复核及查验的评估方法。同时，要细化完善法律、法规，修订标准，使修复目标可以配合相关部门的标准，达到环境修复目的。

第五，健全生态环境修复资金保障机制，明确修复资金的管理。避免侵权人在修复完成后不履行给付义务，保障受损生态环境有效修复。应设立专门的生态环境修复基金账户，通过政府拨款、社会捐助及责任人的罚金等方式募集。引导公众参与到监督中。运用媒体资源将资金用处与效果第一时间公布，使侵权人承担生态环境修复费用。

《人民日报海外版》（2021年04月20日 第09版）

地球是我们的家园，维护地球健康是人类共同的责任。为了唤醒人们的环保意识，国际上将每年的4月22日定为“世界地球日”。今年全球的主题是“修复我们的地球”，中国的主题为“珍爱地球，人与自然和谐共生。”

中国作为负责任大国，积极参与地球生态保护和修复工作，在行动过程中，涌现出许多可圈可点的人物和故事——

修复地球　我们在行动①

海湾治理

“一城春色半城花，万顷波涛拥海来”，厦门是一座风景旅游城市，中国经济特区之一，这座海上花园城市在发展与保护的艰难平衡中，探索出一条海湾综合整治开发的成功路径。

原名钟宅湾的厦门五缘湾，曾经由于过度养殖、填筑海堤等原因导致内湾严重污染，湾区自然生态遭到严重破坏。

2003年，五缘湾生态修复和综合开发工作启动，当地因地制宜开展陆海环境综合整治，通过实施拆除海堤、退塘还海、内湾清淤等生态修复保护工程，推进片区公共设施建设和综合开发。先后拆除了原钟宅海堤，清退大量鱼塘虾池，完成了水体污染治理，水质接近Ⅰ类海水水质标准；五缘湾片区海域面积扩大，海域面积得到恢复增加；片区内建成1处中华白海豚救护基地、10余座

① 本文刊载时署名为：李晨瑶 、王谿、榕新。榕新为作者笔名。

无人生态小岛，已观测到90多种野生鸟类在此觅食栖息，生物多样性显著提高；同时筑起了8公里环湾护岸，建成城市绿地公园和湿地公园，城市生态用地面积大幅增加。在原有抛荒地、沼泽地上建起了如今的“厦门新客厅”。

厦门大学海洋与海岸带发展研究院副院长方秦华教授认为，厦门五缘湾综合整治开发不仅是国际海岸带综合管理理念在中国的落地，更是中国生态文明思想在海洋治理领域的生动实践，他说：“通过海湾综合整治修复生态环境，确保海洋生态安全；同时，依托良好生态环境，为海洋新兴产业保障发展空间，实现高质量发展。整个过程中，依靠科学进行决策，依靠社会，特别是市场的力量实现生态产品价值，人民群众幸福感、获得感提升，这实际是一个多方共赢的结果”。

守护碧水

山水林田湖草沙一体化保护和修复是生态修复的关键之一。近年来，我国相关部门持续推进各项重点生态工程的建设，其中小微水体的治理是重要内容之一。

“小微水体”是指分布在城市和乡村的沟、渠、溪、塘等，其特点是规模小、数量多、流动性差、自净化弱。为解决小微水体早期污染难净化、汛期瞬时水力负荷冲击大等问题，北京师范大学陈彬教授团队提出了小微水体多水源多闸泵群联合调控的方案。团队针对华北缺水地区，如北京、天津、石家庄等地，采用了雨污水净化处理，消除了小微水体的黑臭。

在北京市小微水体治理过程中，团队使用了雨水、污水中颗粒物一体化净化装置和多级集成化流动体旋流分离装置，该装置对水体中颗粒物捕集能力提升巨大，对雨水、污水有优秀的过滤效能。石家庄市用这种方法有效处理了污染小微水体，实现了多处小微水体的生态修复和水质改善，年运行费用降低50%以上，多管齐下改善了小微水体黑臭现象，效果显著。

项目开展以来，团队联合北控水务集团，将相关技术在北京、天津、石家庄、广州、福州、江门等多个城市得到规模化推广与应用，累计新增产值多达3亿元，节支总额超1000万元。团队还将这种治理方法进而推广到黑臭水体治理、河道治理、湖泊生态修复、生态护岸等多种复合污染治理工程中去。

循环利用

循环利用是生态修复的重要一环，也是提高资源利用效率的必由之路。“十四五”强调“全面提高资源利用效率”。其实，资源循环利用、绿色发展离我们并不遥远，在日常生活中就能落实。

“如果一本书它被使用2次，那就是节约树木、可以减少工厂的污染排放。”日前，中国绿发会第一家“文明驿站”在“老刘旧书店”正式挂牌成立。这家旧书店在长沙城南书院路天心街的一条巷子里，屋里满满的都是旧书。“我从1988年开了这个书店，当时是因为生活困难，但到现在是一种责任感。”店主刘德明说。

“书籍循环”既是文化和精神的传承，也是一种资源循环。

“有位老爷爷是教学英语的，他有很多英汉字典。我问他多少钱？他说，不要钱，这本书我已经教了很多学生了，给你去再利用。”刘德明由衷地说，敬请各位读者朋友，把自己看过的书别扔掉，希望都能够有效地回收起来，给其他的读者再利用。

上海师范大学资源化学教育部重点实验室李和兴和卞振锋团队通过“光催化贵金属溶解”技术“变废为宝”。在不需要强腐蚀性溶剂、也不需要电化学辅助的贵金属溶解下，实现报废电子设备等固体废弃物中的贵金属高效绿色回收。

“整个过程简单、环保、高效且具有成本效益。”相关人员说。这一最新成果日前在线发表于国际顶尖学刊《自然》杂志的子刊《自然·可持续性》，其有望带来贵金属冶炼的颠覆性变革。

《人民日报海外版》（2021年04月20日　第09版）

2021年4月20日 星期二
责编：罗兰 邮箱：duzhl8880@163.com
人民日报 海外版
美丽中国 09

近年来，江苏省扬州市宝应县对待除的砂石场、码头、堤防进行绿化修复和绿化造林，建有观景公园、亲水平台和健身步道。图为市民在朱马湖观栖园内晨练散步。 沈冬兵摄（人民视觉）

地球是我们的家园，维护地球健康是人类共同的责任。为了唤醒人们的环保意识，国际上将每年的4月22日定为"世界地球日"。今年全球的主题是"修复我们的地球"，中国的主题为"珍爱地球，人与自然和谐共生"。

中国作为负责任大国，积极参与地球生态保护和修复工作，在行动过程中，涌现出许多可圈可点的人物和故事——

尚通孤山国家森林公园美丽景色。许丛军摄（人民视觉）

湖北省咸丰县的一片茶园。 维 君摄（人民视觉）

修复地球 我们在行动

李晨瑶 王 翰 熔 新

海湾治理

守护碧水

循环利用

宁波慈溪：水清 岸绿 景美

慈 轩

左图：慈溪明月湖一景。成文读摄

为山青水绿天蓝作贡献

鞠立新

地球生态环境问题事关人类生存，作为地球家庭的一员，每个人都无法"独善其身"。党的十八大后，中国将绿色发展纳入快车道，生态环境保护力度之大前所未有，生态修复机制创新持续深化，生态环境问题得到显著改善。中国建立的生态环境修复制度和实践行动，为地球实现山青水绿天蓝作出了重要贡献。

生态修复在我国生态文明建设中具有重要地位。立法方面，相继出台了《土地复垦条例》《生态环境损害赔偿制度改革方案》等，具备相应的指导作用。为使环境执法有效推进，中国落实绿色原则，《民法典》第1234条突破了民法保护私益的限制，创建了生态环境损害代修复制度，将受损的生态环境纳入救济范畴。

为建立健全生态环境修复机制，笔者认为今后应做好以下几点工作：

第一，科学梳理生态环境修复责任流程。解决生态修复实践中的各种难题，应有针对性地健全生态环境修复责任法制体系，完善实现机制。要明确生态环境修复的基本要素条件，进一步完善修复配套制度。在生态环境修复过程中，要指定修复目标并制订执行方案。

第二，科学制定合理目标，权衡各方利益，因地制宜健全协商与公开机制。要设立标准，统一修复制度条件，以防止修复执法过程中的矛盾，并应合理规划修复流程，使修复工作有序开展，提高生态环境修复的经济效率。

第三，加大监管力度。修复完成后，应进行生态环境修复评估工作，力求达到生态环境修复的统一化。通过构建系统体系，监管污染者应担的责任，体现政府保护环境的决心，提升司法公信力。

第四，构建验收评估机构责任制。遵循生态修复规律，采用周期性复核及查验的评估方法。同时，要细化完善法律、法规，修订标准，使修复目标可以配合相关部门的标准，达到环境修复目的。

第五，健全生态环境修复资金保障机制。明确修复资金的管理，避免侵权人在修复完成后不履行给付义务，保障受损生态环境有效修复。应设立专门的生态环境修复基金账户，通过政府拨款、社会捐助及责任人的罚金等方式筹集。引导公众参与到监督中。运用媒体资源将资金用处与效果第一时间公布，使侵权人承担生态环境修复费用。

节水护水　中国在行动①

田间的滴灌水管，工厂的回收水箱，家里的节水龙头……如今，农业节水增效、工业节水减排、城镇节水降损等节水行动在全国开展得如火如荼。推动用水方式由粗放向节约集约转变、提高水资源利用效率、知行合一节水已在全社会形成共识，节约用水已成为人们的一种生产生活方式。今年世界水日的主题是“珍惜水、爱护水”，我国开展“中国水周”的宣传主题是“深入贯彻新发展理念，推进水资源集约安全利用”。

用水结构调整

水是事关国计民生的基础性自然资源和战略性经济资源，是生态环境的控制性要素，节约用水是中国的一项基本政策。21世纪以来，推进农业、工业、城镇等领域节水，推动缺水地区节水，提高水资源利用效率，以水资源的可持续利用支撑经济社会持续健康发展的国家节水行动在中国全面展开。

北京是一座依水而建、因水而兴的文明古都，同时也是水资源严重紧缺的

① 本文刊载时署名为：鞠立新、梁梓琳。

特大型城市。长期以来，北京实施最严格的水资源管理制度，严格实行行政区域和行业用水总量控制，并将此项工作纳入各级政府和部门绩效考核。在生活节水方面，实施居民家庭阶梯水价，2016 年 5 月 1 日起上调非居民用水水价，并首次实行城六区与其他区域差别化价格政策。推出一系列高效节水器具推广政策和激励机制，“十三五”以来，累计换装高效节水器具 43 万套。全市高校公共洗浴等场所全部实现 IC 卡计量收费系统，市属 22 家三级甲等医院开展节水改造，改造率超过 80%，服务业用水精细化管理水平不断提升。

江苏省也是用水大户，制定了一系列节水行动方案：全省划定用水红线，严格把控用水总量；优化产业结构布局，严控高耗水、高污染行业发展，淘汰落后产能；发展高效节水农业，加大灌区配套建设和节水改造力度，在节水的同时促进作物增产和农民增收；实施企业节水技术改造，推动工艺节水、蒸汽和工艺水梯级利用、冷凝水回收、清污分流分质、废水处理中水回用等节水技术落地。

黄河流域当前水资源开发利用率高达 80%，远超一般流域 40% 生态警戒线，部分支流仍然存在断流或不满足生态流量水量需求的现象。中央对黄河流域水资源保护高度重视，要求自 2020 年 12 月 17 日起对黄河流域水资源超载地区依法暂停新增取水许可。水利部全面开展取用水管理专项整治行动，在 13 个地表水超载地级行政区和 62 个地下水超载县级行政区暂停新增取水许可。

为解决华北地区地下水超采问题，2018 年 8 月以来，国家多措并举向京津冀地区实施河湖生态补水，京津冀地区地下水位下降速率明显减缓，水面面积大幅增加，2019 年浅层地下水超采区有 55% 的面积水位止跌或回升。同时，加强水资源统筹配置调度，自 2014 年以来，通过南水北调中线工程累计向京津冀地区调水超 216 亿立方米，直接受益人口 3600 余万人。

国家节水行动已取得可喜成效：2019 年全国万元 GDP 用水量和万元工业增加值用水量分别比 2015 年下降 24% 和 28%，农田灌溉水有效利用系数 0.559，提前实现国家节水行动2020年目标；全国31个省区市全部出台省级节水行动实施方案；地方协调机制普遍建立。截至2020年10月，全国已有27个省区市建立节水部门协调机制或联席会议制度。

目前，全国用水总量得到有效控制，整体用水结构逐渐调整，用水效率总体达到世界平均水平。

挖掘节水妙招

节水事关生产生活的方方面面。在国家节水行动中，各地在农业节水增效、工业节水减排、城镇节水降损等方面充分挖掘节水妙招。

“原来大水漫灌的时候，经常大半夜还得在地里忙活。现在用新的节水浇灌系统，省心省力，还省水！”河北的农民们深切感受到新型节水浇灌的益处。河北是我国的农业大省，小麦种植过程中大水漫灌现象普遍，水资源浪费严重。近些年里，河北推进农业节水增效，实施管灌、滴灌、喷灌等水肥一体化灌溉。在新型节水浇灌系统下，亩均节水50—60立方米，每年可节水3亿立方米左右。2020年5月，河北省级农业灌溉用能统一管理平台“农情宝”上线，该系统可以给农民提供精准灌溉方案数据指导，让每个用户都能有计划地科学浇水。经过测试，农户每年每亩土地可节水60立方米。

中水回用，雨水收集，这些都是江苏省的企业华丰电子这家用水大户的节水新“妙招”。工业废水经过超滤和反渗透工序，65%的水成为达标水，得到回收再利用。在屋顶建起大水箱，收集的雨水每年可节水1.28万吨左右。不仅如此，空调冷凝水也被回用，每年可节水1.5万吨。

像华丰一样，许多企业都在节水上下工夫。亚东工业（苏州）有限公司主要产品为涤纶、锦纶等化纤纺织品。2013年，企业投资300万元建立了一套中水回用设施，将生活废水等进行收集，然后通过三级生物转鼓+絮凝沉淀处理后回用至厕所、浇花等，从而降低新鲜自来水的用量。2016年，企业又在厂区内新建立一套废水处理回用设施，将生产过程中产出的废水进行收集，纳入回用设施系统处理后，回用到厂区内部，实现了生产废水零排放的目标。

推进水资源循环梯级利用也是许多企业努力的方向。例如，维达纸业（浙江）有限公司将白水分为浊白水、清白水和超清白水，封闭循环使用，降低造纸耗水量，减少白水排放的污染负荷。通过用水分级、梯级利用，净化回用冷凝水综合回用等技术，公司做到白水回用率95%以上，年节水总量可达25万吨，年节省水费成本近60万元。

城镇居民在节水行动中也不甘落后。北京市民王女士拿着《北京市节水型生活用水器具推荐名录》，挑选自己家的高效节水淋浴器。“买名录里的生活用水器具，不仅可以节约用水，还可以享受20%的补贴呢！”王女士向记者介绍，自从知道这个名录，亲戚朋友家的生活用水器具就都在名录里挑了。“我们就是普通市民，平时也会注意及时关闭水龙头、在洗菜做饭的时候少浪费水。有这么一个方式为节约用水尽自己的一份力量，真的很高兴。”在“以水定城、以水定地、以水定人、以水定产”的城市节水原则下，北京从法律、科技、行政、宣传等方面下手，提高全社会节水意识，实现了“农业用水负增长、工业用新水零增长、生活用水控制增长、环境用水适度增长”的控制目标。

未来还有空间

尽管我国节水成效显著，但节水水平距离发达国家还有一定差距。经测算分析，全国节水潜力还有空间，2025年全国总节水潜力为298亿立方米，2035年全国总节水潜力为614亿立方米。

国家“十四五”规划提出了明确的“实施国家节水行动”要求。水利部相关工作人员介绍说，“十四五”期间，将加快建立节约用水工作部协调机制；启动实施黄河流域的深度节水控水行动，加强流域重点用水户超定额用水的专项整治；推动200个以上县区达到节水型社会标准；持续强化节约用水监督管理，对超定额超计划用水单位进行处理；推广滴灌、空冷等高效节水技术，加大节水器具在民众中的普及力度。

今年在工农业节水方面将有大行动。据水利部透露，这些行动包括严格工业用水定额管理，严控钢铁、石化化工等高耗水行业产能；开展大中型灌区续建配套与现代化改造，支持黄河流域等重点区域发展节水农业、旱作农业，探索节水增粮增效技术路线，加快旱作节水示范区创建等。

《人民日报海外版》（2021年03月23日　第09版）

2021年3月23日 星期二
责编：罗兰 邮箱：duzhb6666@163.com
人民日报海外版
美丽中国 09

节水护水 中国在行动

刘立新 梁梓琳

田间的滴灌水管，工厂的回收水箱，家里的节水龙头……如今，农业节水增效、工业节水减排、城镇节水降损等节水行动在全国开展得如火如荼。推动用水方式由粗放向节约集约转变、提高水资源利用效率、知行合一节水已在全社会形成共识，节约用水已成为人们的一种生产生活方式。今年世界水日的主题是"珍惜水、爱护水"，我国开展"中国水周"的宣传主题是"深入贯彻新发展理念，推进水资源集约安全利用"。

内蒙古自治区呼和浩特市赛罕区新桥小学联合内蒙古自然博物馆举办"爱护水资源 珍惜每一滴水"主题科学课堂，师生们在水源保护净化实验、节水爱水宣传等项目中学习水的知识，提高珍惜水、爱护水意识。图为学生在内蒙古自然博物馆展示节水爱水宣传画。 王 正摄（人民图片）

世界水日来临，浙江省湖州市长兴县开展"护水节水，建设幸福河湖"活动。图为长兴县夹浦镇滨湖村益家汉、村级河长带领党员志愿者在河道内种植狐尾藻，净化水质。 王晋燕摄（人民图片）

安徽省芜湖市繁昌区繁阳镇范马村东风村民组，供水施工人员正在进行农村供水改造作业。 肖本祥摄（人民图片）

用水结构调整

水是事关国计民生的基础性自然资源和战略性经济资源，是生态环境的控制性要素。节约用水是中国的一项基本国策。21世纪以来，推进农业、工业、城镇等领域节水，推动缺水地区节水，提高水资源利用效率，以水资源的可持续利用支撑经济社会持续健康发展的国家节水行动在中国全面展开。

北京是一座依水而建、因水而兴的文明古都，同时也是水资源严重紧缺的特大型城市。长期以来，北京实施最严格的水资源管理制度，严格实行行政区域和行业用水总量控制，并将此项工作纳入各级政府和部门绩效考核。在生活节水方面，实施居民家庭阶梯水价，2016年3月1日起上调非居民用水水价，并首次实行城六区与其他区域差别化价格政策。推出一系列高效节水器具推广政策和激励机制，"十三五"以来，累计换装高效节水器具43万套。全市高校公共浴室等场所全部实现IC卡计量收费系统，市属22家三级甲等医院开展节水改造，改造率超过80%，服务业用水精细化管理水平不断提升。

江苏省也是用水大户，制定了一系列节水行动方案：全省划定用水红线，严格控制用水总量；优化产业结构布局，严控高耗水、高污染行业发展，淘汰落后产能；发展高效节水农业，加大灌区配套建设和节水改造力度，在节水的同时促进作物增产和农民增收；实施企业节水技术改造，推动工艺节水、蒸汽和工艺水梯级利用、冷凝水回收、清污分流分质、废水处理中水回用等节水技术落地。

黄河流域当前水资源开发利用率高达80%，远超一般流域40%生态警戒线，部分支流仍然存在断流或不满足生态流量水量需求的现象。中央对黄河流域水资源保护高度重视，要求自2020年12月17日起对黄河流域水资源超载地区依法暂停新增取水许可。水利部全面开展取用水管理专项整治行动，在13个地表水超载地级行政区和62个地下水超载县级行政区暂停新增取水许可。

为解决华北地区地下水超采问题，2018年8月以来，国家多措并举向京津冀地区实施河湖生态补水，京津冀地区地下水位下降速率明显减缓，水面面积大幅增加，2019年浅层地下水超采区有55%的面积水位止跌或回升。同时，加强水资源统筹配置调度，自2014年以来，通过南水北调中线工程累计向京津冀地区调水超216亿立方米，直接受益人口3600余万人。

国家节水行动已取得可喜成效：2019年全国万元GDP用水量和万元工业增加值用水量分别比2015年下降24%和28%，农田灌溉水有效利用系数0.559，提前实现国家节水行动2020年目标；全国31个省区市全部出台省级节水行动实施方案；地方协调机制普遍建立，截至2020年10月，全国已有27个省区市建立节水部门协调机制或联席会议制度。

目前，全国用水总量得到有效控制，整体用水结构逐渐调整，用水效率总体达到世界平均水平。

挖掘节水妙招

节水事关生产生活的方方面面。在国家节水行动中，各地在农业节水增效、工业节水减排、城镇节水降损等方面充分挖掘节水妙招。

"原来大水漫灌的时候，经常大半夜还得在地里忙活。现在用新的节水浇灌系统，省心省力，还省水！"河北的农民们深切感受到新型节水浇灌的益处。河北是我国的农业大省，小麦种植过程中大水漫灌现象普遍，水资源浪费严重。近些年来，河北推进农业节水增效，实施管灌、滴灌、喷灌等水肥一体化灌溉。在新型节水浇灌系统下，亩均节水50—60立方米，每年可节水3亿立方米左右。2020年3月，河北省级农业灌溉用能统一管控平台"农情宝"上线，该系统可以给农民提供精准灌溉方案数据指导，让每个用户都能有计划地科学浇水。经过测试，农户每年每亩土地可节水60立方米。

中水回用，雨水收集，这些都是江苏省的企业华书电子这家用水大户的节水新"妙招"。工业废水经过超滤和反渗透工序，65%的水成为达标水，得到回收再利用。在厂区建起大水箱，收集的雨水每年可节水1.28万吨左右。不仅如此，空调冷凝水也被回用，每年可节水1.5万吨。

像华书一样，许多企业都在节水上下工夫。夏东工业（苏州）有限公司主要产品为涤纶、锦纶等化纤纺织品。2013年，企业投资300万元建立了一套中水回用设施，将生活废水等进行收集，然后通过三级生物转盘+絮凝沉淀处理后回用至绿化、浇花等，从而降低新鲜自来水的用量。2016年，企业又在厂区内新建立一套废水处理回用设施，将生产过程中产出的废水进行收集，纳入回用设施系统处理后，回用到厂区内部，实现了生产废水零排放的目标。

推进水资源循环梯级利用也是许多企业努力的方向。例如，维达纸业（浙江）有限公司将白水分为浓白水、清白水和超清白水，封闭循环使用，降低造纸耗水量，减少白水排放的污染负荷。通过用水分级、梯级利用、净化回用冷凝水综合回用等技术，公司整体白水回用率95%以上，年节水总量可达25万吨，年节省水费成本近60万元。

城镇居民在节水行动中也不甘落后。北京市民王女士拿着《北京市节水型生活用水器具推荐名录》，挑选自己家的高效节水淋浴器。"买名录里的生活用水器具，不仅可以节约用水，还可以享受20%的补贴呢！"王女士向记者介绍，自从知道这个名录，家里陆续把家的生活用水器具都换成名录里的了。"我们就是普通市民，平时也会注意及时关闭水龙头，在洗菜做饭的时候少浪费水。有这么一个方式为节约用水尽自己的一份力量，真的很高兴。"在"以水定城、以水定地、以水定人、以水定产"的城市节水原则下，北京从法律、科技、行政、宣传等方面下手，提高全社会节水意识，实现了"农业用水负增长、工业用新水零增长、生活用水控制增长、环境用水适度增长"的控制目标。

未来还有空间

尽管我国节水成效显著，但节水水平距离发达国家还有一定差距。经测算分析，全国节水潜力还有空间，2025年全国总节水潜力为298亿立方米，2035年全国总节水潜力为614亿立方米。

国家十四五规划提出了明确的"实施国家节水行动"要求。水利部相关工作人员介绍说，十四五期间，将加快建立节约用水工作部际协调机制；启动实施黄河流域的深度节水控水行动，加强流域重点用水户超定额用水的专项整治；推动200个以上县区达到节水型社会标准，持续强化节约用水监督管理，对超定额超计划用水单位进行处理；推广滴灌、空冷等高效节水技术，加大节水器具在民众中的普及力度。

今年在工农业节水方面将有大行动，摒水耗高通路，这些行动包括严格工业用水定额管理，严控钢铁、石化化工等高耗水行业产能；开展大中型灌区续建配套与现代化改造，支持黄河流域等重点区域发展节水农业、旱作农业，探索节水增粮增效技术路线，加快华北节水示范区创建等。

在山东省邹平市粮食提质增效关键技术攻关项目明集镇解家村基地，农民用"智慧植"植保机器人给麦田喷药。 董乃德摄（人民视觉）

生态水权至关重要

余新晓 贾国栋

缺水在世界各国正成为一种常态。水是谁的？水怎么分配？水权问题正在开启一个用水新时代。关于水权，人们往往想到的是生活用水、工业用水、农业用水，但很多时候忽视了生态用水。

水权，也称水资源产权，是指水资源稀缺条件下有关水资源的权利的总和，包括所有权、使用权和经营权。生态水权，也称生态环境用水权，是水权的重要组成部分，是指有关生态环境水资源开发利用的一切权利的总和。水权理论起源于国外。20世纪80年代，以美国、澳大利亚为代表的西方国家逐步建立了水权交易机制。中国自2000年水利部首次提出水权理论以来，水权相关理论和实践逐渐兴起并发展。目前，我国已基本建立水权分配、管理、保护和转让的法律制度和法规，并配以严格的政府监管，同时，水利建设融资渠道较为畅通，建立了以水权交易为核心的中国水权交易所。

进入21世纪后，为充分发挥植被在水源涵养、径流调蓄、水质净化、水土保持等方面不可替代的生态作用，中国先后实施了"三北"和长江中下游地区等重点防护林建设、退耕还林还草工程、天然林保护工程等重大林业生态工程，全国森林植被覆盖率由新中国成立时的8.6%提升至目前的23.04%，并有望在2025年达到24%左右，植被大面积恢复与重建对改善生态环境、实现可持续发展起到了重要作用。

然而，在生态环境质量持续好转的同时，也存在一些现实问题亟待破解。由于初期营造普遍偏高、植物种选择不适宜、"重乔轻灌草"等历史原因，造成一些地区，特别是水资源相对短缺地区径流减少、造林成活率低、土壤干化，形成"小老头树"等生态退化问题，制约了生态保护和修复工作的持续推进。

究其原因，在于忽视了地区水资源的空间差异性，导致生态保护和修复与有限水资源量间的矛盾突出；对生态环境用水量的分配和界定不明确。

生态环境用水量按其水资源丰缺程度，一般可分为临界需水量、最适需水量、饱和需水量3类。临界需水量，即维持干旱、半干旱区植被生存的最小耗水量；最适需水量，即干旱、半干旱区植被正常生长并充分发挥生态防护功能的耗水量；饱和需水量，即干旱、半干旱区充沛生产潜力最大发挥时的植物耗水量。因此，为使植被正常生长并充分发挥其功能和潜力，应根据我国不同地区水资源承载力，所要求的生态保护和修复目标的不同，留足生态环境用水量，明确界定生态水权，这也是开展生态保护和修复的基本前提和保障。

笔者认为，生态水权的实现首先需要立法保证，然后是水资源规划中对生态水权的规定，最重要的是水资源管理过程中，水行政主管部门对生态水权的重视与落实，特别是要落实对侵害生态水权的惩罚措施。

实现生态水权的分配，首先通过水资源评价确定流域和区域水资源可利用量，是合理配置水资源和确定初始水权的基础，同时还要摸清现状生产、生活、生态用水比例，分析生态环境用水量是否合理；其次，对流域或区域的生态环境进行评价，确定其生态环境脆弱性的等级；第三，计算和预测临界需水量、最适需水量、饱和需水量；第四，根据水资源的丰缺状况、生态环境的脆弱程度以及所要求的生态目标的需水量情况进行初始水权的预分配，协调流域上下游省份之间、地区之间的利益矛盾，以使水权的分配能顺利实施；最后，根据平衡协调的结果，确定初始水权。

不同类型的生态环境用水量计算方法不同。城镇绿化用水、防护林草用水等以植被需水为主体的生态环境用水量，可采用定额计算方法；湖泊、湿地、城镇河湖补水等，以规划水面面积的水面蒸发量与降水量之差作为其生态环境用水量。

今后在开展生态保护和修复工作中，笔者建议，应充分并优先考虑当地生态环境用水量的供给，保障生态水权的真正落地，形成以水定绿、林水相宜的生态格局，促进生态建设与水资源间的良性可持续发展，推动我国生态文明建设不断走向深入。

（作者系北京林业大学水土保持学院教授）

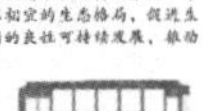

撑老君山滇金丝猴的幸福生活[①]

在云南丽江老君山的高山密林当中，一队人马正在行进，他们身手矫健，不时观察周围的环境，在合适的地点布下一个个红外监测相机，寻觅滇金丝猴的踪迹。他们是老君山附近村庄的滇金丝猴的巡护员。曾经，他们以伐木捕猎为生，现在他们放下猎枪钢锯，成为滇金丝猴和这片森林的守护者。

巡林护猴

滇金丝猴是我国特有的珍稀濒危物种，是世界上海拔分布最高的灵长类动物，与大熊猫一样被称为“国宝”，被列为中国国家Ⅰ级重点保护动物、世界自然保护联盟濒危物种红色名录濒危等级、国际野生动植物贸易公约附录Ⅰ物种。

老君山是滇金丝猴的重要分布区之一。老君山属横断山脉、云岭山系的重要部分，也是中国西南山地生物多样性热点地区及三江并流世界自然遗产的重要组成部分，更是丽江市原始森林的最大分布区域，因此造就了异常丰富的生

① 本文刊载时署名为：榕新、梁梓琳。

物多样性。作为滇金丝猴的重要分布区之一，老君山的核心区域——金丝厂和大坪子约 300 平方公里范围内，共分布有两个滇金丝猴种群，占滇金丝猴全部种群数量的十分之一，被科学家认为是滇金丝猴三大基因库中最濒危的一个基因库。

老君山滇金丝猴保护工作起步于 2001 年，在丽江政府部门、中国科学院动物研究所、昆明动物研究所等社会机构和科研机构的共同努力下，当地启动了对老君山滇金丝猴及栖息地的科学调查，首次将全球卫星定位跟踪（GPS）项圈技术应用在滇金丝猴身上。

2004 年，在老君山首次摸清了滇金丝猴种群数量后，为了保护老君山滇金丝猴及栖息地，在其后的 16 年里，各方合力推动了老君山社区参与保护工作。与滇金丝猴栖息地紧密相连的石头乡利苴村、桃花村、黎明乡黎光村等社区居民先后参与了大量保护工作。

2008 年，丽江老君山国家公园正式建立，重点工作之一是对滇金丝猴及其栖息地开展科学保护，标志着老君山滇金丝猴保护事业迈出重要一步。2018 年，丽江老君山生物多样性保护中心正式成立，中心的重点工作包括老君山滇金丝猴及栖息地的科学监测、促进社区参与巡护、发展生态友好型产品、开展滇金丝猴保护宣传、面向社区和公众开展自然教育活动等。

老君山的社区巡护队已经有 18 年历史，他们是最熟悉这片森林的人。从保护巡护线路规划到日常巡护，滇金丝猴能在老君山无忧无虑地繁衍栖息，离不开巡护员们日复一日地持续投入。布设红外摄像机、清理钢丝扣、驱逐盗猎者，滇金丝猴在他们的保护下健康成长。通过对滇金丝猴活动范围监测数据的初步分析，保护人员发现近 18 年来老君山滇金丝猴种群活动范围已逐渐增大。

老君山有大量社区原住民，其中利苴村与滇金丝猴栖息地的关联最密切。利苴村生产资源匮乏，过去以木料砍伐构成最重要经济来源，实施天然林保护以来，木料经济逐渐衰落，放牧、林下采集、药材种植等成为主要经济来源。

“从曾经的伐木采集到现在的可持续性生态发展，替代产业给当地村民们带来不小的影响。”丽江市老君山生物多样性保护中心理事长张芳接受采访时介绍，保护生态、保护滇金丝猴的理念近年来逐渐扎根当地老百姓心中，老百姓的生活生产方式也逐渐向绿色可持续的方向发展，热情朴实的村民成为丽江滇金丝猴保护的重要参与者。

“四一”保护

为更有效地推进滇金丝猴保护工作，丽江政府制定了“一群猴子 + 一片森林 + 一个社区 + 一支队伍”的“四个一”保护策略。

一群猴子、一片森林：以滇金丝猴为伞护种制定老君山核心区域的全面监测和保护行动，保护原始森林和动植物，实施长期、连续的物种和栖息地监测，彻底了解清楚该区域的生物多样性现状和动态变化；一个社区：通过滇金丝猴保护主题自然教育、社区文化营造、可持续发展等多种方法，促进老百姓对滇金丝猴及栖息地保护的真正认可、支持和参与；一支队伍：基于有 18 年历史的社区巡护队升级发展成丽江市老君山生物多样性保护中心，参与老君山滇金丝猴栖息地及周边社区的自然资源保护和管理，中心既有社区主体，也有社会公益力量的直接参与，更有当地政府的授权和支持。

在“四个一”策略中，人与自然和谐共生，自然环境保护与社区经济发展并行。通过在社区进行滇金丝猴保护主题自然教育、社区文化营造、可持续发展等多种方法，促进了老百姓对滇金丝猴及栖息地保护的真正认可、支持和参与。

张芳作为一名志愿者，参与了“四个一”的工作。2013 年，一次偶然的机会，张芳加入了大自然保护协会，成为一名生态保护志愿者。在这之前，作为土生土长的丽江人，她甚至不知道自己家乡的森林里还存在着一种珍稀濒危动物——滇金丝猴。正是这个契机，开启了她与滇金丝猴的缘分。

老君山的公益保护经历让张芳开始进一步关注野生动物保护，她加入“秘境守护者”，为更多中国本土环保机构、自然教育机构和自然保护区撰写保护故事，策划公众参与的自然保护活动。2020 年，她再次回到老君山保护中心，将自然教育带到与滇金丝猴共栖息的人类社区，让更多人能重新认识这一濒危的物种。

为使公众具有保护滇金丝猴、保护生态环境的意识，丽江老君山保护中心通过研发滇金丝猴教育课程方案、发展研学营等形式，引导更多的人加入到保护滇金丝猴的行列中，在孩子们心中种下保护的种子。对当地社区，中心采取和地方小学合作的形式，使孩子们感受到保护自然环境的重要性；对外地游客，中心开展研学营活动，让人们亲身体验自然保护工作，对滇金丝猴保护有更深入的了解。

生态向好

滇金丝猴是重要的环境指示物种，它的生存依赖健康的高山原始森林生态系统，滇金丝猴群可视为三江并流区生态健康和生态安全的重要标志。保护滇金丝猴，本质上就是在保护原始森林生态系统及栖息在内的野生动植物。

2017 年起，丽江老君山对滇金丝猴核心栖息地设计了 100 多个“一公里网格”，开始了针对滇金丝猴及其同域物种多持续性网格监测历程。在网格化监测当中，通过痕迹样线和红外相机相结合，共记录到 40 多种大中型兽类和鸟类，其中有滇金丝猴、毛冠鹿、亚洲黑熊、黑颈长尾雉等珍稀物种。

2020 年，老君山保护中心组织技术人员、志愿者和研修生，对 2017-2020 老君山 108 平方公里网格化红外相机监测资料进行处理和分析。在此次处理中，共整理了 428 台红外相机拍摄的影像资料，获得了大量的滇金丝猴和同域物种的影像。红外相机监测结果最终被整合到 2021 年发布的三年调查报告中，为报告提供了大量数据和影像资料。

2020 年 6 月，一支由东喜马拉雅研究院、老君山保护中心等组成的调查队深入山林，开展老君山滇金丝猴栖息地植被和植物的相关调查。经过五个月的工作，跨越 800 米的海拔跨度，完成了 5 个植物样方调查，共计记录维管束植物41目81科227属378种。

近几十年里，云南省相继建立了白马雪山、云龙天池、兰坪云岭、丽江老君山等4处保护地以保护滇金丝猴及其栖息地，据统计，2004年老君山国家公园金丝厂地区滇金丝猴群有150-180只，经过十余年的不懈保护，2020年通过多方合作实地调查结合红外相机数据分析，统计出最新数据为金丝厂有两分群共计约300只。

经过几年的发展，丽江老君山保护中心已初步建成老君山滇金丝猴栖息地生物多样性综合监测体系，在目前开展的植物和气象监测的基础上，未来还可开展水文、水生生物、微生物、昆虫、两爬类、鸟类和兽类等生物和环境因子的综合监测。

《人民日报海外版》（2021年03月16日　第09版）

撑起野生动物“保护伞”

“推动绿色发展，促进人与自然和谐共生”是今年我国野生动植物日的主题。一直以来，国家相关部门采取诸多措施和行动，为野生动物撑起一把越来越大的“保护伞”。

立法是撑起野生动物“保护伞”的重要手段之一。“法者，治之端也”。国外发达国家对待野生动物资源也是采取严格限制利用的态度。野生动物利用的产业转型需要依据法治框架谨慎调整，尤其对待野生动物要遵循加强资源保护、合理开发利用的宗旨。2020 年 2 月 24 日，全国人大常委会通过了《关于全面禁止非法野生动物交易、革除滥食野生动物陋习、切实保障人民群众生命健康安全的决定》，对野生动物的利用予以限制，采取禁食陆生野生动物的法律措施。《决定》是我国野生动物限制运用法律的重大变革，对我国野生动物利用作出了“史上最严”的限制，同时也倒逼我们思考变革带来的利益冲突和解决路径。

早在 1988 年，我国《野生动物保护法》立法的目的很明确，就是保护、拯救珍贵、濒危野生动物，维护生态平衡。今年 5 月 1 日，《中华人民共和国动物防疫法》将施行。禁食令及诸多立法举措，均凸显出我国对野生动物保护的决心。

据悉，全球大约800万个物种中，有100万个物种濒临灭绝威胁，物种灭绝不仅破坏了生态平衡，同时也影响着人类的存亡。采取切实有效的行动保护野生动物，对野生动物的限制利用是大势所趋。这一认知也是撑起野生动物“保护伞”的要素之一。保护野生动物资源，限制利用野生动物资源，不仅保护人体健康、维护公共卫生安全，而且利于生态文明建设。

行为是保护野生动物的重要保障。今年2月初，我国调整后的《国家重点保护野生动物名录》有近1000种野生动物在其中，这需要更多的公众积极参与。野生动物保护离不开社会各界的共同努力，其中，野生动物的源头控制是管理中的重要环节，应予以高度重视。

万类霜天竞自由，地球是所有生命共同的家园，人与自然和谐共生是我们秉持的理念。野生动物资源是生态系统的重要组成部分，其稳定性决定着生态系统的平衡。立法、认知及保护行动中还需要充分考虑野生动物供给链渠道、跨部门联合、消费者引导教育、国际合作等相关要素。如何有效传播保护野生动物的良性社会认知，还需要政府以及全社会的公众共同参与努力。

《人民日报海外版》（2021年03月16日 第09版）

2021年3月16日 星期二
责编：罗 兰 邮箱：
人民日报海外版
美丽中国 09

老君山的滇金丝猴。资料图片

老君山滇金丝猴的幸福生活

榕 新 梁梓琳

在云南丽江老君山的高山密林当中，一队人马正在行进，他们身手矫健，不时观察周围的环境，在合适的地点布下一个个红外监测相机，寻觅滇金丝猴的踪迹。他们是老君山附近村庄的滇金丝猴的巡护员。曾经，他们以伐木猎捕为生，现在他们放下猎枪钢锯，成为滇金丝猴和这片森林的守护者。

巡林护猴

滇金丝猴是我国特有的珍稀濒危物种，是世界上海拔分布最高的灵长类动物，与大熊猫一样被称为"国宝"，被列为中国国家Ⅰ级重点保护动物、世界自然保护联盟濒危物种红色名录濒危等级、国际野生动植物贸易公约附录Ⅰ物种。

老君山是滇金丝猴的重要分布区之一。老君山属横断山脉、云岭山系的重要部分，也是中国西南山地生物多样性热点地区及三江并流世界自然遗产的重要组成部分，更是丽江市原始森林的最大分布区域，由此造就了异常丰富的生物多样性。作为滇金丝猴的重要分布区之一，老君山的核心区域——金丝厂和大坪子约300平方公里范围内，共分布有两个滇金丝猴种群，占滇金丝猴全部种群数量的十分之一，被科学家认为是滇金丝猴三大基因库中最稀缺的一个基因库。

老君山滇金丝猴保护工作起步于2001年，在丽江政府部门、中国科学院动物研究所、昆明动物研究所等社会机构和科研机构的共同努力下，当地启动了对老君山滇金丝猴及栖息地的科学调查，首次将全球卫星定位跟踪（GPS）项圈技术应用在滇金丝猴身上。

2004年，在老君山首次摸清了滇金丝猴种群数量后，为了保护老君山滇金丝猴及栖息地，在其后的16年里，各方合力推动了老君山社区参与保护工作，与滇金丝猴栖息地紧密相连的石头乡利苴村、梅花村、黎明乡黎光村等社区居民先后参与了大量保护工作。

2008年，丽江老君山国家公园正式建立，重点工作之一是对滇金丝猴及其栖息地开展科学保护，标志着老君山滇金丝猴保护事业迈出重要一步。2018年，丽江老君山生物多样性保护中心正式成立，中心的重点工作包括老君山滇金丝猴及栖息地的科学监测、促进社区参与巡护、发展生态友好型产品、开展滇金丝猴保护宣传、带领社区和公众开展自然教育活动等。

老君山的社区巡护队已经有18年历史，他们是最熟悉这片森林的人。从保护巡护线路规划到日常巡护，滇金丝猴能在老君山无忧无虑地繁衍生息，离不开巡护员们日复一日地持续投入。布设红外摄像机、清除猎丝扣、驱逐盗猎者，滇金丝猴在他们的保护下健康成长。通过对滇金丝猴活动范围监测数据的初步分析，保护人员发现近18年来老君山滇金丝猴种群活动范围已逐渐增大。

老君山有大量社区原住民，其中利苴村与滇金丝猴栖息地的关联最密切。利苴村生产资源匮乏，过去以木料砍伐构成最重要经济来源。实施天然林保护以来，木料经济逐渐衰落，放牧、林下采集、药材种植等成为主要经济来源。

"从曾经的伐木采集到现在的可持续性生态发展，时代产业给当地村民们带来不小的影响。"丽江市老君山生物多样性保护中心理事长张芳接受采访时介绍，保护生态、保护滇金丝猴的观念近年来逐渐扎根当地村民心中，老百姓的生活生产方式也逐渐向绿色可持续的方向发展，热情朴实的村民成为丽江滇金丝猴保护的重要参与者。

"四一"保护

为更有效地推进滇金丝猴保护工作，丽江政府制定了"一群猴子+一片森林+一个社区+一支队伍"的"四个一"保护策略。

一群猴子、一片森林：以滇金丝猴为伞护种制定老君山核心区域的全面监测和保护行动，保护原始森林和动植物，实施长期、连续的物种和栖息地监测，彻底了解清楚该区域的生物多样性现状和动态变化；一个社区：通过滇金丝猴保护主题自然教育、社区文化营造、可持续发展等多种方法，促进老百姓对滇金丝猴及栖息地保护的真正认可、支持和参与；一支队伍：基于有18年历史的社区巡护队升级发展成丽江市老君山生物多样性保护中心，参与老君山滇金丝猴栖息地及周边社区的自然资源保护和管理。中心既有社区主体，也有社会公益力量的直接参与，更有当地政府的授权和支持。

在"四个一"策略中，人与自然和谐共生，自然环境保护与社区经济发展并行。通过在社区进行滇金丝猴保护主题自然教育、社区文化营造、可持续发展等多种方法，促进了老百姓对滇金丝猴及栖息地保护的真正认可、支持和参与。

张芳作为一名志愿者，参与了"四个一"的工作。2013年，一次偶然的机会，张芳加入了大自然保护协会，成为一名生态保护志愿者。在这之前，作为土生土长的丽江人，她甚至不知道自己家乡的森林里还存在着一种珍稀濒危动物——滇金丝猴。正是这个契机，开启了她与滇金丝猴的缘分。

老君山的公益保护经历让张芳开始进一步关注野生动物保护，她加入"秘境守护者"，为更多中国本土环保机构、自然教育机构和自然保护区撰写保护故事，策划公众参与的自然保护活动。2020年，她再次回到老君山保护中心，将自然教育带到与滇金丝猴共栖息的人类社区，让更多人能重新认识这一濒危的物种。

为使公众具有保护滇金丝猴、保护生态环境的意识，丽江老君山保护中心通过研发滇金丝猴教育课程方案、发展研学营等形式，引导更多的人加入到保护滇金丝猴的行列中，在孩子们心中种下保护的种子。对当地社区，中心采取和地方小学合作的形式，使孩子们感受到保护自然环境的重要性；对外地游客，中心开展研学营活动，让人们亲身体会自然保护工作，对滇金丝猴保护有更深入的了解。

生态向好

滇金丝猴是重要的环境指示物种，它的生存依赖健康的高山原始森林生态系统，滇金丝猴群可视为三江并流区生态健康和生态安全的重要标志。保护滇金丝猴，本质上就是在保护原始森林生态系统及栖息在内的野生动植物。

2017年起，丽江老君山对滇金丝猴核心栖息地设计了100多个"一公里网格"，开始了针对滇金丝猴及其伴生物种多样性的网格监测历程。在网格化监测当中，通过痕迹样线和红外相机相结合，共记录到40多种大中型兽类和鸟类，其中有滇金丝猴、毛冠鹿、豪猪、黑熊、黑颈长尾雉等珍稀物种。

2020年，老君山保护中心组织技术人员、志愿者和研修生，对2017—2020老君山108平方公里网格化红外相机监测资料进行处理和分析。在此次处理中，共整理了428台红外相机拍摄的影像资料，获得了大量的滇金丝猴和其他物种的影像。红外相机监测结果最终被整合到2021年发布的三年调查报告中，为报告提供了大量数据和影像资料。

2020年6月，一支由东南亚热带植物研究院、老君山保护中心等组成的调查队深入山林，开展老君山滇金丝猴栖息地植被和植物的相关调查。经过五个月的工作，跨越800米的海拔跨度，完成了5个植物样方调查，共计记录维管束植物41目81科227属378种。

近几十年里，云南省相继建立了白马雪山、云龙天池、兰坪云岭、丽江老君山等4处保护地以保护滇金丝猴及其栖息地。据统计，2004年老君山国家公园金丝厂地区滇金丝猴群有150—180只，经过十余年的不懈保护，2020年通过多方合作实地调查结合红外相机数据分析，统计出最新数据为金丝厂有两个猴群共计约300只。

经过几年的发展，丽江老君山保护中心已初步建成老君山滇金丝猴栖息地生物多样性综合监测体系，在开展的植物和气象监测的基础上，未来还可开展水文、水生生物、微生物、昆虫、两栖类、鸟类和兽类等生物和环境因子的综合监测。

撑起野生动物"保护伞"

鞠立新

"推动绿色发展，促进人与自然和谐共生"是今年我国野生动植物日的主题。一直以来，国家相关部门采取诸多措施和行动，为野生动物撑起一把越来越大的"保护伞"。

立法是撑起野生动物"保护伞"的重要手段之一。"法者，治之端也"。国外发达国家对待野生动物资源也是采取严格限制利用的态度。野生动物利用的产业转型需要依据法治框架谨慎调整，尤其对待野生动物要遵循加强资源保护、合理开发利用的宗旨。2020年2月24日，全国人大常委会通过了《关于全面禁止非法野生动物交易、革除滥食野生动物陋习、切实保障人民群众生命健康安全的决定》，对野生动物的利用予以限制，采取禁食陆生野生动物的法律措施。《决定》是我国野生动物限制适用法律的重大变革，对我国野生动物利用作出了"史上最严"的限制，同时也倒逼我们思考变革带来的利益冲突和解决路径。

早在1988年，我国《野生动物保护法》立法的目的很明确，就是保护、拯救珍贵、濒危野生动物，维护生态平衡。今年5月1日，《中华人民共和国动物防疫法》将施行。禁食令及诸多立法举措，均凸显出我国对野生动物保护的决心。

据悉，全球大约800万个物种中，有100万个物种濒临灭绝威胁。物种灭绝不仅破坏了生态平衡，同时也影响着人类的存亡。采取切实有效的行动保护野生动物，对野生动物的限制利用是大势所趋。这一认知也是撑起野生动物"保护伞"的要素之一。保护野生动物资源，限制利用野生动物资源，不仅保护人体健康、维护公共卫生安全，而且利于生态文明建设。

行为是保护野生动物的重要保障。今年2月初，我国调整后的《国家重点保护野生动物名录》有近1000种野生动物在其中，这需要更多的公众积极参与。野生动物保护离不开社会各界的共同努力，其中，野生动物的源头控制是管理中的重要环节，应予以高度重视。

万类霜天竞自由，地球是所有生命共同的家园，人与自然和谐共生是我们秉持的理念。野生动物资源是生态系统的重要组成部分，其稳定性决定着生态系统的平衡。立法、认知及保护行动中还需要充分考虑野生动物的栖息环境、跨部门联合、消费者引导教育、国际合作等相关要素。如何有效持续保护野生动物的良性社会认知，还需要政府以及全社会的公众共同参与努力。

浙江省金华市兰江水域岸边，61岁渔民陈炳明收起渔网上岸，开始四个月的禁渔生活。 胡肖飞摄（人民图片）

云南省境内拍摄的滇金丝猴。 新华社发

百余只国家一级保护动物东方白鹳，在横跨江苏省宿迁市、徐州市的骆马湖湿地栖息觅食。 陆启辉摄（人民视觉）

荒漠上种树

本报记者 银 燕

近年来，甘肃青年公益发展中心持续十五年邀请全国各地的志愿者到民勤来，和村民们一起做草方格沙障、种梭梭。前后累计有一万多名志愿者到民勤参与了治沙行动，治理荒漠化土地面积达四万余亩。早几年种植的梭梭林里已经出现兔子、野鸡、蜥蜴、狐狸、老鹰等野生动物，生态链逐渐恢复，取得了良好的生态效益。图为甘肃省民勤县昌宁镇四方墩滩上，来自上海北京广州深圳珠海苏州南京的志愿者们来到民勤种梭梭，治理荒漠化。他们经过一个沙丘时兴奋地跳起来欢呼。

利剑出鞘护家园

尽管生态环境保护力度越来越大，但环境污染问题依然突出，传统的生态环境监管方式滞后于现实需求，创新监管体制机制尤为重要。利剑出鞘，加大生态环境执法监管力度是深化生态环境监管体制改革的重要内容。

追本溯源，经济发展对资源环境造成的压力已成为社会矛盾之一，为深化生态环境领域体制改革，国家发布了《中央和国家机关有关部门生态环境保护责任清单》和《生态环境保护综合行政执法事项指导目录（2020年版）》进行指导。生态环境保护综合执法体制创新涉及众多生态环境要素、行政管理层级、主管部门。目前，31个省级政府和新疆生产建设兵团都印发了生态环境保护综合行政执法改革实施方案；2020年，固定污染源排污许可实现全覆盖，全国核发排污许可证33.77万张，排污登记表236.52万家。

一直以来，中国环境保护领域实行“块块管理”与“属地管理”结合的模式，为助推生态环境执法体制创新，党的十八届五中全会提出执法垂直管理制度，实行省以下垂直管理改革，生态环境部门的协调力得到加强。针对一些部门和地方环境监管模式信息滞后的现象，主管部门运用实时动态信息确保传递渠道畅通，用生态环境分级网格化管理创新监管模式，助推环境监管网格区域数据全覆盖，有效提升了环境监管能力。

目前，我国网格化环境监管细化明确了监管责任，按照“分级负责、上下联动、全面覆盖、责任到人”的原则，调整了传统生态环境监管多头管理、职能交叉等状况。相关政府部门科学有序地规划各级网格，层层落实监管职能，从源头制约环境隐患，提升生态环境质量。同时，全国法治建设正在逐步完善，相关部门积极配合立法机关制定长江保护法、生物安全法，并完成固体废物污染环境防治法修订工作。海洋环境保护法、环境噪声污染防治法、环境影响评价法修订也正在进行中。

生态环境保护执法对构建政府为主导，企业、社会组织、媒体、公众共同参与的生态环境治理体系具有重要作用。我国加强依法依规监管力度，全国490家焚烧厂全部完成“装、树、联”工作并公开自动监测数据，并运用大数据对各类生态环境执法流程进行引导式办案，逐步完成数据规划和建设，提高生态环境执法办案的质量。全面助推“双随机、一公开”制度，全面实施举报奖励制度。相关部门组织开展全国生态环境保护执法大练兵，同时严格生态环境法律责任，对违法行为严惩重罚。一些地方政府积极制定配套措施，完善法制体系，确保生态环境保护执法高效，并通过生态环境监管网格化管理平台，建立起具体环境高风险台账，定期有针对性地对存在环境风险隐患的区域进行专项执法。

环境保护执法监管道路仍然任重道远，比如，综合执法范围仍需进一步厘清、生态环境保护执法的概念还需加强规范；生态保护与资源保护边界模糊等问题需要监督管理方与执法各方相互协作，各部门间执法边界要划定清晰；在实际施行中，保护执法需要量化标准，但由于生态环境领域广泛，综合标准、评价体系等均需认真考量；未来，大数据将引入生态环境执法办案中，我们应该利用信息技术实现对执法人员和相关机构的有效监督。

《人民日报海外版》（2021年02月23日 第09版）

2021年2月23日　星期二
责编：罗兰　邮箱：dzzbl8888@163.com
人民日报海外版
美丽中国　09

百色：青山绿水　法治护航

庞革平　尚永江

广西老区百色处处青山环绕，河溪清水潺潺，以往裸露的山头、污浊的溪流已荡然无存。环境转变的背后，有百色各级政法机关一路护航的身影。

近年来，百色围绕"粤港澳大湾区国家战略和珠江流域水环境保护"定位，立足于粤桂"山同脉、水同源、气相通"的自然生态格局，通过改组生态环境保护综合行政执法队伍、搭建"公益诉讼+巡回法庭"平台、完善检察机关公益诉讼流程、组建环境资源法庭等执法改革，完善环境保护体系构架，共同守护好百色的绿水青山。

筑牢生态屏障让天更蓝

"百色市右江区人民法院刑事审判庭现在开庭！"去年5月16日上午9时，随着法槌敲响，一起涉生态环境领域刑事附带民事公益诉讼案在右江区人民法院第一审判庭进行公开庭审。

庭审现场，公诉机关指控：2016年底，被告人王某、张某、包某利用右江区百法村的一块土地，建造废旧轮胎炼油设备，在未办理任何审批手续、未建设配套环保处理设施的情况下，雇佣工人从事废旧轮胎炼油生产活动。生产过程中产生大量废水、废气、废渣，未经处理的废水直接排放到渗坑内，废气直接排放到大气中，废渣堆放在厂棚旁，造成严重污染。

"庭审时，我们邀请人大代表、政协委员、行政机关负责人和媒体，现场观摩庭审，达到以案说法和普法宣传的目的。"百色市右江区人民法院院长罗闲介绍。"判决生效后，法院环保庭跟踪督导有关部门，利用赔偿金及时修复受损地域，实现刑事制裁和生态补偿的有机衔接。"罗闲说。

百色将环境保护工作作为发力点，用足用好每一起案件的普法宣传和生态修复作用。百色市中级人民法院院长潘凌宇说："我们牢固树立生态红线不可触碰观念，切实贯彻最严格制度、最严密法治保护要求，坚决打赢蓝天碧水净土保卫战。党的十八大以来，全市两级法院共审理环境资源类刑事、民事、行政案件3360多件。"

百色市生态环境局总工程师黄文锋说，近年来，百色对冶炼、化工、造纸等污染较大的行业，坚决推行污染物减排工作，先后对田东火电厂、东笋火电厂的老旧发电机进行了爆破拆除。到2020年，百色二氧化硫污染物排放总量将比2010年减少46%以上，化学需氧量污染物排放总量将减少32%。

"作为珠江流域生态环境重点保护区，必须着眼新时代人民群众对美好生态的需求，服从服务大局，呵护好山青水秀蓝天白云，才能无愧于政法机关的职责担当，无愧于人民群众的所期所盼。"百色市委副书记、政法委书记黄智宇如是说。

守住源头红线让水更清

百色隆林境内的万峰湖，是天生桥高坝电站建成后蓄水形成的淡水湖，因地处贵州、云南、广西三省（区）交界的峰林而得名，水域面积达816平方公里，是云贵高原上的一颗平湖明珠，是粤港澳大湾区重要水源供给地。

湖水连三省，湖面映万峰。曾经的万峰湖，湖水澄澈，鱼翔浅底，一直是当地人引以为豪的大自然馈赠。

2006年开始，由于缺乏对网箱养鱼、水上餐厅、钓鱼棚等污染源的规范性管理，导致数量急剧增多，其中钓鱼棚3300多个，网箱养殖户2100多户，年投湖饵料达5.6万吨，生产生活污水、垃圾直排万峰湖，造成严重水体污染。

2018年和2020年，百色市隆林各族自治县人民检察院先后两次向县生态环境局和农业农村局发出检察建议，要求其依法履行行政监督管理职责，加强万峰湖污染整治。

"经过几年集中治理，拆除养殖网箱430万平方米，拆解管理棚2612个、钓鱼棚1227个、水上餐厅（超市）13个；吊销130多家水上餐厅，清理并拆解260多艘'三无'船舶，责令1463艘持证船舶安装'两污'收集处理设施及安全航行设施，割除了水体里'癌'之瘤。"隆林各族自治县县委常委、政法委书记黄云说。

为切实保护万峰湖生态环境，隆林县人民检察院设立检察室，通过公益诉讼、刑事等方式加强万峰湖流域生态环境和自然资源的司法保护。

2020年10月27日，广西壮族自治区百色市人民检察院、贵州省黔西南州人民检察院、云南省曲靖市人民检察院，在百色隆林各族自治县人民检察院派驻天生桥水上检察室共同签订《关于万峰湖流域生态环境和资源保护协作机制（试行）》，建立三地检察机关万峰湖流域生态环境和资源保护议事协调机构，加强办理万峰湖流域污染防治、珍稀、濒危野生动植物保护、森林资源、渔业资源和水土资源保护等领域案件的协作配合。

"整治之前，湖里的水脏很差，清理后，水面干净很多。"隆林天生桥镇岩卡村村民陆代学说。眼前的万峰湖，波光粼粼，湖面给人一种全新感觉。

部门协同发力让地更绿

在铝土矿资源丰富的靖西市，矿山企业近年来逐步减少，从高峰期上百家到如今只剩下13家规模化矿产企业。

对靖西矿产资源开发秩序整治，靖西市党委政府一直保持"高压态势"。企业依法依规办矿，政法部门依法服务，加大对矿山绿色环保安全方面的投入，走矿业可持续发展之路成为矿山企业的共识。

成立于2013年的靖西华银矿业有限公司大力发展循环经济，加强矿产资源的综合回收利用，降低资源消耗。同时，推动企业开采后的矿区进行复垦。近年来，广西信发铝、靖西华银矿业两家企业在新甲、龙临、禄峒、新靖、安德镇等五个乡镇矿区复垦总面积10896.55亩，有效缓解人地矛盾，使复垦地能达到采矿前的生产力水平，获得生态、经济和社会的效益。

同时，政府对盗采矿产进行严厉打击，2020年3月至7月，韦某、黄某利用新冠疫情期间公安机关主要精力集中在疫情防控，组织人员在靖西市新甲乡高美村进行非法采矿，靖西市公安机关和矿产资源综合执法大队对韦某、黄某等违法采矿行为进行严厉打击，查扣车辆349辆（台），其中大型货车59辆、中型货车91辆、铲车17台、挖掘机9台、拖拉机19辆、钦机50辆、三轮车32辆、小型货车91辆，没收铝土矿3399.78吨，有力打击了盗采矿等违法犯罪行为。

百色境内大多数地方都是典型的大石山区，生态环境脆弱。在隆林各族自治县沙梨乡，祖祖辈辈靠上山砍柴烧食取暖，久而久之，原本植被良好的山岭都成了光秃秃的山脊。2005年以来，沙梨乡发动全乡群众大力建设沼气池，用沼气取代薪柴，砍伐林木少了，荒山头终于披绿装。

百色市中级人民法院、人民检察院、公安局、司法局、生态环境局等部门建立了环境司法与行政执法联动机制，就环境资源案件及公益诉讼案件的执法联动、案件线索移送、信息共享等事项建立日常沟通工作机制，协调联动握指成拳，有力提升环境资源司法保护的整体效能。

百色市政法部门还积极探索"谁破坏、谁修复"的修复生态机制，引导案件当事人对受损的生态进行修复，同时发出司法建议书帮助行政机关堵塞漏洞、规范管理。

图片说明：（从上至下依次）

广西壮族自治区百色市靖西田州景区千亩格桑花竞相绽放，吸引大批游客慕名前来观赏。　**刘润产摄（人民图片）**

非法捕捞刑事附带民事公益诉讼案件在万峰湖水面环境资源法庭开庭。　**资料图片**

百色市检察官、法官、渔政执法人员等进行增殖放流。　**资料图片**

左下：百色市右江区永乐镇三合村一角。　**刘润产摄（人民图片）**

右下：湖北省十堰市郧阳区农业执法、海事、公安、渔政等单位组成联合执法专班在汉江郧阳段江面上巡查。　**吴成林摄（人民图片）**

利剑出鞘护家园

鞠立新

尽管生态环境保护力度越来越大，但环境污染问题依然突出，传统的生态环境监管方式滞后于现实需求，创新监管体制机制尤为重要。利剑出鞘，加大生态环境执法监管力度是深化生态环境监管体制改革的重要内容。

追本溯源，经济发展对资源环境造成的压力已成为社会矛盾之一，为深化生态环境领域体制改革，国家发布了《中央和国家机关有关部门生态环境保护责任清单》和《生态环境保护综合行政执法事项指导目录（2020年版）》进行指导。生态环境保护综合执法体制创新涉及众多生态环境要素、行政管理层级、主管部门。目前，31个省级政府和新疆生产建设兵团都印发了生态环境保护综合行政执法改革实施方案；2020年，固定污染源排污许可实现全覆盖，全国核发排污许可证33.77万张，排污登记表236.52万家。

一直以来，中国环境保护领域实行"块块管理"与"属地管理"结合的模式，为助推生态环境执法体制创新，党的十八届五中全会提出执法垂直管理制度，实行省以下垂直管理改革，生态环境部门的协调力得到加强。针对一些部门和地方环境监管模式信息滞后的现象，主管部门运用实时动态信息确保传递渠道畅通，用生态环境分级网格化管理创新监管模式，助推环境监管网格区域数据全覆盖，有效提升了环境监管能力。

目前，我国网格化环境监管细化明确了监管责任，按照"分级负责、上下联动、全面覆盖、责任到人"的原则，调整了传统生态环境监管多头管理、职能交叉等状况。相关政府部门科学有序地规划各级网格，层层落实监管职能，从源头制约环境隐患，提升生态环境质量。同时，全国法治建设正在逐步完善，相关部门积极配合立法机关制定长江保护法、生物安全法，并完成固体废物污染环境防治法修订工作。海洋环境保护法、环境噪声污染防治法、环境影响评价法修订也正在进行中。

生态环境保护执法对构建政府为主导，企业、社会组织、媒体、公众共同参与的生态环境治理体系具有重要作用。我国加强依法依规监管力度，全国490家焚烧厂全部完成"装、树、联"工作并公开自动监测数据，并运用大数据对各类生态环境执法流程进行引导式办案，逐步完成数据规划和建设，提高生态环境执法办案的质量。全面助推"双随机、一公开"制度，全面实施举报奖励制度。相关部门组织开展全国生态环境保护执法大练兵，同时严格生态环境法律责任，对违法行为严惩重罚。一些地方政府积极制定配套措施，完善法制体系，确保生态环境保护执法高效，并通过生态环境监管网格化管理平台，建立起具体环境高风险台账，定期有针对性地对存在环境风险隐患的区域进行专项执法。

环境保护执法监管道路仍然任重道远，比如，综合执法范围仍需进一步厘清，生态环境保护执法的概念还需加强规范；生态保护与资源保护边界模糊等问题需要监督管理方与执法各方相互协作，各部门间执法边界要划定清晰；在实际施行中，保护执法需要量化标准，但由于生态环境领域广泛，综合标准、评价体系等均需认真考量；未来，大数据将引入生态环境执法办案中，我们应该利用信息技术实现对执法人员和相关机构的有效监督。

新时代新步伐

走近“保护优先区”[①]

从大兴安岭到塔里木河，从长白山到西双版纳，生物多样性保护优先区像繁星般散落在神州大地的绿水青山间。中国幅员辽阔、地大物博，拥有丰富多样的生物物种和生态系统类型，是全球12个“生物多样性最丰富的国家”之一。各类动植物在优先区里得到特殊“庇护”，维护了生物多样性的完整。

丰富家谱

生物多样性包含物种多样性、遗传多样性和生态系统多样性三大类，是人类赖以生存和发展的基石，是社会生态文明水平的重要标志之一。为保护我国生物多样性，2015 年环保部圈定了 32 个内陆陆地和水域生物多样性保护优先区域，以及 3 个海洋与海岸保护优先区。

设立优先区是在兼顾生产生活的情况下，对生物多样性采取的最大化保护措施。为兼顾保护与发展，国家综合考虑生态系统类型的代表性、物种丰富程度、特殊生态功能、物种珍稀濒危程度、地区代表性、经济用途、科学研究价

① 本文刊载时署名为：鞠立新、梁梓琳。

值等因素，圈定了生物多样性丰富、生态保护价值高的区域为保护优先区。

保护优先区一般覆盖了几万到几十万平方公里的辽阔区域，内部有自然保护区、森林公园、风景名胜区、城镇、农田、林场等多种土地利用类型。中央民族大学生态与环境科学学院教授薛达元在接受本报采访时介绍，到 2010 年时，全国保护优先区内已建立了 303 个国家级自然保护区、709 个国家森林公园和 187 个国家级风景名胜区，这三种类型的国家级保护地总面积达到国土面积的 11.55%。

许多优先区生态保护已初见成效。比如秦岭地区，是 32 个陆地生态保护优先区之一。监测数据显示，自 2015 年以来，秦岭地区生态环境质量持续改善，珍稀野生动植物数量不断增加，污染程度逐年减轻。2020 年，秦岭的大熊猫野外种群增幅、密度、DNA 调查获取率均为全国第一，生物多样性正在稳步恢复中。

青草摇曳，牛羊奔腾，青藏高原不仅是风景如画的世界“第三极”，也是高原生物多样性资源宝库。西藏正在实行最严格的生态保护政策，全区约 45%的国土面积被划入了生态保护红线。通过持续不断地实施保护措施，近年来，部分高原特有珍稀野生动物种群数量得到明显恢复。截至 2021 年 2 月，西藏野牦牛数量由 2.5 万头增至 4 万多头，藏羚羊数量由 8 万只增加到超过 20 万只，新发现珍稀野生动物 5 种，过去认为已经灭绝的西藏马鹿已突破 1 万只。2007 年到 2017 年十年间“青藏高原生物多样性与分子进化教育部创新团队”在西藏共采集上千种植物的 4000 万颗种子，填补了种质资源库中西藏种子的空白，为人类储存下绵延后世的“基因宝库”。

从全国来看，保护优先区的生态状况普遍得以改善。据生态环境部自然生态保护司司长崔书红介绍，目前，生物多样性保护优先区面积约占我国陆地国土面积 29%，维管植物数占全国总种数 87%，野生脊椎动物占全国总种数的 85%，同时发现了新种和新纪录种 50 余个，这些新种丰富了中国生物多样性“家谱”。

保护优先

中国是世界上生物多样性最为丰富的国家之一，几十年来，通过实施就地保护、迁地保护、重大生态工程等措施，生物多样性保护取得重大进展。

《中国生物多样性保护战略与行动计划（2011—2030）》提出，中国生物多样性保护的基本原则是“保护优先，持续利用，全民参与，惠益共享”。保护优先区将生物多样性富集的禁止开发区和限制发展区作为生物多样性就地保护的基地，要求加强自然保护区的管理质量，在就地保护的同时，辅以迁地保护措施，确保珍稀濒危物种及其遗传资源得到有效保护。

茫茫雪原上，成群结队的藏野驴、岩羊、藏原羚等珍稀野生动物在祁连山国家公园里觅食，成为冬日里一道充满生机的风景线。对野生动物实行就地保护在祁连山保护优先区已颇具规模。像祁连山国家公园一样，近年来，通过实施就地保护，许多国家公园和自然保护地里的动植物种群数不断扩大，栖息繁衍的野生动物数量逐年增多。

麋鹿群安逸地静卧在洞庭湖边草地上，两只大公鹿竖起鹿角一左一右警戒，这正是野放在洞庭湖的北京麋鹿逐步适应洞庭湖生态的景象。2020 年 12 月 7 日，北京南海子野放 10 只麋鹿到洞庭湖，对这些麋鹿实施迁地保护。经过一个多月的湖畔生活，麋鹿们的体型逐渐强壮，在未来，它们有望融入当地的野生种群，提升麋鹿遗传的多样性。

在生物多样性保护优先区内，科研人员通过对不同区域进行生态影响评估，对保护优先区进行进一步细化，确定了“优先区中的优先区”。

生物多样性保护是一个长期过程，当下的成效可能在几十年后才会显现。中国科学院空天信息创新研究院研究员牛振国认为，从长远角度来看，中国的生物多样性保护既需要不断提升科研能力，也需要普及大众的保护观念。未来几年，进一步完善自然保护地体系，精准管理，拉紧“生态保护红线”是保护生物多样性的重要措施。

《人民日报海外版》（2021 年 02 月 09 日 第 10 版）

10 美丽中国 人民日报海外版 2021年2月9日 星期二
责编：罗兰 邮箱：dzzbl8888@163.com

从大兴安岭到塔里木河，从长白山到西双版纳，生物多样性保护优先区像繁星般散落在神州大地的绿水青山间。中国幅员辽阔、地大物博，拥有丰富多样的生物物种和生态系统类型，是全球12个“生物多样性最丰富的国家”之一。各类动植物在优先区里得到特殊“庇护”，维护了生物多样性的完整。

走近“保护优先区”

鞠立新 梁梓琳

丰富家谱

生物多样性包含物种多样性、遗传多样性和生态系统多样性三大类，是人类赖以生存和发展的基石，是社会生态文明水平的重要标志之一。为保护我国生物多样性，2015年环保部圈定了32个内陆陆地和水域生物多样性保护优先区域，以及3个海洋与海岸保护优先区。

设立优先区是在兼顾生产生活的情况下，对生物多样性采取的最大化保护措施。为统筹保护与发展，国家综合考虑生态系统类型的代表性、物种丰富程度、特殊生态功能、物种珍稀濒危程度、地区代表性、经济用途、科学研究价值等因素，圈定了生物多样性丰富、生态保护价值高的区域为保护优先区。

保护优先区一般覆盖了几万到几十万平方公里的辽阔区域，内部有自然保护区、森林公园、风景名胜区、城镇、农田、林场等多种土地利用类型。中央民族大学生态与环境科学学院教授薛达元在接受本报采访时介绍，到2010年时，全国保护优先区内已建立了303个国家级自然保护区、709个国家森林公园和187个国家级风景名胜区，这三种类型的国家级保护地总面积达到国土面积的11.55%。

许多优先区生态保护已初见成效。比如秦岭地区，是32个陆地生态保护优先区之一。监测数据显示，自2015年以来，秦岭地区生态环境质量持续改善，珍稀野生动植物数量不断增加，污染程度逐年减轻。2020年，秦岭的大熊猫野外种群增幅、密度、DNA调查获取率均为全国第一，生物多样性正在稳步恢复中。

青稞摇曳，牛羊奔腾，青藏高原不仅是风景如画的世界“第三极”，也是高原生物多样性资源宝库。西藏正在实行最严格的生态保护政策，全区约45%的国土面积被划入了生态保护红线。通过持续不断地实施保护措施，近年来，部分高原特有珍稀野生动物种群数量得到明显恢复。截至2021年2月，西藏野牦牛数量由2.5万头增至4万多头，藏羚羊数量由8万只增加到超过20万只，新发现珍稀野生动物5种，过去认为已经灭绝的西藏马鹿已突破1万只。2007年到2017年十年间“青藏高原生物多样性与分子进化教育部创新团队”在西藏共采集上千种植物的4000万颗种子，填补了种质资源库中西藏种子的空白，为人类储存下绵延后世的“基因宝库”。

从全国来看，保护优先区的生态状况普遍得以改善。据生态环境部自然生态保护司司长崔书红介绍，目前，生物多样性保护优先区面积约占我国陆地国土面积29%，维管植物数占全国总种数87%，野生脊椎动物占全国总种数的85%，同时发现了新种和新纪录种50余个，这些新种丰富了中国生物多样性“家谱”。

保护优先

中国是世界上生物多样性最为丰富的国家之一，几十年来，通过实施就地保护、迁地保护、重大生态工程等措施，生物多样性保护取得重大进展。

《中国生物多样性保护战略与行动计划（2011－2030）》提出，中国生物多样性保护的基本原则是“保护优先，持续利用，全民参与，惠益共享”。保护优先区将生物多样性富集的禁止开发区和限制发展区作为生物多样性就地保护的基地，要求加强自然保护区的管理质量，在就地保护的同时，辅以迁地保护措施，确保珍稀濒危物种及其遗传资源得到有效保护。

茫茫雪原上，成群结队的藏野驴、岩羊、藏原羚等珍稀野生动物在祁连山国家公园里觅食，成为冬日里一道充满生机的风景线。对野生动物实行就地保护在祁连山保护优先区已颇具规模。像祁连山国家公园一样，近年来，通过实施就地保护，许多国家公园和自然保护地里的动植物种群数不断扩大，栖息繁衍的野生动物数量逐年增多。

麋鹿群安逸地静卧在洞庭湖边草地上，两只大公鹿竖起鹿角一左一右警戒。这正是野放在洞庭湖的北京麋鹿逐步适应洞庭湖生态的景象。2020年12月7日，北京南海子野放10只麋鹿到洞庭湖，对这些麋鹿实施迁地保护。经过一个多月的湖畔生活，麋鹿们的体型逐渐健壮，在未来，它们有望融入当地的野生种群，提升麋鹿遗传的多样性。

在生物多样性保护优先区内，科研人员通过对不同区域进行生态影响评估，对保护优先区进行进一步细化，确定了“优先区中的优先区”。

生物多样性保护是一个长期过程，当下的成效可能在几十年后才会显现。中国科学院空天信息创新研究院研究员牛振国认为，从长远角度来看，中国的生物多样性保护既需要不断提升科研能力，也需要普及大众的保护观念。未来几年，进一步完善自然保护地体系、精准管理，拉紧“生态保护红线”是保护生物多样性的重要措施。

江苏省宿迁市泗洪县百万只候鸟云集洪泽湖湿地。 张连华摄（人民图片）

左图：金丝猴在神农架国家公园大龙潭金丝猴野外研究基地玩耍。 新华社记者 王斯班摄

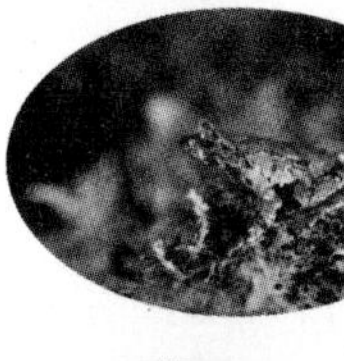

上图：浙江丽水发现一两栖动物新物种。因其模式产地在丽水境内百山祖国家公园内，故被命名为百山祖角蟾。（新华社发）

左图：在云南高黎贡山国家级自然保护区保山段发现的滇桐枝条和叶片。 徐聪丽摄（新华社发）

西藏羊卓雍错岸边的藏原羚。 新华社记者 孙非摄

生物多样性：实施大范围保护

解焱

2006年，“中国生物多样性保护远景规划项目”筛选了国家重要的生物多样性保护对象，包括物种、群落和生态系统，并对其分布和状态进行分析。该项目在物种和生态系统两个层面上，不仅考虑了物种的丰富度、稀有性、特有性、受威胁程度，还充分考虑了生态系统的重要过程和功能。项目在全国范围内确定了35个（32个陆地、3个海岸和海洋）生物多样性保护优先区，这些优先区的生态系统服务功能具有全国甚至全球的重要性，对这些区域加强保护一直是自然保护地建设和发展的重点。

自1956年建立第一批自然保护区以来，中国的自然保护地经历了停滞期、稳步增长期以及1997年以来的迅猛增长期。截至2019年7月，中国自然保护地数量达到11800多处，保护面积覆盖我国陆域面积的18%、领海的4.6%，超过世界平均水平。这些自然保护地覆盖了大部分生物多样性优先区，对全国生物多样性保护发挥了巨大的作用。

按照自然生态系统原真性、整体性、系统性及其内在规律，中国将自然保护地按生态价值和保护强度高低依次分为3类，即以国家公园为主体、自然保护区为基础、各类自然公园为补充的自然保护地分类系统。三个管理类别在体系中分别有清晰、差异化的目标、定位和区位，实现差异化管理，相互补充，构成一个完整的体系。其中，国家公园和自然保护区大部分位于我国的生物多样性优先区。

中国所有国家公园试点都位于生物多样性保护优先区，在保护生物多样性完整性方面发挥了重要作用。很多物种（老虎、大熊猫、雪豹、藏羚羊、候鸟等）需要很大的生存领域才能保证足够的食物或者迁徙需求，只有保持栖息地的完整性，才能维持整个生态系统的健康。这是过去相对较小和相对独立的自然保护区无法实现的。

全球气候变化正在加速，国家统一管理下的大范围的国家公园保护，也是应对气候变化的重要措施。据研究，温度每上升1℃，物种就要往冷的地方迁移100公里，或垂直高度上升100米。这样巨大规模的迁徙需求，只有国家公园能够满足，使各类生物有适应气候变化的空间，从而达到维持生态系统稳定和健康的目的。

从国家公园覆盖生物多样性优先区情况来看，一些国家公园试点在保护其所在地的生物多样性和生态系统的真实性和完整性方面做得较好，例如三江源、大熊猫、海南热带雨林、祁连山、东北虎豹、神农架国家公园，分别覆盖其所在的生物多样性优先区15%以上。因此，笔者建议在建立国家公园时，应进一步评估目前试点的位置、范围和分区，以及与周围其他自然保护地的关系，以保护这些优先区的生物多样性和生态系统的真实性和完整性。只有将最核心的和最具国家代表性的生态系统，以及其所拥有的独特生物多样性完好保存下来，才能为其他区域生态系统的恢复和健康提供遗传种源基础，为国家生态安全提供保障。为实现上述目标，就要对完整生态系统范围中的全民以及集体所有的自然资源实施统一管理和保护。

维持生态系统完整性，实施大范围保护，还需要跨越不同行政区域，打破传统行政区划和管理体制机制束缚，由国家主导对公园内的自然资源进行统一规范高效管理，实现对重要自然生态系统的原真性和完整性保护。

（作者系中国科学院动物研究所副研究员）

新时代新步伐

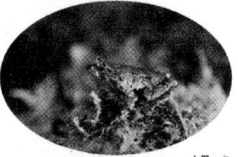

绿色建筑打造低碳城市[①]

城市是绿色低碳发展最重要的载体。十年前，中国启动低碳城市试点工作，低碳试点城市带动作用显著，在大连、三亚、贵阳、南昌、南宁等试点城市带动下，很多非试点省区、城市积极寻求碳排放峰值和实现路径，这对实现中国 2030 年碳排放峰值目标意义重大。到 2016 年时，低碳试点地区的人口不断增长，约占全国的 40% 左右，GDP 占全国总量的 60% 左右，规模可观。

绿色建筑旨在减少建筑物能耗，缓解能源危机，同时为人们提供舒适、环保的工作或居住环境，减少城市发展对生态的负面影响，诸如二氧化碳排放和城市热岛效应。在低碳生态城建设中，中国全力做好节能减排工作，产业优化转型，推广节能技术，实现生态、经济建设双丰收。

随着生态文明建设的发展，绿色建筑理念逐渐得到全社会的广泛认同，大家认识到，绿色建筑也能构造出一种生态系统，建筑内外的因素有序循环与转换，可最大限度地减少环境污染，降低资源与能源消耗。舒适、宜居的生活环境离不开绿色建筑。减轻建筑对环境的负荷、为居民提供健康的生活空间、达

① 本文刊载时署名为：立新。

到建筑与人及环境永续发展等成为绿色建筑的核心要素。

近年来，中国制定了相关政策引导绿色建筑行业发展，主管部门提高了对使用绿色建筑标准企业的奖励力度，加大了绿色建筑的传播力度。同时，各项建筑节能技术日臻完善，与低碳生态城市绿色建设模块相适应。

现在，许多地方在科学合理利用建筑资源的同时，对城市化建设进行科学规划，尽可能使用低碳环保的建筑材料，实现绿色施工，打造低碳生态城市，倒逼绿色能源循环体系发展。

随着城镇化进程的推进，相关行业部门在设计初期，引导公众将环保思维融入设计理念中，实现绿色施工目标。企业也积极行动，将太阳能、循环用水等低碳环保技术合理导入工程设计中，一方面促进环保理念落实，另一方面也在具体施工中，有效避免了建筑垃圾、声、光污染、废水等环保问题。

低碳生态城市承载要素之一便是绿色建筑，舒适、宜居的生活环境离不开绿色建筑。如今，政府在政策上大力倾斜绿色建筑，各地相继制定一系列激励、监督政策。社会上很多非政府组织、企业等各种力量也积极倡导和传播绿色建筑理念。特别是在低碳试点地区，政府、企业、社会公众的绿色低碳意识明显提升，为实践绿色低碳发展夯实了良好基础。

《人民日报海外版》（2021年01月26日第10版）

绿色宜居　美好生活①

建筑绿色宜居，城市才能低碳。近年来，中国在城市建设大力推广绿色建筑，2020 年内新开工建设建筑中，装配式建筑比例达 25% 以上，城镇新建绿色建筑占新建建筑面积 50% 以上。

有关资料显示，全国 70% 以上碳排放来自城市，近 1/3 来自大型建筑耗能。2010 年起，中国启动了首批低碳城市试点，在之后的几年内，全国有 81 个城市被设立为低碳试点城市。这些地方通过优化能源结构，推动了区域产业结构升级，实现了绿色全要素生产力提升。反映到具体的城市规划建设中，推广绿色建筑是重要内容之一。

绿色建筑是指在全生命周期内节约资源、保护环境、减少污染，最大限度地实现人与自然和谐共生的现代建筑。中国自 1992 年巴西里约热内卢联合国环境与发展大会以来，颁布了若干相关纲要法规，大力推进绿色建筑发展。20 余年来，有关绿色建筑的相关法规不断完善，评价标准迭代出新，不同地区针对自身情况对绿色建筑提出了具体相关要求。

① 本文刊载时署名为：心洵、梁梓琳。“心洵”为作者笔名。

2017 年，杭州被列入全国 28 个公共建筑能效提升重点城市之一，自此，全市共计实施公共建筑节能改造示范项目 46 个，共减少碳排放 38722 吨 。在这些数据之后，是杭州为建设绿色城市的不断努力。在实际操作中，通过加装光伏发电系统、改进公共机构照明系统、对厨房排油烟机加装智能变频控制系统等，有效减少了碳排放，为公共建筑节能减排注入“绿色活力”。

坐落于黄浦江东岸的上海中心大厦总高 632 米，它不仅是中国第一高楼，也是一幢节能减排的绿色建筑。通过空中大厅的设计，降低整座大楼的供暖和冷气需求；旋转不对称的外部立面使风载降低 24%，减少了大楼的风力负荷，使其能经受台风的考验；与传统直线型建筑相比，“上海中心”的内部圆形立面使其眩光度降低了 14%，减少了能源消耗，这在提高经济可行性的同时也对保护环境大有裨益。

近期，住房和城乡建设部发布了《绿色建筑标识管理办法》，将于 2021 年 6 月 1 日起施行。随着这一管理办法的发布，未来绿色建筑将经过单位申报、形式审查、专家评级来确定标识星级，绿色建筑的分级管理将更加规范。

《人民日报海外版》（2021 年 01 月 26 日　第 10 版）

10 美丽中国　人民日报海外版　2021年1月26日　星期二
责编：罗兰　邮箱：drab8888@163.com

冬奥村：与自然和谐共生

薛超

在北京延庆美丽的小海坨山脚下，绿色、人文、科技兼备的延庆冬奥村于2020年底建成。延庆冬奥村是冬奥场馆之一，半开放式建筑группы依山而建，既展现北京四合院的文化特色，又不破山壁、不夺山景。冬奥会后，延庆冬奥村将改造为山地旅游度假酒店群，成为兼具冬奥特色和中国传统村落文化特色的度假地。建设者在延庆冬奥村建设中，践行绿色办奥理念，竭力保护生态平衡，让冬奥村与自然和谐共生。

保留原生木

在设计施工建设过程中，为了能最大程度保护周边自然环境，原生树木作为延庆冬奥村最主要的景观被原地保留下来。

与传统的施工图相比，延庆冬奥村及延庆山地新闻中心二标段项目的施工图纸多了些"特别"标记。对于这些特殊标记，中建一局华江公司延庆冬奥村项目经理谢启超说出了答案："开工前，我们会面普查了施工区域内需要保护的树种、数量和分布的位置；施工中，用防护网将需原地保护的树保护起来，浇水、施肥、治疗病虫害，原地无法原地保留的树木，就近移植或送到专用地块保护起来；完工后，被移栽到山下的树木将再回迁至原地。"中建一局华江公司项目团队的用心举动，让313棵原生树木作为延庆冬奥村的主要景观被保留下来。其中，127棵原地保留保护；172棵简易移栽，后期回植到场地，作为场地内的景观树；14棵简易移栽，后期回植原位。

延庆冬奥村施工场地中创有个村落遗址。中建一局项目团队将村落遗址进行了修缮，成为整个延庆冬奥村独具中国传统村落文化的独特空间和文脉延续。

不扰小动物

延庆冬奥村海拔900—1000米，夏季多雨，冬季多雪，树林茂密，经常有松鼠、蝴蝶、野兔等小动物出现。延庆冬奥村建在山坳中，需要挖掘部分山体修平，但这样会破坏小动物的"家"。

为了尽量减少施工对周边自然环境和小动物们的影响，建设者们用碎石等材料为小动物建设了栖息地。

中建一局华江公司项目团队在施工现场搭起围栏，搭起了很多小木屋，为附近的小松鼠、野鸡、野兔新建了栖息的场所。这样，一边是施工生产，一边是小动物穿梭在草丛和树林中，构成了人与动物和谐共生的画面，让延庆冬奥村成为真正意义上的原生态村落。

翻新利用

延庆冬奥村内，一座座合院天井中，就地取材的原生态石块围筑了树木的"安乐窝"。施工过程中开挖出来的碎石也被精作成"石笼墙"，与门窗的原木色门窗相呼应。

在延庆冬奥村建设过程中，遵循"节俭办奥"的理念，很多材料都是就地取材，翻新利用。比如，项目团队将碎石就地开挖出来的石头，直接用于运动员公寓建筑外墙的"石笼墙"装饰，建筑外形与周围中国原生态村落的环境遥相呼应，大气、美观的同时还省去了从外面购买石材的费用。

雨后晴湿，延庆冬奥村还是一座"海绵山村"。通过建设下凹式绿地、渗透沟和雨水调蓄池等措施，对雨水、雪水回收利用，对生活污水全部进行处理净化实现再利用。

在工程建设的过程中，延庆冬奥村建筑主体使用了超低能耗三腔技术，能够使建筑的室内环境保持在20摄氏度—26摄氏度，相对湿度30%—60%的舒适环境。项目还采用了被动房外窗，传热系数更小，隔热性能更好，和一般的外窗相比，更加节能。门窗系统、玻璃幕墙系统均采用了断热桥设计，针对特殊节点进行优化，幕墙的连接点均采用了仿生木进行断桥处理，可以降低室内外的冷热传导，实现降低能耗的功能。

村中还建有地下餐厅、通过隧道、各种运动员，教练员无需再穿厚重的外套，就可在各个组团间完成就餐、健身、理疗保养等日常活动。

延庆冬奥村施工现场保护原生树木。　资料图片

安徽阜阳城区河道水清岸绿、美景如画。　王建锋摄（人民图片）

随着绿色装配式建筑技术的推广运用，绿色建筑构件产销两旺。图为位于浙江省湖州市南浔区和孚镇的大东吴集团绿色集成建筑制造基地内，工人在检验装配式绿色建筑构件。　张斌摄（人民图片）

绿色建筑打造低碳城市

立新

城市是绿色低碳发展最重要的载体。十年前，中国启动低碳城市试点工作，低碳试点城市带动作用显著。在大连、三亚、贵阳、南昌、南宁等试点城市带动下，很多省试点省区、城市积极寻求碳排放峰值和实现路径，这对实现中国2030年碳排放峰值目标意义重大。到2016年时，低碳试点地区的人口不断增长，约占全国的40%左右，GDP占全国总量的60%左右，规模可观。

绿色建筑旨在减少建筑物能耗，缓解能源危机，同时为人们提供舒适、环保的工作及居住环境，减少城市发展对生态的负面影响，诸如二氧化碳排放和城市热岛效应。在低碳生态城建设中，中国全力做好节能减排工作，产业优化转型，推广节能技术，实现生态、经济建设双丰收。

随着生态文明建设的发展，绿色建筑理念逐渐得到全社会的广泛认同。大家认识到，绿色建筑也能构建出一种生态系统，建筑内外的因素有序循环与转换，可最大限度地减少环境污染，降低资源与能源消耗。舒适、宜居的生活环境离不开绿色建筑。减轻建筑对环境的负荷、为居民提供健康的生活空间、达到建筑与人及环境永续发展等成为绿色建筑的核心要素。

近年来，中国制定了相关政策引导绿色建筑行业发展，主管部门提高了对使用绿色建筑标准企业的奖励力度，加大了绿色建筑的传播力度。同时，各项建筑节能技术日臻完善，与低碳生态城市绿色建设相辅相成。

现在，许多地方在科学合理利用建筑资源的同时，对城市化建设进行科学规划，尽可能使用低碳环保的建筑材料，实现绿色施工，打造低碳生态城市，创造绿色能源循环体系发展。

随着城镇化进程的推进，相关行业部门在设计初期，引导公众将环保思维融入设计理念中，实现绿色施工目标。企业也积极行动，将太阳能、循环用水等低碳环保技术合理导入工程设计中，一方面促进环保理念落实，另一方面也在具体施工中，有效避免了建筑垃圾、声、光污染、废水等环保问题。

低碳生态城市承载要素之一便是绿色建筑，舒适、宜居的生活环境离不开绿色建筑。如今，政府在政策上大力倾斜绿色建筑，各地相继制定一系列激励、监管政策。社会上很多非政府组织、企业等各种力量也积极倡导和传播绿色建筑理念。特别是在低碳试点地区，政府、企业、社会公众的绿色低碳意识明显提升，为实践绿色低碳发展夯实了良好基础。

新时代新步伐

福建省三明市是全国生态保护与建设典型示范区，全市森林覆盖率达78.73%，被誉为"中国绿都"。图为泰宁县大金湖畔梅口乡一处水库新村。　新华社记者　姜克红摄

绿色宜居　美好生活

心润　梁梓琳

建筑绿色宜居，城市才能低碳。近年来，中国在城市建设大力推广绿色建筑，2020年内新开工建设建筑中，装配式建筑比例达25%以上，城镇新建绿色建筑占新建建筑面积50%以上。

有关资料显示，全国70%以上碳排放来自城市，近1/3来自大型建筑耗能。2010年起，中国启动了首批低碳城市试点，在之后的几年内，全国有81个城市被设立为低碳试点城市。这些地方通过优化能源结构，推动了区域产业结构升级，实现了绿色经济和生产力提升。反映到具体的城市规划建设中，推广绿色建筑是重要内容之一。

绿色建筑是指在全寿命周期内节约资源，保护环境，减少污染，最大限度地实现人与自然和谐共生的现代建筑。中国自1992年巴西里约热内卢联合国环境与发展大会以来，颁布了若干相关规划法规，大力推进绿色建筑发展。20余年来，有关绿色建筑的相关法规不断完善，评价标准逐代出新，不同地区针对自身情况对绿色建筑提出了具体相关要求。

2017年，杭州被列入全国28个公共建筑能效提升重点城市之一。自此，全市共计实施公共建筑节能改造示范项目46个，共减少碳排放38722吨。在这些数据之后，是杭州为建设绿色城市的不断努力。在实际操作中，通过加装光伏发电系统、改造公共机构照明系统、对锅炉等耗能机组加装智能变频控制系统等，有效减少了碳排放，为公共建筑节能减排注入"绿色活力"。

坐落于黄浦江东岸的上海中心大厦总高632米，它不仅是中国第一高楼，也是一幢节能减排的绿色建筑。通过空中大厅的设计，降低整座大楼的供暖和冷气需求；旋转不对称的外部立面使风载降低24%，减少了大楼的风力负荷，使其能经受台风的考验；与传统直线型建筑相比，"上海中心"的内部圆形立面使其眩光度降低了14%，减少了能源消耗，这在提高经济可行性的同时也对保护环境大有裨益。

近期，住房和城乡建设部发布了《绿色建筑标识管理办法》，将于2021年6月1日起施行。随着这一管理办法的发布，未来绿色建筑将经过单位申报、形式审查、专家评级来确定标识星级，绿色建筑的分级管理将更加规范。

在绿水青山间快乐成长[①]

斑羚在上方山山林里轻巧跳跃，黔金丝猴在梵净山山间呼朋引伴，朱鹮在千湖湿地繁衍生息，花草树木在阳光雨露滋润下茁壮成长……绿水青山间，野生动植物快乐地生长着，展现出一幅生物多样性的美丽画卷。

种群恢复增长中

中国是全球生物多样性最丰富的国家之一，然而，由于生境丧失和破碎化、资源过度开发利用、全球气候变化等因素，生物多样性面临诸多挑战，不少脊椎动物和高等植物仍受到威胁。

近年来，国家林业和草原局实施了大熊猫等濒危物种和极小种群野生植物的系列专项保护规划和行动方案，促进了大熊猫、朱鹮、麋鹿、野马、苏铁、西藏巨柏等 300 余种珍稀濒危野生动植物种群的恢复与增长。

北京市郊的上方山国家森林公园是中国北方赋存古老植物物种的典型地区，科研人员在对上方山天然林进行科考活动时，发现这里的物种多样性出乎

① 本文刊载时署名为：心洵、梁梓琳。

意料。为保护这一宝贵资源，当地加大监管力度，严禁狩猎、砍伐，逐渐地，更多野生动物回归到原始居住地，野生动植物种群不断恢复增长。

东黑冠长臂猿曾经活跃于中越边境，上世纪五六十年代一度被认为灭绝，2002年，又奇迹般地出现在中越交界处的喀斯特森林，自此，中越两国开始联合抢救这一全球极度濒危物种。2011年，中国广西和越南高平林业部门签订备忘录，合作跨境保护东黑冠长臂猿。近十年间，专家们实地监测，村民们自发种树，巡护员日夜守护，在大家的精心呵护下，东黑冠长臂猿数量终于从一开始的4群约23只猿，增长到2016年的22群136只。随着中越猿群“生命通道”打通，环境容纳量继续上涨，猿群数量有望翻番。

诸多动植物种群在恢复增长中。“十三五”期间，大熊猫野生种群从20世纪七八十年代的1114只增加到1864只，朱鹮从1981年发现时仅存7只发展到野外种群和人工繁育种群总数超过4000只，亚洲象野外种群从1985年的约180头增长至293头，藏羚羊野外种群恢复到30万只以上，濒临灭绝的野马、麋鹿重新建立起野外种群。同时，基本完成了苏铁、棕榈和原产中国的重点兰科、木兰科植物等珍稀野生植物的种质资源收集保存。野外回归206个物种，其中112种为中国特有种。

自然保护区发力

鱼在水中游，鸟在空中飞，普氏原羚在高原上飞奔。这是中国最大的内陆咸水湖青海湖自然保护区内的一个场景。2020年底，青海湖国家级自然保护区管理局组织开展冬季巡护巡查和越冬水鸟、普氏原羚交配前期监测工作。监测结果显示，青海湖区域内生物多样性保护成效显现，多种越冬水鸟及濒危物种普氏原羚种群数量均呈增长趋势。青海湖裸鲤资源蕴藏量较保护初期增长了38倍。目前，自然保护区内，“以鱼净水、以鱼养水、以鱼抑藻、以鱼控草”的生命共同体已初步形成。

为恢复长江生物多样性，2020年1月1日，国家对长江流域332个水生生物保护区实现全面禁捕。2021年1月1日起，又对长江流域重点水域将实行为期十年的常年禁捕。农业农村部还会同沿江各省市发布实施中华鲟、长江江豚等珍稀濒危物种拯救行动计划，持续组织开展水生生物增殖放流，每年在长江流域放流各种鱼类超过50亿尾。目前，长江江苏镇江段水质逐渐向好，两岸水草丰茂。2020年12月31日，被誉为“鸟类活化石”的国家一级重点野生保护动物白鹤现身江苏镇江长江豚类省级自然保护区，并在焦北滩逗留一周之久。有关专家介绍，白鹤对栖息环境要求极为严苛，此次在镇江停留，说明保护区内自然环境良好，让野生鸟类有了适宜的环境栖息。

实践证明，以自然保护地方式保护野生动植物是一件行之有效的措施。2017年，全国各类自然保护地总面积占国土陆域面积18%，提前实现了联合国《生物多样性公约》提出的到2020年保护地面积达到17%的目标。截至2019年6月，已有34个国家级自然保护区被联合国教科文组织“人与生物圈计划”列入国际生物圈保护区。

过去，自然保护地存在划定不科学、交叉重叠的问题，随之带来了多头管理、权责不清的隐患，导致自然保护地在保护与开发之间经常处于两难。现在，通过划分严格管控区和一般控制区，各地自然保护区实现了一区一策的管控政策。在严格管控区内严禁建设与保护无关的项目，而在一般控制区内，则可以开展生态养殖、林下经济、科普宣教等活动，使自然保护区起到保护、开发、宣教的作用。

最严法规“禁野”

现在，禁食野生动物日益引起社会广泛重视。禁食令不仅事关人的生命健康安全，更为野生动物保护加上一针“强心剂”。2020年2月，十三届全国人大常委会第十六次会议通过了关于全面禁止非法野生动物交易、革除滥食野生动物陋习、切实保障人民群众生命健康安全的决定。

对于“禁食令”，世界动物保护协会专家孙全辉认为，人工圈养的野生动物可能在行为上表现驯服，但基因并未被驯化，会带来公共卫生风险。

当下关于野生动物保护的普法宣传已经带来正向影响，许多大城市野生动物消费呈下降趋势。广东地区有食用野味药膳的风俗，广州推出具有地方特色的“禁食令”，规定不得以药膳名义食用或经营禁止食用的野生动物及制品。广州一名大学生表示，过去，家里曾有食用野味药膳的习惯，近些年在科学观念的影响下，父辈逐渐认识到食用野味并无益处，自己在和同学聚餐时也会有意识规避野生动物食品。

新版《北京市野生动物保护条例》自 2020 年 6 月起实施，规定北京实行全年全区域禁猎，同时扩大禁食范围。过去，禁食范围只涵盖重点保护动物，新规颁布之后，陆生动物及其制品都在禁食范围内。北京市园林绿化局野生动植物和湿地保护处处长张志明介绍说，过去捕猎国家重点保护野生动物，会处以野生动物价值 2 到 10 倍的罚款，新版条例出台后，处罚力度被提高到 5 到 20 倍，对违法行为起到更大的震慑作用。新版条例也因为更大的禁食范围、更高的处罚力度和更严密的细节规定被称为“史上最严野生动物保护法规”。

《人民日报海外版》（2021 年 01 月 19 日　第 08 版）

生物多样性的中国力量

生物多样性是人类赖以生存的条件，是经济社会可持续发展的根基。不时发生的全球公共卫生危机犹如晴天霹雳，提醒人类悉心审视我们与自然生态系统、生物多样性的关系。

生物多样性缺失是每一个国家都面临的重大问题之一。面对生物多样性保护问题，中国提出“人类是一荣俱荣、一损俱损的命运共同体”理念，认为生物多样性保护与应对气候变化、海洋、森林、湿地保护、公共卫生、食品安全等因素呈正相关。

中国是世界上生物多样性较为丰富的国家，对生物多样性保护的意识日益增强，机制、体制也逐渐完善。据统计，目前，在全国几千处各级各类自然保护区内，越来越多的国家重点保护野生动植物种类受到系统保护。中国还围绕“生物多样性”的景观多样性、生态系统多样性、物种多样性、遗传多样性等诸多层次进行部署，将维护生物多样性作为生态保护与修复的重点，按照山水林田湖草是一个生命共同体的理念，对重要的自然生态系统进行最严格、系统的保护，对珍稀的野生动物和植物自然资源进行强化管理监督，打击乱捕滥猎野生动物行为。

为确保生物多样性保护有法可依、有法必依，中国颁布和修订了《野生动物保护法》《自然保护区条例》《野生植物保护条例》等多部与生物多样性相关的法律法规，将保护生物多样性作为生态文明建设的重要内容和抓手，运用最严格制度、最严密法治推动生物多样性保护。

中国积极参与生物多样性领域国际合作，组织实施了《中国生物多样性保护战略与行动计划（2011—2030 年）》，开展了“联合国生物多样性十年中国行动（2011—2020 年）”，是最早签署和批准《生物多样性公约》的国家之一。

目前，“2020 年后生物多样性框架”谈判已进入紧要关头，全球各方力量正在制定 2021—2030 年全球生物多样性目标，并将在 2021 年 5 月昆明举行的《生物多样性公约》第 15 次缔约方大会上进行审议。《共建地球生命共同体：中国在行动》详实、系统地表达了中国生物多样性保护的立场主张，提出中国坚持生态文明思想，愿与国际社会携手同行，树立尊重、顺应、保护自然的意识，积极分享中国生态文明建设的经验，坚持绿色发展理念，倡导低碳、循环、可持续的生产生活方式，共建地球生命共同体。

生物多样性保护需要系统思维，国家对生物多样性进行全方位保护：从政策层面加强顶层设计；设立自然保护区、规划生态红线；集中科研力量抢救濒危物种。主流媒体持续开展生物多样性传播，深度普及生物多样性知识，提高公众保护意识。

各部委也纷纷行动，为全球生物多样性保护和可持续发展贡献中国力量。生态环境部开展了“5·22 国际生物多样性日”传播活动。自然资源部、农业农村部、林草局等举办了“世界野生动植物日”“世界湿地日”“国际森林日”“关爱水生动物共建和谐家园”等主题传播活动。公安部、林草局、海关总署积极参加打击野生动物犯罪国际联合执法行动。商务部、中科院等举行了生物多样性保护国际培训班。

未来 10 年，生物多样性战略要求从根本上扭转生物多样性下降的趋势，尽力消除由人类活动引起的生物物种灭绝、建立可持续的生产和消费以及绿色供应链。尽可能地减少人类生产与消费对生物多样性产生的负面影响。实现这一目标，离不开公众参与，需要我们每个人的共同努力。

（本文资料由贵州绿色发展战略高端智库提供）

《人民日报海外版》（2021 年 01 月 19 日　第 08 版）

08 美丽中国　　人民日报 海外版　　2021年1月19日　星期二
责编：罗兰　　邮箱：dzzb8888@163.com

在绿水青山间快乐成长

心淘　梁梓琳

近日，数十只国家一级保护动物东方白鹳在江苏盐城东台条子泥湿地越冬。
孙家录摄（人民图片）

海南热带野生动植物园，大熊猫舒舒在吃竹笋。
新华社记者 张丽芸摄

黔羚在上方山山林里轻巧跳跃，黔金丝猴在梵净山山间呼朋引伴，朱鹮在千湖湿地繁衍生息，花草树木在阳光雨露滋润下茁壮成长……绿水青山间，野生动植物快乐地生长着，展现出一幅生物多样性的美丽画卷。

一头野牦牛在甘肃省酒泉市阿克塞哈萨克族自治县阿勒腾乡哈尔腾草原上奔跑。
高宏震摄（新华社发）

种群恢复增长中

中国是全球生物多样性最丰富的国家之一。然而，由于生境丧失和破碎化、资源过度开发利用、全球气候变化等因素，生物多样性面临诸多挑战，不少脊椎动物和高等植物仍受到威胁。

近年来，国家林业和草原局实施了大熊猫等濒危物种和极小种群野生植物的系列专项保护规划和行动方案，促进了大熊猫、朱鹮、藏羚、野马、苏铁、西藏巨柏等300余种珍稀濒危野生动植物种群的恢复与增长。

北京市郊的上方山国家森林公园是中国北方保存古老植物物种的集中地区。科研人员在对上方山天然林进行科考活动时，发现这里的物种多样性出乎意料。为保护这一宝贵资源，当地加大监管力度，严禁狩猎、砍伐、逐渐地，更多野生动物回归到原始居住地，野生动植物种群不断恢复增长。

东黑冠长臂猿曾经活跃于中越边境，上世纪五六十年代一度被认为灭绝。2002年，又奇迹般地出现在中越交界处的喀斯特森林。自此，中越两国开始联合拯救这一全球极度濒危物种。2011年，中国广西和越南高平林业部门签订备忘录，合作跨境保护东黑冠长臂猿。近十年间，专家们实地监测，村民们宣宽种树，巡护员日夜守护。在大家的精心呵护下，东黑冠长臂猿数量终于从一开始的4群约23只猿，增长到2016年的22群136只。随着中越猿群"生命通道"打通，环境容纳量稳步上涨，猿群数量有望翻番。

诸多动植物种群在恢复增长中。"十三五"期间，大熊猫野生种群从20世纪七八十年代的1114只增加到1864只，朱鹮从1981年发现时仅存7只发展到野外种群和人工繁育种群总数超过4000只，亚洲象野外种群从1985年的约180头增长至293头，藏羚羊野外种群恢复到30万只以上，野外灭绝的野马、麋鹿重新建立起野外种群。同时，基本完成了苏铁、棕榈和国产中国的重点兰科、木兰科植物等珍稀野生植物的种质资源收集保存，野外回归206个物种，其中112种为中国特有种。

自然保护区发力

鱼在水中游，鸟在空中飞，普氏原羚在高原上飞奔。这是中国最大的内陆咸水湖青海湖自然保护区内的一个场景。2020年底，青海湖国家级自然保护区管理局组织开展冬季巡护巡查和越冬水鸟、普氏原羚交配期监测工作。监测结果显示，青海湖区域内生物多样性保护成效显现，多种越冬水鸟及濒危物种普氏原羚种群数量均呈增长趋势。青海湖裸鲤资源蕴藏量较保护初期增长了38倍。目前，自然保护区内，"以鱼净水、以鱼养水、以鱼稳藻、以鱼控草"的生命共同体已初步形成。

为恢复长江生物多样性，2020年1月1日，国家对长江流域332个水生生物保护区实现全面禁捕。2021年1月1日起，又对长江流域重点水域将实行为期十年的常年禁捕。农业农村部还会同沿江各省市发布实施中华鲟、长江江豚等珍稀濒危物种拯救行动计划，持续组织开展水生生物增殖放流，每年在长江流域放流各种鱼类超过30亿尾。目前，长江江苏镇江段水质逐渐向好，两岸水草丰茂。2020年12月31日，被誉为"鸟类活化石"的国家一级重点野生保护动物白鹤现身江苏镇江长江豚类省级自然保护区，并在焦北滩逗留一周之久。有关专家介绍，白鹤对栖息环境要求极为严苛，此次在镇江停留，说明保护区内自然环境良好，让野生鸟类有了适宜的环境憩息。

实践证明，以自然保护地方式保护野生动植物是一件行之有效的措施。2017年，全国各类自然保护地总面积占国土陆域面积18%，提前实现了联合国《生物多样性公约》提出的到2020年保护地面积达到17%的目标。截至2019年6月，已有34个国家级自然保护区被联合国教科文组织"人与生物圈计划"列入国际生物圈保护区。

过去，自然保护地存在划定不科学、交叉重叠的问题，随之带来了多头管理、权责不清的隐患，导致自然保护地在保护与开发之间经常处于两难。现在，通过划分严格管控区和一般控制区，各地自然保护区实现了一区一策的管控政策。在严格管控区内严禁建设与保护无关的项目，而在一般控制区内，则可以开展生态养殖、林下经济、科普宣教等活动，使自然保护区起到保护、开发、宣教的作用。

最严法规"禁野"

现在，禁食野生动物已经引起社会广泛重视。禁食令不仅事关人的生命健康安全，更为野生动物保护加上一针"强心剂"。2020年2月，十三届全国人大常委会第十六次会议通过了关于全面禁止非法野生动物交易、革除滥食野生动物陋习、切实保障人民群众生命健康安全的决定。

对于"禁食令"，世界动物保护协会专家孙全辉认为，人工驯养的野生动物可能在行为上表现驯服，但基因并未被驯化，会带来公共卫生风险。

当下关于野生动物保护的普法宣传已经带来正向影响，许多大城市野生动物消费呈下降趋势。广东地区有食用野味药膳的风俗，广州推出具有地方特色的"禁食令"，规定不得以药膳名义食用或经营禁止食用的野生动物及制品。广州一名大学生表示，过去，家里曾有食用野味药膳的习惯，近些年在科学观念的影响下，父辈逐渐认识到食用野味并无益处，自己在和同学聚餐时也会有意识地避野生动物食品。

新版《北京市野生动物保护条例》自2020年6月起实施，规定北京实行全年全区域禁猎，同时扩大禁食范围。过去，禁食范围只涵盖重点保护动物，新规调整之后，陆生动物及其制品都在禁食范围内。北京市园林绿化局野生动植物和湿地保护处处长张志明介绍说，过去捕猎国家重点保护野生动物，会处以野生动物价值2到10倍的罚款，新版条例出台后，处罚力度被提高到5到20倍，对违法行为起到更大的震慑作用。新版条例也因为更大的禁食范围、更高的处罚力度和更严密的细节规定被称为"史上最严野生动物保护法规"。

日前，一头布氏鲸在涠洲岛海域摘食。涠洲岛海域是我国近海在20世纪80年代后发现的已知唯一的大型鲸类摄食场所。　新华社记者 刘金海摄

紫斑兜虫。　据网络

金花茶。　据网络

在甘肃省哈尔腾草原上，一群国家二级保护动物藏原羚在自由徜徉觅食过冬。　马晓伟摄（人民图片）

生物多样性的中国力量

鞠立新

生物多样性是人类赖以生存的条件，是经济社会可持续发展的根基。不时发生的全球公共卫生危机就如晴天霹雳，提醒人类要正视我们与自然生态系统、生物多样性的关系。

生物多样性缺失是每一个国家都面临的重大问题之一。面对生物多样性保护问题，中国提出"人类是一荣俱荣、一损俱损的命运共同体"理念，认为生物多样性保护与应对气候变化、海洋、森林、湿地保护、公共卫生、食品安全等因素息息相关。

中国是世界上生物多样性较为丰富的国家，对生物多样性保护的意识日益增强，机制、体制已逐渐完善。据统计，目前，在全国几乎处各级各类自然保护区内，越来越多的国家重点保护野生动植物种类受到系统保护。中国还围绕"生物多样性"的景观多样性、生态系统多样性、物种多样性、遗传多样性等诸多层次进行部署，将维护生物多样性作为生态保护与修复的重点，按照山水林田湖草是一个生命共同体的理念，对重要的自然生态系统进行最严格、系统的保护，对珍稀的野生动物和植物自然资源进行强化管理监督，打击乱捕滥猎野生动物行为。

为确保生物多样性保护有法可依、有法必依，中国颁布和修订了《野生动物保护法》《自然保护区条例》《野生植物保护条例》等多部与生物多样性相关的法律法规，将保护生物多样性作为生态文明建设的重要内容和抓手，推期最严格制度、最严密法治推动生物多样性保护。

中国积极参与生物多样性领域国际合作，组织实施了《中国生物多样性保护战略与行动计划（2011－2030年）》，开展了"联合国生物多样性十年中国行动（2011－2020年）"，是最早签署和批准《生物多样性公约》的国家之一。

目前，"2020年后生物多样性框架"谈判已进入紧要关头，全球各方力量正在制定2021—2030年全球生物多样性目标，并将在2021年5月昆明举行的《生物多样性公约》第15次缔约方大会上进行审议。《共建地球生命共同体：中国在行动》详实、系统地表达了中国生物多样性保护的立场主张，提出中国坚持生态文明思想，愿与国际社会携手同行，树立尊重、顺应、保护自然的意识，积极分享中国生态文明建设的经验，坚持绿色发展理念，倡导低碳、循环、可持续的生产生活方式，共建地球生命共同体。

生物多样性保护需要系统思维，国家对生物多样性进行全方位保护：从政策层面加强顶层设计；设立自然保护区、划定生态红线；集中科研力量拯救濒危物种。主流媒体持续开展生物多样性传播，深度普及生物多样性知识，提高公众保护意识。

各部委也纷纷行动，为全球生物多样性保护和可持续发展贡献中国力量。生态环境部开展了"5·22国际生物多样性日"传播活动。自然资源部、农业农村部、林草局等举办了"世界野生动植物日""世界湿地日""国际森林日""关爱水生动物共建和谐家园"等主题传播活动。公安部、林草局、海关总署积极参加打击野生动物犯罪国际联合执法行动。商务部、中科院等举行了生物多样性保护国际培训班。

未来10年，生物多样性战略要求从根本上扭转生物多样性下降的趋势，尽力消除由人类活动引起的生物物种灭绝，建立可持续的生产和消费以及绿色供应链，尽可能地减少人类生产与消费对生物多样性产生的负面影响。实现这一目标，离不开公众参与，需要我们每个人的共同努力。

（本文资料由贵州绿色发展战略高端智库提供）

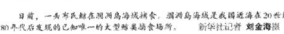

新时代新步伐

留下碧海蓝天

海洋是地球生物多样性的重要来源之一，为人类带来了丰厚的宝藏。目前，全球海洋经济已是第七大经济体，到2030年前，还将再增长3倍。中国海域位于亚洲大陆东侧的中、低纬度带，跨越热带、亚热带和温带三个气候带，大陆岸线长达1.8万公里，海域分布有6500多个岛屿。据统计，中国管辖海域拥有20278种生物，拥有丰富的海洋生物资源、矿产、油气、滨海旅游、可再生能源资源，开发潜力巨大。

但随着人类活动以及各种因素的干扰，海洋生态环境和海洋生物安全受到严重影响，海洋生物多样性面临多重威胁，很多海洋物种濒临绝迹。据统计，全球40%的海域正在遭受人类活动的制约，诸如1978年“卡迪兹（Cadiz）号”油轮事件、1979年墨西哥湾井喷事件、2011年福岛核电站泄漏事件等，类似的污染事件使海洋生态环境严重恶化。全球海洋物种资源正在逐步衰竭，甚至濒临绝迹。由于过度捕捞，鲨鱼、金枪鱼、海龟等物种数量锐减，海洋生物多样性的威胁主要来自于污染和气候变化、过度捕捞、破坏性的捕捞作业方式、海底采矿、航运、铺设海底电缆和管道等。

在海洋污染面前，谁都无法独善其身，需要全球凝聚共识，全员参与治理。因为海洋是一个庞大的生产力系统，其生物量囊括地球上大部分生物，其生产力贡献值占全球生态系统总贡献值的 2/3。目前，全球多数海洋自然保护区地处生态环境敏感脆弱区域，自然灾害、人为破坏的双重威胁一直存在，一地如果突发意外事件，生活在这一生态系统中的所有生命必受牵连。例如，全球海洋赤潮灾害就是因为大量污水排放入海，致使养殖业巨大经济损失，海洋生态遭受巨大破坏。在我国，上世纪 70 年代仅发现 9 次赤潮，但 2001—2004 年共发生赤潮 371 次，总面积超过 6.6 万平方公里。

对于海洋环境治理，中国历来高度重视，提出“海洋命运共同体”的理念，旨在让世界人民共同保护全球海洋资源，并一直积极努力取得一定成效。《2019 年中国海洋生态环境状况公报》显示，中国海洋生态环境状况整体稳中趋好，海水环境质量总体得到改善。

目前，中国已经建立了较为完善的海洋自然保护区体系，由国家海洋局及其涉海部门建设并管理的海洋自然保护区已有 60 多处。在保护区的各项管理工作中，也相应制定了各种技术规范和标准，包括保护对象、类型等管理技术标准。尽管海洋自然保护区仍存在资金不足、装备不够先进等情况，但中国仍然坚持以自然保护为宗旨，积极开展各项管理工作。保护区在完善管理机构、健全管理体制、强化保护区的监察执法等方面进行了扎实有效的工作。

海洋保护工作任重而道远，唯有各国凝聚共识，政府、科研机构、媒体、企业、社会组织和公众一起加油，共同应对海洋污染，构建海洋命运共同体，才能为我们的子孙后代留下一片碧海蓝天。

《人民日报海外版》（2021 年 01 月 05 日 第 08 版）

08 美丽中国　　人民日报 海外版　　2021年1月5日　星期二
责编：罗兰　邮箱：dzzb888982163.com

天涯海角"护礁人"

即将年满30岁的吴川良，在27岁那年瞒着父母，放弃了国家级保护区里的"金饭碗"，成立了"三亚珊瑚礁生态研究所"。

也就是从那年起，吴川良潜下心来集中精力主攻"珊瑚礁生态保护修复"。第一年，研究所刚起步，来不及自己研发技术，只能花钱买技术、买服务；但仅仅一年后，吴川良不惧骄阳和海浪，长期驻守在西岛上的时数月，带着团队开发出了自己的珊瑚礁修复"独门秘笈"。

在一次次下潜、一次次观察中，吴川良及团队发现，目前国内外采用的珊瑚礁修复材料主要是水泥、钢铁、聚氯乙烯等高分子聚合物，这些材料对珊瑚没有吸引能力，且可能对环境造成二次污染。如果受到海浪和台风影响，移植的珊瑚就很难稳固在珊瑚礁上生长，死亡率会大幅上升。

为此，吴川良带领他的团队开始深入探索珊瑚的逃逸机制。"能不能把逃逸的珊瑚收集起来，重新附着？""这些小个体珊瑚更喜欢在什么样的材质上附着？""能不能根据珊瑚对附着材质的喜好程度，开发出新的应用材料？"

为了解决这个问题，吴川良及其团队研发构建出一种珊瑚主动接触、栖息，并在表面生长繁殖的珊瑚礁底质材料。这不仅极大地提高了珊瑚的存活率，加快了珊瑚礁修复进程，而且在珊瑚礁修复过程中也不会产生二次污染。与传统珊瑚礁修复材料相比，修复效果优势明显，还可以一揽子解决珊瑚礁修复中的难题。

2019年10月21日，吴川良率领研究团队签约入驻崖州湾科技城，"三亚珊瑚礁生态研究所"拥有了国内领先的实验室。

更为重要的是，研究所有一支非常年轻的团队，13名研究人员平均年龄不到35岁，硕士学历以上覆盖率达80%。大家在相同的价值观下埋头努力，展开珊瑚礁生物和其他生物构成的海洋生态系统研究、珊瑚礁生态修复技术研发、珊瑚礁健康评价机制研究等一系列高新技术项目与科学研究工作。

第三年，又在原有技术上创新研发，吴川良和他的团队开始真正迈入珊瑚礁生态修复领域的"专业赛道"。

吴川良的行为也感染了几个和他一样热爱海洋事业的年轻人，大家相继辞去原本安稳的工作，和他一起将研究所做大做强。

"可能很多人认为环境保护和经济发展之间是有矛盾的，很多时候甚至会面临二选一的难题。可是我们想做的却是在生态修复过程中，探索研究新的生态应用技术，以此助力地方政府发展蓝色经济，同时，进一步促进生态保护和相关研究。"在不断摸索前进中，吴川良对于研究所的构想越来越清晰，脚步也越来越扎实。

接手凤凰岛海域珊瑚礁生态系统修复时，经过反复调研考察，吴川良团队决定采用原生态修复与替代性修复相结合的方案，为珊瑚重新建造一个"家"：设立出了用钢筋混凝土浇筑、具有多维空间结构的人工生态礁体，一个礁体表面可移植100株左右的珊瑚种苗。并且，与金属人工礁体相比，这种礁体抗风浪能力更强、聚鱼效果更明显、造价也更低，方便珊瑚落户安家。

在拿到修复跟踪拍摄资料后，吴川良十分欣慰，因为"我们移植的珊瑚种苗成活率达到了80%以上，远超当初设定的修复目标，兑现了'还海底一个童话世界'的承诺"。

目前，吴川良和团队已扎根完成了十多项珊瑚礁现状调查、国家环保督察海洋生态修复、环境承载力等重大项目。研究所独立或联合其他科研团队共同修复的珊瑚礁区域已经超过40公顷；在凤凰岛海域开展的珊瑚礁生态修复更是达到了80%的修复成活率。同时，吴川良和团队还在海南海洋生态保护应用与推广领域产生了一定影响力，正为海南本土的海洋生态事业奉献着自己的一腔热血。

吴川良团队正在进行珊瑚保育相关实验。

留下碧海蓝天

鞠立新

海洋是地球生物多样性的重要来源之一，为人类带来了丰厚的宝藏。目前，全球海洋经济已是第七大经济体，到2030年前，还将再增长3倍。中国海域位于亚洲大陆东侧的中、低纬度带，跨越热带、亚热带和温带三个气候带，大陆岸线长达1.8万公里，海域分布有6500多个岛屿。据统计，中国管辖海域拥有20278种生物，拥有丰富的海洋生物资源、矿产、油气、滨海旅游、可再生能源资源，开发潜力巨大。

但随着人类活动以及各种因素的干扰，海洋生态环境和海洋生物安全受到严重影响，海洋生物多样性面临多重威胁，很多海洋物种濒临绝迹。据统计，全球40%的海域正在遭受人类活动的制约，诸如1978年"卡迪兹（Cadiz）号"油轮事件、1979年墨西哥湾井喷事件、2011年福岛核电站泄漏事件等，类似的污染事件使海洋生态环境严重恶化。全球海洋物种资源正在逐步衰竭，甚至濒临绝迹。由于过度捕捞，鲨鱼、金枪鱼、海龟等物种数量锐减。海洋生物多样性的威胁主要来自于污染和气候变化、过度捕捞、破坏性的捕捞作业方式、海底采矿、航运、铺设海底电缆和管道等。

在海洋污染面前，谁都无法独善其身，需要全球凝聚共识、全员参与治理。因为海洋是一个庞大的生产力系统，其生物量囊括地球上大部分生物，其生产力贡献值占全球生态系统总贡献值的2/3。目前，全球多数海洋自然保护区地处生态环境敏感脆弱区域，自然灾害、人为破坏的双重威胁一直存在，一地如果突发意外事件，生活在这一生态系统中的所有生命必受牵连。例如，全球海洋赤潮灾害就是因为大量污水排放入海，致使养殖业巨大经济损失，海洋生态遭受巨大破坏。在我国，上世纪70年代仅发现9次赤潮，但2001—2004年共发生赤潮371次，总面积超过6.6万平方公里。

对于海洋环境治理，中国历来高度重视，提出"海洋命运共同体"的理念，旨在让世界人民共同保护全球海洋资源，并一直积极努力取得一定成效。《2019年中国海洋生态环境状况公报》显示，中国海洋生态环境状况整体稳中趋好，海水环境质量总体得到改善。

目前，中国已经建立了较为完善的海洋自然保护区体系，由国家海洋局及其涉海部门建设并管理的海洋自然保护区已有60多处。在保护区的各项管理工作中，也相应制定了各种技术规范和标准，包括保护对象、类型等管理技术标准。尽管海洋自然保护区仍存在资金不足、装备不够先进等情况，但中国仍然坚持以自然保护为宗旨，积极开展各项管理工作。保护区在完善管理机构、健全管理体制、强化保护区的监察执法等方面进行了扎实有效的工作。

海洋保护工作任重而道远，唯有各国凝聚共识，政府、科研机构、媒体、企业、社会组织和公众一起加油，共同应对海洋污染、构建海洋命运共同体，才能为我们的子孙后代留下一片碧海蓝天。

新时代新步伐

人海共和谐 蓝色正能量

袁媛

修复珊瑚礁、捡拾垃圾、保护海洋生态，一群普通人无怨无悔地将全部力量投入到海洋生态保护事业中，用一己之力为人海和谐做贡献。

梅联村一览。

志愿者驾驶帆船在海上清理垃圾。

在第四届全国净滩公益活动深圳主会场上，深圳市蓝色海洋环境保护协会海洋环保大使、中国第一位沃尔沃环球帆船总冠军陈锦浩主动请缨，组织"蓝色守护帆船队"首航，出海清理海面垃圾，与海滩垃圾清理、海底垃圾清理形成闭环，全方位守护蔚蓝海洋。

在担任"蓝色守护帆船队"队长以前，陈锦浩一直致力于倡导和实践海洋环保，向

蔚蓝赤子心

小水手们传递海洋环保的知识理念，培养他们养成随手清理海洋垃圾的习惯。而与以往不同的是，这次出海清洁是在中国海洋发展基金会的支持下，使用特制的垃圾收集器收集海洋垃圾，大大降低了清洁难度，使海面清洁得到更好的推广。

净滩公益活动上，还有着更多像陈锦浩一样的公益人。

在2020年的全国净滩公益行动连云港分会场，不时会看到这样一个忙碌的身影，调试音响、发放物资……他，就是正在中国地质大学读研一的志愿者小朱。从初中开始，小朱就跟着爸爸志愿参加净滩活动。那时，他是热衷于捡拾垃圾的少年，如今，成长为志愿者团队的骨干。守护好家门口的海岸线，是他的梦想。

已经78岁的任爷爷是连云港市清洁海岸志愿服务中心志愿者团队的元老。只要通知有活动，任爷爷总是积极参与、场场不落下。大家担心任爷爷的身体和安全，可任爷爷却说，我要多为家乡的大海尽自己的一份力。

村里来了个年轻人

2011年5月，海南省三亚市崖州区梅联村迎来了一个既熟悉又特殊的年轻人。说熟悉，因为这个年轻人土生土长在这里；说特殊，是因为这个思念家乡、希望陪伴亲人的年轻人以一种全新的身份回到这里。他，就是"大学生村官"赵克攀。

初时，回到梅联村的赵克攀是心痛的，整个村子连一个垃圾桶也没有。日常生活产生的垃圾往哪丢？答案是——随便丢。那时的梅联村用"遍地垃圾"来形容一点也不为过。

在赵克攀的记忆里，家乡的沙滩干净又漂亮。那时，全村人都喜欢把席子铺在沙滩上睡觉。傍晚七八点的时候是最热闹的时刻，大大小小的渔船都满载而归。可再次回到家乡的赵克攀，看到的却是满地垃圾，昔日可以通宵打地铺的地方，如今散发着阵阵腥臭味。

赵克攀在读大学期间就经常参与海洋环境保护活动。从那时起，赵克攀就把"保护海洋"装进了心里。现在，面对梅联村遍地垃圾的状况，深感个人力量的渺小，他想到了"蓝丝带海洋保护协会"。"可不可以把蓝丝带海洋保护协会的护海理念和做法带到梅联村，可不可以和蓝丝带海洋保护协会一起推动梅联村改变。"当他把这些情况、想法和蓝丝带海洋保护协会的伙伴一说，立刻得到了大家的支持。

2013年，"渔业社区共管模式"示范项目落地梅联村，志愿者们做的第一件事就是给每家每户配上垃圾桶，给每条渔船也配上垃圾桶，宣传引导村民们爱护环境、保护海洋，从不乱扔垃圾开始。

然而在实际推广中却发生了意想不到的事情：拿到一个个崭新的垃圾桶后，村民们舍不得用来装垃圾，反而作为日常生活用品装起了大米、鱼虾等。无论赵克攀、志愿者们怎么做工作，村民们还是依然如故。没办法，志愿者又为村民们发放了第二个垃圾桶，赵克攀每天都组织村委会干部，开着拖拉机挨家挨户收垃圾。

最难的是，在宣传保护海洋，避免过度捕鱼、不规范养殖造成海洋生态破坏时，赵克攀和志愿者遇到了巨大的阻力。"你们来干吗，滚！""不打鱼，怎么活！"……可赵克攀毫不气馁，带着志愿者一家家做工作。同时，每周组织村民观看与保护海洋、保护生态有关的电影。他们还会在讲座、座谈会等各种配套宣传活动中，给村民们发放公益纪念品，每个纪念品上都有保护海洋生态的理念，从各方面培养、引导村民们养成保护海洋、爱护环境的意识。

渐渐地村民们有了变化，到了2015年，村民们大多都接受并认同保护海洋。期间，他们还在梅联村外围的东瑁岛、西鼓岛周围延伸3海里设置浮标，建立起珊瑚保护区，严禁捕鱼。

就这样，一年又一年，梅联村逐渐发生了翻天覆地的变化：村里不仅设置了垃圾处理中转站，还重新修路，进行绿化，修建了统一的排污排水管道等。如今，梅联村变成了一个美丽村庄，在2017年获得了"美丽乡村"的称号。

为了帮助村民在鱼越来越少的情况下找到第二个经济来源，赵克攀又和蓝丝带海洋保护协会一起推动打造"梅联村民宿试点"。带头"吃螃蟹"的村民腾出房间，改造成民宿；蓝丝带海洋保护协会则协助村民进行民宿推广。没想到，效果出奇的好，越来越多的"候鸟老人"喜欢上了这里，纷纷到梅联村小住。看到效果的村民们开始争先恐后地贴上门牌，将房间改造出租。2017年，全村民宿爆满，达到100%入住率；2018年，甚至出现了租客比本村人还多的局面。就连"专业化民宿"经营团队，也开始进驻梅联村。

梅联村民宿业的发展还很大带动了临近村落的民宿产业，梅西村、梅东村也相继引入民宿经营。每年10月到次年4月，梅联村、梅西村、梅东村就成了"候鸟老人"的旅居必选地。

2020年，在"渔业社区精准环保项目"中，蓝丝带海洋保护协会一方面聚焦渔业产业垃圾和休闲康养产业垃圾减量、处理；另一方面携手社会各界爱心组织举办"海洋文化+"阅读计划系列活动，通过艺术展、影像展、文明乡风墙绘等活动，打造有历史、有文化、有活力的艺术梅联村。

"依山傍海，这是村子的福气，而我们想做的，就是把村子变得更好、更美丽。"在这里担任"大学生村官"即将十年的赵克攀，希望明天的梅联会更好。

志愿者在梅联村清理垃圾。

本版图片均为资料图片

“脱碳”倒逼绿色转型

为应对全球气候变化，建设“美丽中国”，中国向国内外展示了助推生态文明建设的决心和目标：今年，在第七十五届联合国大会一般性辩论上，中国承诺在2030年前实现碳排放达峰、2060年前努力实现碳中和；在党的十九届五中全会上，中国确立了到2035年生态环境根本好转，广泛拥有绿色生产生活方式，碳排达峰后稳中有降。

事实上，相对于发达国家，中国应对气候变化的努力更艰辛：全国人均收入水平远未达到世界平均水平的80%。虽然道路艰辛，但中国人民应对气候变化的理念和方法，对世界绿色发展大有意义。

人与自然和谐共生是我国生态文明建设的重要目标。在应对气候变化工作中，我国逐步消除人为干扰生态系统的不良因素，递减超负荷的环境负担，努力实施可持续发展战略，建立健全生态文明统筹机制，促进经济社会发展生态转型。据统计，到今年年底，“十三五”规划纲要确定的生态环境保护领域的9项约束性指标将全面完成。

受疫情影响，国内外应对气候变化形势不稳定性增强，生态环境质量持续改善压力越来越大。我国仍是最大的发展中国家，发展不均衡的问题突出，有关应对气候变化的短板依然很多，要实现新达峰目标与碳中和目标，需要坚持绿色发展，通过卓绝的努力才能实现目标。

我国是最早签署《联合国气候变化框架公约》和《京都议定书》的国家之一。作为全球最大的温室气体排放国，相继出台了一系列措施：调整产业和能源结构、碳市场建设、增加森林碳汇等。此次第一次提出碳中和的中长期气候目标，倒逼"脱碳"引领社会发展。

我国将用不到10年的时间碳排达峰，不到30年的时间碳中和，"两步走"的应对气候变化战略也透露出"绿色低碳"将是"十四五"时期经济社会发展的重要目标之一。

碳达峰由"2030年左右"调整为到"2030年前"，说明减排任务分解速度加快，相关行业及地区需要在"十四五"期间努力达峰。中国在2060年前碳中和，将助推全球实现碳中和时间提前，对全球应对气候变化工作起到关键性作用。

实现"碳中和"目标，中国经济增长与碳排放要深度脱钩，随之而来的将是中国经济的结构性变革。机遇与挑战并存，2050年左右，中国非化石能源比重占一次能源消费比重将达到80%左右，产业调整、资产重估必然是艰巨的挑战，同时也将诞生新的发展机会。

全球经济的绿色发展，需要依赖发展方式的根本性转变。中国率先发起经济领域深度低碳转型的行动倡导，生产方式、消费方式、商业模式等将发生脱胎换骨的变化，中国的"碳中和"生态文明发展目标必将助推世界经济绿色发展。

《人民日报海外版》（2020年11月24日 第08版）

08 美丽中国　人民日报海外版　2020年11月24日　星期二

气候变化是人类面临的危机之一。中国作为最大的发展中国家，实施积极应对气候变化国家战略，将碳强度下降作为约束性指标纳入国民经济和社会发展规划，采取了调整产业结构、优化能源结构、节能提高能效、推进市场机制建设、积极增加森林碳汇等一系列政策措施，通过艰苦卓绝努力，提前完成2020年气候行动目标。今年，中国又在国际社会立下新承诺，在减碳进程中按下了快进键。

“高碳”将退出市场

由于人类活动产生的二氧化碳含量大幅升高，温室效应加剧，地球气温逐渐上升。因此，全球开始合作应对气候变化，努力控制温室气体排放。中国在这场全球行动中积极作为。今年，向国际社会承诺：在2030年前实现碳排放达峰，2060年前实现碳中和。

“一个最大的发展中国家敢于站出来，承诺提前达到碳排放峰值，进行碳中和，无疑给全球气候治理注射了一剂强心针。”“在全球应对气候变化动力匮乏、进展缓慢的情况下，能够明确把中国应对气候变化的目标以及国家自主贡献的内容清晰明确地提出来，对全球推进巴黎协定目标的落实意义非常重大，对中国的意义更重大。”中国社科院经济学部委员潘家华指出。

据了解，继中国提出2060年之前达到碳中和目标后，欧盟又把气候目标从与1990年相比减少55%碳排放，提高至减排60%，日本、韩国、英国等一些国家也相继提出了本国2050年实现碳中和的目标。

减排新目标对国内经济发展也将产生深远影响。专家认为，实现达峰乃至碳中和目标，二氧化碳排放必须大幅下降，将有力促进能源结构、产业结构不断调整优化，带动绿色产业强劲增长，最终高碳将退出历史舞台。

“人们对高碳的能源、产业、产品、消费的认知将发生改变，因为它们是没有未来的，最终是要退出历史舞台的。”潘家华分析，有了明确的预期，投资人会知道高碳投资是受到碳约束的，市场不看好，慢慢地，高碳就没有市场了。高碳被淘汰，对低碳技术创新的投资会加大。最终能够全方位稳步推进低碳进程，包括消费者的行为改变。

山西省运城市稷山县自行车运动协会百余名骑友来到县汾河湿地公园，倡导低碳出行。史港泽摄（人民图片）

减碳按下快进键

凤昇　张悦

碳市场效果显现

为进一步促进节能减排，一个低成本、高效能的碳交易机制——碳市场应运而生。按照中国政府向联合国气候变化框架公约秘书处提交的应对气候变化国家自主贡献文件的要求，到2020年，中国要建立起相对完善的碳排放权交易机制。

2011年10月，国家发展改革委批准北京、上海、天津、重庆、湖北、广东和深圳等7省市开展碳交易试点工作；2013年，中国试点碳市场开始交易；从2017年开始，全国碳排放交易体系建设启动，31个省区市及新疆生产建设兵团逐步被纳入全国碳排放权交易范围，碳市场逐步稳定运行。

越来越多的企业通过参与碳市场交易提高了减碳意识，节能减排成了企业的自觉行为。“以往节能减排目标是从中央到地方逐级传递，而现在已成为企业自发自觉的选择，因为碳排放管理已经与企业的盈利、投资、现金流直接挂上了钩。”湖北碳排放权交易所有限公司总裁高兴安说。

作为最早的试点城市，近年来上海碳交易工作日趋成熟。目前，上海环境能源交易所已经逐步完善了碳排放权交易体系框架。截至2020年10月30日，上海市纳入碳排放配额管理的企业已全部完成2019年度碳排放配额清缴。至此，上海碳排放企业已连续7年实现100%履约。就减排成效来说，上海2019年电力热力行业、石化化工行业、钢铁行业碳交易企业碳排放量分别下降8.7%、12.6%和14%。

目前，全国碳市场试点范围内的碳排放总量和强度保持双降趋势。截至今年8月，北京等试点省区市碳市场共覆盖钢铁、电力、水泥等20多个行业，接近3000家企业，累计成交量超过4亿吨，累计成交额超过90亿元。共有2837家重点排放单位、1082家非履约机构和11169个自然人参与试点碳市场。2020年，中国已成长为配额成交量规模全球第二的碳市场！

减碳如火如荼

实现碳中和的关键之一是减少煤炭的使用。自“十一五”以来，中国在每个五年规划中都确立节能减碳的约束性目标，并分解到各省区市，强化各级政府目标责任制。从“十二五”起，中国以单位GDP碳排放强度下降这一系统性、约束性目标为抓手，促进低碳发展。

在提升能源效率方面，中国较早采用“超超临界”发电技术，发1千瓦时电仅需270克煤；钢铁、水泥等高能耗产业的能耗大幅下降……仅2016—2019年，中国节能提高能效工作的效果，相当于减少二氧化碳排放14亿吨。

在改善能源结构方面，截至2019年底，中国碳强度较2005年降低约48.1%，非化石能源占一次能源消费比重达15.3%。同时，增加零碳可再生能源的使用。中国可再生能源领域专利数、投资、装机和发电量连续多年稳居全球第一，风电、光伏的装机规模均占全球30%以上。

同时，中国实施大规模植树造林，森林碳汇大幅提升。2018年，森林面积、森林蓄积量分别比2005年增加4509万公顷、51.04亿立方米，成为近期全球森林资源增长最多的国家。

社会各界还逐渐转变能源消费观念，各种低碳环保产品越来越受青睐。2010年以来，中国新能源汽车以年均翻一番的增速增长。

在各地减碳行动中，深圳走在了前列。深圳是中国经济发展大市，近五年碳排放只增长了400万吨，主要因为深圳优化产业结构，向高附加值产业转型，单位产出增长和碳排放开始逐渐脱钩。

哈尔滨工业大学（深圳）经管学院教授唐杰介绍，建设坪山新能源汽车基地是深圳降低燃油车排放采取的有效措施之一。深圳上万辆公交巴士和出租车完成替换，这些车的替换数量相当于1万辆公交巴士和出租车替代60万私家车产生碳排放当量；深圳淘汰低端企业上万家，鼓励发展高附加值和新能源产业；深圳还最早在全国设立生态线，规定内的土地不能开发，并且不断恢复被破坏的植被，建设生态景观林，对空气和碳减排有很重要的作用。

为实现达峰目标，生态环境部表示，“十四五”规划将有一系列硬措施，不仅包括指标设定，还包括更好地借助市场手段，综合运用科技、财税、环保等政策，更好推进高质量发展。

第十二届中国国际新能源大会暨展览会在江苏无锡举行。展览方面集中展出太阳能光伏、新能源汽车充电桩等领域的新产品和新技术。图为展会现场。　戚善成摄（人民图片）

古泉换流站是一条将新疆风电、光伏等清洁能源与东部负荷中心连接的大通道，将新疆丰富电能源源不断送达安徽直抵华东。图为技术人员进行送电前验收。　宋卫星摄（人民视觉）

河北省遵化市各中小学校组织开展利用废旧物品手工小制作活动，引导学生树立勤俭节约意识和低碳环保意识。图为小学生在参观废品利用手工作品展览。　刘满仓摄（人民图片）

江西省赣州市会昌县周田镇零星农业区利用荒山坡和坡台、农房屋顶安装光伏发电板，建成20兆瓦集中式光伏扶贫电站。　朱海鹏摄（人民图片）

气候影视助力绿色复苏

本报电（记者罗兰）第五届中国国际气候影视大会日前在深圳召开。本届大会旨在通过影视手段提升社会关注生态环境的意识。

影视大会是中国首个以“应对气候变化”为主题、以影视为传播手段的绿色公益活动。本届大会主题是气候变化与绿色复苏，同时设有“气候变化与企业环境责任”“气候变化的风险与治理”两个平行论坛。

大会是在生态环境部应对气候变化司和中国气象局科技与气候变化司指导下，由深圳市科普研究院（凯福文化）于2015年创办的。大会通过影视作品征集推优、行业专业论坛、科普讲座、公益展映、能力工作坊的形式宣传普及气候变化知识、理念，从多视角、多层面反映中国和各国应对气候变化、生物多样性、环境综合治理、海洋保护等方面的行动和成效，动员全社会从自我做起，积极应对气候变化，加大节能减排和绿色转型，倡导践行绿色生活。大会作为深圳科技影视周核心项目列入“深圳城市文化菜单”，作为优秀案例连续三年入选由国家发改委和生态环境部发布的《中国应对气候变化政策与行动》白皮书。大会组委会代表连续五年受邀随中国政府代表团参加联合国气候变化大会，展示并传播中国民间应对气候变化的故事。

在本届影视大会征集的中外作品中，《外来生物防治》（中国）和《绿野漫生》（印度）获得金奖，以三门峡湿地取景拍摄的自然电影《鹅世界》获得银奖。

“脱碳”倒逼绿色转型

鞠立新

为应对全球气候变化，建设“美丽中国”，中国向国内外展示了路径生态文明建设的决心和目标：今年，在第七十五届联合国大会一般性辩论上，中国承诺在2030年前实现碳排放达峰、2060年前努力实现碳中和；在中共十九届五中全会上，中国确立了到2035年生态环境根本好转、广泛形成绿色生产生活方式、碳排放达峰后稳中有降。

事实上，相对于发达国家，中国应对气候变化的努力更艰辛；全国人均收入水平远未达到世界平均水平的80%。虽然道路艰辛，但中国人民应对气候变化的理念和方法，对世界绿色发展大有意义。

人与自然和谐共生是我国生态文明建设的重要目标。在应对气候变化工作中，我国逐步消除人为干扰生态系统的不良因素，适度减负荷的环境负担，努力实施可持续发展战略，建立健全生态文明统筹机制，促进经济社会发展全面转型。据统计，到今年年底，“十三五”规划纲要确定的生态环境保护领域的9项约束性指标将全面完成。

受疫情影响，国内外应对气候变化形势不稳定性增强，生态环境质量持续改善压力越来越大。我国仍是最大的发展中国家，发展不均衡的问题突出，有关应对气候变化的短板依然很多，要实现新达峰目标与碳中和目标，需要坚持绿色发展，通过卓绝的努力才能实现目标。

我国是最早签署《联合国气候变化框架公约》和《京都议定书》的国家之一。作为全球最大的温室气体排放国，相继出台了一系列措施：调整产业和能源结构、碳市场建设、增加森林碳汇等。此次第一次提出碳中和的中长期气候目标，倒逼“脱碳”引领社会发展。

我国将用不到10年的时间碳排达峰，不到30年的时间碳中和，“两步走”的应对气候变化战略也透露出“绿色低碳”将是“十四五”时期经济社会发展的重要目标之一。

碳达峰由“2030年左右”调整为到“2030年前”，说明减排任务分解速度加快，相关行业及地区需要在“十四五”期间努力达峰。中国在2060年前碳中和，将助推全球实现碳中和时间提前，对全球应对气候变化工作起到关键性作用。

实现“碳中和”目标，中国经济增长与碳排放要深度脱钩，随之而来的将是中国经济的结构性变革。机遇与挑战并存，2050年左右，中国非化石能源比重占一次能源消费比重将达到80%左右，产业调整、资产重估必然是艰巨的挑战，同时也将诞生新的发展机会。

全球经济的绿色发展，需要依赖发展方式的根本性转变。中国率先发起经济领域深度低碳转型的行动倡导，生产方式、消费方式、商业模式等将发生脱胎换骨的变化，中国的“碳中和”生态文明发展目标必将助推世界经济绿色发展。

鱼鸥翔集　人海和谐

海洋是人类宝贵的财富，保护海洋生态环境是全球责任。中国是一个海洋大国，拥有辽阔的海域、丰富的海洋资源，以及海湾、河口、海岛、盐沼、滩涂、海草、红树林、珊瑚礁等众多类型的海洋生态系统。当前，中国把保护海洋生态环境作为一个重大战略，同时，努力助推海洋环境保护的国际合作，主动肩负起国际责任和义务。

自上世纪 80 年代以来，中国加大海洋保护区建设力度，保护区数量迅速增加，海洋环境凸显出外海水质良好的态势。截至 2019 年底，全国海洋保护区已建立 271 个，总面积约 12.4 万平方公里。

本世纪初，中国启动海洋保护工作的系统部署，最近发布的《中国海洋保护行业报告》（2020）认为，以渔业资源养护为最初的切入点，海洋保护理念逐渐在政策序列中得到明晰。如今生态优先、绿色发展的原则已经贯穿于整个涉海领域。

捕捞是影响海洋生态系统最重要的因素，针对这一问题，中国采取许多措施，包括制定国家保护动物名录、制定休渔与减船制度、建立各种保护区和保护站、制止非法贸易、救助和人工孵化等，有效保护了海洋资源。

近年来，沿海省份普遍把海洋作为新旧动能转换的重要领域，把发展海洋新兴产业作为新的经济增长点。在海洋经济不断增长的同时，海洋资源保护也取得了明显成效：长期存在的乱占岸线湿地、违法围填海和违法向海排污行为已得到初步遏制；海洋污染情况有所改善，2019 年，全国近岸海域水质总体稳中向好，优良（一、二类）水质海域比例达到 76.6%，比 2016 年上升 3.7 个百分点；通过实施“蓝色海湾”“南红北柳”等生态工程，已累计建立各类海洋保护区 270 余处，整治和修复海岸线 200 多公里、修复滨海湿地 5800 多公顷。

海洋生态环境保护是生态文明建设的重要内容，是美丽中国建设的重要组成，是海洋强国建设的重要基础，是推进经济高质量发展的重要依托，是生态环境高水平保护的重要领域，是深度参与全球治理的重要抓手。今年，《全国海洋生态环境保护“十四五”规划》以更高的战略定位，统筹了海洋保护的相关事务。

生态环境部表示，海洋生态环境保护“十四五”规划编制要以“美丽海湾”为统领，扎实推动海湾生态环境质量改善，让公众享受到“水清滩净、岸绿湾美、鱼鸥翔集、人海和谐”的美丽海湾。

目前，海洋生态环境保护工作依然面临诸多问题和挑战，比如陆源污染排放量大，近岸海域水质改善成效还不稳固；海洋生态环境脆弱，海洋生态退化趋势尚未得到根本遏制；海洋生物多样性受损，海洋赤潮、浒苔等生态灾害仍处于多发期等。

对于未来海洋生态环境保护，国家主管部门强调，要用新体制凝聚新优势，用新思路谋划新突破，在新起点上奋力开创海洋生态环境保护新局面。具体做法上，将加快健全完善海洋生态环境保护的法律法规和制度体系；加快解决突出的海洋生态环境问题；强化海洋生态、陆源排污、海上排污和企业监管；加快打造海洋生态环境监测队伍、监管应急队伍、技术支撑队伍和执法队伍；践行“海洋命运共同体”理念，深化与“一带一路”国家和全球主要海洋国家的合作，努力为保护全球海洋生态环境发挥积极作用。

《人民日报海外版》（2020 年 11 月 10 日 第 08 版）

08 美丽中国　人民日报海外版　2020年11月10日　星期二

鱼鸥翔集　人海和谐

鞠立新

海洋是人类宝贵的财富，保护海洋生态环境是全球责任。中国是一个海洋大国，拥有辽阔的海域，丰富的海洋资源，以及海湾、河口、海岛、盐沼、滩涂、海草、红树林、珊瑚礁等众多类型的海洋生态系统。当前，中国把保护海洋生态环境作为一个重大战略，同时，努力推动海洋环境保护的国际合作，主动肩负起国际责任和义务。

自上世纪80年代以来，中国加大海洋保护区建设力度，保护区数量迅速增加，海洋环境凸显出外海水质良好的态势。截至2019年底，全国海洋保护区已建立271个，总面积约12.4万平方公里。

本世纪初，中国启动海洋保护工作的系统部署，最近发布的《中国海洋保护行业报告》(2020)认为，以渔业资源养护为最初的切入点，海洋保护理念逐渐在政策序列中释放明晰，如今生态优先、绿色发展的原则已经贯穿于整个涉海领域。

渔捞是影响海洋生态系统最重要的因素，针对这一问题，中国采取许多措施，包括制定国家保护动物名录、制定休渔与减船制度、建立各种保护区和保护站、制止非法贸易、救助和人工孵化等，有效保护了海洋资源。

近年来，沿海省份普遍把海洋作为新旧动能转换的重要领域，把发展海洋新兴产业作为新的经济增长点。在海洋经济不断增长的同时，海洋资源保护也取得了明显成效：长期存在的乱占岸线湿地、违法围填海和违法向海排污行为已得到初步遏制；海洋污染情况有所改善。2019年，全国近岸海域水质总体稳中向好，优良（一、二类）水质海域比例达到76.6%，比2016年上升3.7个百分点；通过实施“蓝色海湾”“南红北柳”等生态工程，已累计建立各类海洋保护区270余处，整治和修复海岸线200多公里、修复滨海湿地5800多公顷。

海洋生态环境保护是生态文明建设的重要内容，是美丽中国建设的重要组成，是海洋强国建设的重要基础，是推进经济高质量发展的重要依托，是生态环境高水平保护的重要领域，是深度参与全球治理的重要抓手。今年，《全国海洋生态环境保护“十四五”规划》以更高的战略定位，统筹了海洋保护的相关事务。

生态环境部表示，海洋生态环境保护“十四五”规划编制要以“美丽海湾”为统领，扎实推动海湾生态环境质量改善，让公众享受到“水清滩净、岸绿湾美、鱼鸥翔集、人海和谐”的美丽海湾。

目前，海洋生态环境保护工作依然面临诸多问题和挑战，比如陆源污染排放量大，近岸海域水质改善成效还不稳固；海洋生态环境脆弱，海洋生态退化趋势尚未得到根本遏制；海洋生物多样性受损，海洋赤潮、浒苔等生态灾害仍处于多发期等。

对于未来海洋生态环境保护，国家主管部门强调，要用好体制凝聚新优势，用新思路谋划新突破，在新起点上奋力开创海洋生态环境保护新局面。具体做法上，将加快健全完善海洋生态环境保护的法律法规和制度体系；加快解决突出的海洋生态环境问题；强化海洋生态、陆源排污、海上排污和企业监管；加快打造海洋生态环境监测队伍、监管应急队伍、技术支撑队伍和执法队伍；践行“海洋命运共同体”理念，深化与“一带一路”国家和全球主要海洋国家的合作，努力为保护全球海洋生态环境发挥积极作用。

新时代新步伐

保护海洋：小人物　大能量

蔚蓝海洋是地球生命的摇篮、人类文明的航程，为人类生存发展提供了重要的空间资源和物质保障。在保护海洋生态环境的队伍中，有这样一群普通人：渔民、画家、潜水员、公益人等。虽然每个人能力有限、影响力有限，但他们都希望通过自己的“小能量”，一点点地影响身边人，逐步凝聚成整个社会关注海洋保护的“大能量”，以此推动海洋生态保护。

在海口市西秀海滩附近海域，帆船运动爱好者驰骋在浩瀚的海面上。

王程龙摄（人民图片）

其他图片均为资料图片

林永法：“渔老大”的海洋情

提起林永法，那可是风云人物，这位浙江省宁波市象山县“渔老大”，2008年被选为北京奥运会火炬手，参加了奥运火炬在杭州湾跨海大桥上的传递，当年被评为中国十大感动海洋人物，一直致力于海洋环保事业。

虽然是一个再普通不过的渔民，可他却做着联合国都关注的事情。不仅参与伏季休渔活动，保护幼鱼，并带头在自己的渔船上控制油污水排放，坚持不抛弃不可降解废弃物，以实际行动保护海洋环境。2000年，林永法更联合其他20位船老大，发起了中国渔民“蓝色海护志愿者”行动，并喊出“善待海洋就是善待人类自己”的口号。2001年，通过电子邮件和漂流瓶，他们向联合国和环太平洋20多个沿海国家元首呼吁全世界人民共同保护海洋，得到热烈响应。联合国秘书长安南和新西兰等国家元首均回信表示赞赏和支持。

就是这样一位因为受益于海洋，更懂得需要保护海洋的渔民，多年来持续参与公益净滩活动。每年的“全国净滩公益行动”现场，都能看到他卖力捡拾海岸垃圾的身影。面对捡不完的海岸垃圾，林永法痛心疾首，他呼吁，这些垃圾在伤害海洋，大家要携手保护海洋。

将忆：护豚女神之爱

李煜：带着孩子们保护海洋

李波：潜入海底清理垃圾

任增颖：海水江豚也是江豚

农民要富　农村要美

绿色农业对建设美丽乡村意义重大，是美丽乡村建设的基石。美丽乡村建设的本质是改善农村生态环境，提高农民生活水平，形成绿色发展方式和生活方式。绿色农业是汲取生态、产业化的精华，以农产品安全生产为抓手，以高效生态系统良性循环为目标的先进发展方式。

农业绿色发展与美丽乡村建设融合发展的宗旨是通过立体种养、农牧结合，提升农产品质量，提高劳动生产率和污染防控率，带动农民致富，同时，使山水林田湖草资源得到保护。

农民要富，农村要美。建设美丽乡村，打造绿色农业需要注意以下四点：

第一，要优化农业产业布局，逐步建立起农业生产力与资源环境承载力相匹配的农业发展新格局。加强生态循环农业建设，着力推进农业资源利用节约化、生产过程清洁化、产业链条生态化、废弃物利用资源化。

第二，打好农业污染治理攻坚战。深化乡村产业供给侧结构性改革，减少污染物堆积，避免对生态环境造成损害。注重协同自然资源经营与管理，最小限度使用化肥、农药等资源，推广立体种植，提高土地产出率，推动生产过程生态化，积极探索生态产业化道路。

第三，创建绿色农业品牌。我国具有地域辽阔、物产丰富，农产品区域性、差异性特征明显等品牌基因，具有打造绿色优质农业品牌的条件。农业品牌关键是要靠企业构建、靠市场优胜劣汰。

第四，构建绿色发展政策体系。推动农业绿色发展，构建美丽乡村关键在于体制机制创新。要建立政策的激励机制、法律的约束机制、市场的选择机制、科技的支撑体系。

《人民日报海外版》（2020 年 10 月 20 日 第 08 版）

08 美丽中国　人民日报海外版　2020年10月20日　星期二
责编：罗兰　邮箱：dzzb8888@163.com

美丽乡村建设离不开农业面源污染治理。农业面源污染包括生活污水、农药化肥、秸秆废弃物等，更包括大量畜禽养殖废弃物。针对畜禽养殖污染，多地推行生态养殖，鼓励种养结合。许多农民朋友、科研人员不断摸索生态养殖技术，使土地、畜禽实现无污染、绿色循环，使养殖废弃物实现资源化利用。

生态养殖扮靓美丽乡村

王卉

自然循环

蚊虫乱飞，粪臭扑鼻，这是人们对一些拥有上规模养殖场的村庄的印象。那些上规模的养殖场，饲养量大，畜禽粪便清理难度大，整个养殖场又臭又脏。一位村民就投诉说，家附近养猪的农户好几家，养殖规模在几十头到几百头，由于猪粪猪尿没有清理，污水横流，臭气熏天。

“当前畜禽养殖污染已经成为农业面源污染的重要来源，破解粪污综合利用问题迫在眉睫。”几年前，农业部副部长于康震表示。破解粪污综合利用，生态养殖是重要选项。农业农村部发布的《2020年农业农村绿色发展工作要点》提到，要优化种养结构，推行标准化生产，发展生态健康养殖。

生态养殖是指根据不同养殖生物间的共生互补原理，利用自然界物质循环系统，在一定的养殖空间和区域内，通过相应的技术和管理措施，使不同生物在同一环境中共同生长，实现保持生态平衡、提高养殖效益的一种养殖方式。

其中，以种养循环为核心的生态农业受到欢迎。在这样的循环系统中，植物生产动物所需的食物，微生物扮演着分解者的角色，分解动物排泄物，成为植物的饮料。微生物也与植物共生，帮助植物吸收土壤中的养分。当动物吃了以自己排泄物经微生物分解后而成种的植物后，形成了营养防疫，增强动物自身免疫力。养殖（动物）与种植（植物）的结合形成一个自然的营养和防疫循环。

种养循环的模式合适于以小农户为主体的农村。这样的小循环去除了化肥农药的使用，除了降低生产成本、产出健康高优的农产品外，还让农村生态环境可持续修复，形成一个让农民增收并改善生活品质的良性循环。

最近，中国科学院植物研究所研究员蒋高明团队在国际期刊上发论文，发现畜禽粪尿是生物固氮最大贡献者。蒋高明说：“长期以来人们认为，离开化肥生产不出足够的粮食来。实际不是。”这项研究为我国种养循环的高效生态农业发展提供了理论支撑。

比如，在蒋高明团队所办的弘毅生态农场，300头牛产出了大量有机肥，约养地600亩。弘毅生态农场的土地“六不用”，杜绝使用化肥、农药、除草剂、地膜、激素与转基因种子，杂草也被利用起来养地。产量只在10年前就实现了吨粮田，亩产有机小麦玉米2000斤以上，且一直稳产高产至今。

变废为宝

在刚刚过去的国庆节假日期间，李云凤也没有闲着，带着学员帮助合作社秋收，拉玉米秸秆给发酵床下的猪舍，上山采集微生物，制作各种生态农资。

李云凤是长春市云凤农牧专业合作社理事长，在后疫情世界乡村复兴大会组委会、山西农业大学共同主办的首届世界乡村复兴大会上，荣获了大会颁发的神农奖。

李云凤研究出的生态农业种养相结合的“发酵床养猪法”，使玉米地、猪舍、厕所实现无污染和纯绿色的生态循环链，经过近17年的发展实践，将生态有机农业技术传播到更广袤的农村土地，带领更多的农民朋友增收致富。

自2004年起，李云凤在凯旋巧台下发现了发酵床养猪，与解放军兽医大学毕业的畜牧师李佳杰共同将发酵床技术本土化。发酵床养猪技术的核心在于人、动物、植物、微生物的合理搭配。发酵床中的微生物将猪的粪尿分解，变成菌体蛋白并释放热量，菌体蛋白能起到防疫的作用。微生物以猪的粪尿为食物，产生菌体蛋白，菌体蛋白又被猪本身食用，这就是迭补防疫。

合作社的生态猪养殖方式打破了传统养猪污染环境和疫病防治两大绕不开的难题。即使在非洲猪瘟横行的时候依然可以随意参观，并且采用“政府+公司+合作社+农户”生产模式，推广庭院经济，实施社员领养和订单式营销方式，带动几百位生产者社员（村民）及消费者社员（市民），合作生产，共同盈利。

2016年开始，他们依广生态农业联盟省县乡服务站，由归乡大学生指导当地农民从事生态养殖。现已组建吉林、北京、上海、内蒙古、陕西、河南、山西、福建等12个省份，25个服务站，带动千余户农户从事生态养殖。

“我们的种养循环是遵循大自然的规律，杜绝了化学品的投入，可以很好地涵养土地，并能生产出高品质农产品，对空气和地下水也有很好的保护作用，农民一家一户都能操作参与其中。”李云凤说。

专家评价，李云凤的发酵床养猪技术能节约饲料20%以上，节水80%以上，农作物副产品循环利用，又节省劳动力，还能够防疫病，医药费能节省80%左右，同时猪圈无臭味、无蚊蝇，能进行大众化生产。

生态养殖既是政府的要求，也是人们生活水平日益提高的要求。近些年来，生态养殖逐渐在各地兴盛起来。诸如一些地方实施的沙地散养猪模式；广西农业部门积极推广的“微生物+高架网床”“微生物+华溢链板+自动翻抛+异位发酵”等生态养殖模式；多年从事畜产业研究的重庆海田林业科技有限公司董事长任宏荣等推动的桑叶生态养殖模式；浙江桐乡市华腾牧业不仅零排放，还把猪粪猪尿都变废为宝的生态养殖模式……

生态养殖所采用的种养循环方式，把整个畜禽排泄物处理好、利用好，又让有机种植有了充分的养分来源，使农村生活环境更加美好。

题图：湖南省永州市蓝山县土市镇三广村一带，金黄稻田与高速路、新农村辉映成景，美不胜收。

黄春涛摄（人民图片）

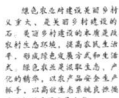

眉山：小乡村变繁华公园

杨波

成都向南100公里，是仁寿县禄加镇天峨乡双茶村和红岸社区。这里地处丘陵地貌的边缘地带，形成了深丘地形和山地地形相结合的独特地貌，林木茂盛，耕地少，开垦难。由于地理位置偏僻，这里一度缺乏现代化产业，当地村民只有外出打工才能生活。

山清水秀的美丽生态是这里最宝贵的资源——茶灵谷的森林覆盖率达到80%以上，遍布的油茶树、松林、竹林，对人体健康有益的负氧离子含量可达到每立方厘米1300—1600个。在“绿水青山就是金山银山”的理念指导下，当地政府决定在不破坏自然环境的情况下发展旅游观光产业，带动产业现代化，打开村民致富的新路子。这一理念吸引了广泛的关注和投资，仁寿创森文化旅游发展有限公司出资1.61亿元，在此全面建设西南地区首家山地运动公园——天府茶灵谷山地运动公园。

园区占地1300余亩，历经近两年规划建设成功。园区依托茶灵谷“山、林、谷、田、村”有机融合的广袤空间，打造了一座集森林探险、休闲度假、亲子娱乐、营地教育于一体的高标准、国际范的综合性山地运动公园。

同时，依托园区内数百亩百年老茶林，通过冷榨冷提工艺生产的百年古树山茶油—茶灵谷有机山茶油也成功上市，只销往各大电商平台和线下商场销售。精深加工的产品山茶油洗护系列以及特色旅游商品受到游客欢迎。

今年10月1日，公园举行了盛大的开园试营业仪式。随着园区开放，曾经的穷乡僻壤、冷清山野的地方将变成熙熙攘攘、热闹繁华的公园。

在江苏省淮安市金湖县塔集镇荷韵小镇，淮阴师范学院美术学院大学生志愿者用手中的画笔和彩色颜料，美化乡村外墙。

王昊摄（人民图片）

10月18日，浙江省宁波市全民健身季“美丽乡村健身行”系列活动暨“云上大堰”旅游文化节开幕式在西岷村进行，上千名游客、户外运动爱好者参加了活动。图为游客体验水稻人工脱粒。　严龙摄

盘州：农网升级照亮网红村

李寨　刘菲菲

在刚刚过去的国庆、中秋长假，贵州六盘水盘州市普古乡娘娘山、卧落村等“网红”景区游客爆满。参天古树、小桥流水、错落别致的民居，在山水画卷中，洋溢着人们幸福的笑脸。

“自从实施农网升级改造后，充足的电力为山乡振兴注入了源源不断的动力。”贵州六盘水盘州市普古乡卧落村主任黄高华说。有了电力支撑的卧落村“复活”了，很多农民开起了农家乐、民宿，成了游客爆满的“网红村”，给村民带来不少“真金白银”，真正让绿水青山变成了金山银山。

乡村振兴，离不开产业振兴。充足可靠的电力是乡村产业振兴的基础，尤其是纯农业乡镇的小微企业。

在普古乡普古村森木木业有限公司木制品加工基地，这家从事木制品加工的小微企业正有序生产着，公司的负责人是在外打工多年的邻村人余един。看到家乡发展得越来越好，基础设施越来越完善，今年5月他毅然回乡创业，生意蒸蒸日上。

而这片企业所在地之前是一片荒地。南方电网六盘水供电局为对接乡村振兴发展新需求，2018年在街上新安了两台容量400千伏安的变压器，可以满足像森木木业公司一样的20家左右小微企业的用电，还能满足当地200户居民用电。

农民要富　农村要美

鞠立新

绿色农业对建设美丽乡村意义重大，是美丽乡村建设的基石。美丽乡村建设的本质是改善农村生态环境，提高农民生活水平，形成绿色发展方式和生活方式。绿色农业是汲取生态、产业化的精华，以农产品安全生产为抓手，以高效生态系统良性循环为目标的先进发展方式。

农业绿色发展与美丽乡村建设融合发展的宗旨是通过立体种养、农牧结合，提升农产品质量，提高劳动生产率和污染防控率，带动农民致富，同时，使山水林田湖草资源得到保护。

农民要富，农村要美，建设美丽乡村，打造绿色农业需要注意以下四点：

第一，要优化农业产业布局，逐步建立起农业生产力与资源环境承载力相匹配的农业发展新格局。加强生态循环农业建设，着力推进农业资源利用节约化、生产过程清洁化、产业链条生态化、废弃物利用资源化。

第二，打好农业污染治理攻坚战。深化乡村产业供给侧结构性改革，减少污染物堆积，避免对生态环境造成损害。注重协同自然资源经营与管理，最小限度使用化肥、农药等资源，推广立体种植，提高土地产出率，推动生产过程生态化，积极探索生态产业化道路。

第三，创建绿色农业品牌。我国具有地域辽阔、物产丰富，农产品区域性、差异性特征明显等品牌基因，具有打造绿色优质农业品牌的条件。农业品牌关键是要靠企业构建、靠市场化继发展。

第四，构建绿色发展政策体系。推动农业绿色发展，构建美丽乡村关键在于体制机制创新。要建立政策的激励机制、法律的约束机制、市场的选择机制、科技的支撑体系。

新时代新步伐

俯瞰安徽省铜陵市义安区西联镇犁桥村，白墙红瓦的房舍和绿树田野融为一体，优美的自然景观和现代气息的乡村相映成趣，勾勒出一幅色彩斑斓的秋日田园画卷。

陈晨摄（人民视觉）

科学有序转产护生

近年来，因非法野生动物交易、捕捞过度等原因，致使全球环境污染情况加重、生物多样性遭到破坏。今年初，全国人大常委会表决通过关于全面禁止非法野生动物交易、革除滥食野生动物陋习、切实保障人民群众生命健康安全的决定。今年 5 月至 7 月，全国人大对 31 个省实现了执法“全覆盖”检查。检查结果显示，各地区各部门实施野生动物保护法成效明显。

据悉，中国人工繁育动物物种主要涉及蛇类、雁鸭类、雉鸡类、竹鼠、豪猪、果子狸等六大类，涉及从业人员约 244358 人。野生动物养殖产业人员多、产值大，退出转产、处置补偿工作经济压力较大。但为防止生态环境进一步恶化，避免野生动物资源过度消耗，中国从长远利益出发，对野生动物养殖户实施转产就业，帮助养殖场户合法合规经营有序有效转型转产，这是扭转生态环境进一步恶化的关键举措。

养殖户面临转产就业问题，再加上这些就业者年龄偏大、技术单一，转产就业的困难可想而知。中国相关各部门坚持分类施策、精准帮扶，切实抓好养殖场户的就业安置工作。

通过科学渠道实现养殖场户转产就业非常重要。笔者认为，首先，发展产业渠道安置转产人员，对属于禁养品种的禁止继续养殖、对属于禁食范围的调整养殖结构，发挥养殖设施作用。其次，采取市场化运作，各地结合实际出台以食用为目的的人工繁育野生动物退出补偿相关配套制度，依规解决受影响的养殖户的实际问题。此外，加大投入力度，对符合条件的项目予以支持。特别是保证贫困养殖户不减收不返贫。另外，务工就业安置渠道不可小觑。充分运用农业生产、工程建设、企业纳贤等就业渠道，加大岗位推送力度。

对创业的养殖场户，还应积极开展创业培训、指导和服务，支持各地设立创业孵化基地，对养殖场户创业，按规定给予补贴，对于资金不足的，及时落实创业担保贷款政策。同时，注重兜底帮扶安置渠道。对大龄、长期未就业的养殖场户，提供“一对一”的援助服务和针对性政策帮扶。

《人民日报海外版》（2020年10月13日第08版）

08 美丽中国 人民日报海外版 2020年10月13日 星期二
责编：罗兰 邮箱：dzrb8888@163.com

全国人大常委会表决通过关于全面禁止非法野生动物交易、革除滥食野生动物陋习、切实保障人民群众生命健康安全的决定，野生动物养殖转产转型迫在眉睫。各地积极采取措施，帮助养殖场户“腾笼换鸟”，有序有效转型转产。广西是人工繁育陆生野生动物重点省区，蛇类、竹鼠类数量分别占全国的70%、60%。今年以来，广西为养殖户量身订制转型方案，采取兑现补偿款、小额信贷扶持、产业奖补等措施，指导帮助养殖户转型转产，巩固脱贫成效。

广西桂林市龙胜各族自治县伟江乡各村寨处处洋溢着丰收的喜人景象。

潘志祥摄（人民图片）

广西：野生动物养殖户“腾笼换鸟”

本报记者 庞革平

兑现补偿款

走进广西贺州市昭平县黄姚镇北莱村原竹鼠养殖基地，“咕咕咕”鹧鸪低鸣声此起彼伏。

“70天就出栏7300多羽鹧鸪，毛收入11万多元。下一步，我们将通过基地带动更多的贫困户参与鹧鸪养殖。”昭平粤桂协作鹧鸪产业养殖基地负责人晶金才开心地说。

昭平县扶贫办主任彭斌说，他们将大力扶持辖区原来养竹鼠的500人转型养鹧鸪，养殖户年收入有望增加3万元以上。

“存栏的2938只竹鼠，政府全部进行了妥善处置，我领到了52.88万元补偿款。”百色市田东县义圩镇渤晓村贫困户黄日近打算用补偿款新建一家养猪场。

为妥善做好野生动物养殖补偿处置工作，确保从事蛇类、竹鼠、蛙类等人工繁育野生动物的贫困户不直接因此返贫，今年6月16日，广西壮族自治区林业局和自治区财政厅联合印发《广西人工繁育陆生野生动物处置指导意见》，及时采取政策兜底，综合利用、转产转型、科学放生、种源留存、无害化处理以及国家规定的其他处理方式等措施，有效地推进处置工作。

自治区林业局野生动植物保护处处长张煜球告诉记者，今年6月之前，广西从事人工繁育野生动物养殖的贫困户，大部分都是在当地政府和有关部门的鼓励下从事竹鼠、蛇类、果子狸等养殖项目，基本上没有办理人工繁育陆生野生动物驯养繁育证。为确保这些养殖户不因受政策影响出现返贫现象，《指导意见》确定补偿范围时，明确将“享受自治区特色产业奖补政策的建档立卡贫困养殖户”纳入合法养殖场（户）范围。与此同时，合法养殖范围还规定了“其他合法养殖的农户”，其中包括地方政府、扶贫部门指定的致富带头人及其带领养殖的农户等，不论是否持证，都可以界定为合法，依法给予补偿。

百色市田东县蟒蛇类养殖场养殖有眼镜蛇、滑鼠蛇等，年均纯收入在8万元以上。“我起初有些抵触情绪，经过工作人员的政策宣传引导，最终领取了补偿金，接受了转产发展。”蛇场负责人黄红评说。

截至目前，广西人工繁育野生动物处置蛇类1600多万公斤，处置率100%；其他动物种类382万只（头），处置率100%，已兑付养殖户补偿款11亿多元。

顺利转产

崇左市江州区罗白乡卓勒村养殖户甘宵业住年蛇养殖近10000条，年收入50多万元。现在，他转型发展养殖竹虫、养龟等。“目前，竹虫已投入5万元，并已经可以在市场上销售，养殖罗非鱼有30000多条，预计春节前可以上市。”甘宵业说。

百色市田东县祥周镇竹鼠养殖合作社责任人黄绍东带领群众，原来养殖竹鼠500多只。新冠疫情发生后，他们积极转型转产，承包了村里的30亩荒地进行种桑养蚕，把竹鼠养殖场改为蚕房。经过3个多月的的努力，到10月7日出售蚕丝5批次，年内预计收入8万余元。

贺州昭平县积极指导帮助养殖户寻找产业转型之路，并及时制定补偿方案，尽量减轻疫情对竹鼠、蛇等特色养殖产业的冲击。

“2月份，县里两次下发特色产业奖补政策，引导贫困群众及时转产。”彭斌介绍，今年上半年，全县发放产业奖补资金3700多万元，及时引导竹鼠养殖贫困户（散户）转型转产，转养白鸽、生猪等，保障产业收入不受影响。

在蛇存栏量超过400万条的钦州市灵山县，与养蛇相关产业的从业人员约4万人。根据《广西人工繁育陆生野生动物处置指导意见》，眼镜蛇、滑鼠蛇等可转型药用，也可以以每公斤110元的补偿价交给政府统一处置。

在广西各地收储存栏蛇的某公司法人代表陈焘说，公司已调用南宁市周边大量冷冻仓库，用于存栏蛇的收储。同时，也在推动滑鼠蛇等列入壮瑶民族医药药典，及时办理相关审批。他们计划到广东等地拓宽销路，为食用蛇转药用创造可持续发展前景。

目前，广西2万多养殖户、5万多从业人员正走在合法合规经营、有序有效转产转型的路上。

政策“兜底”

“蒋书记，你放心，我上个月用补偿资金和小额贷款购买30多羽狮头种鹅来养，条件成熟再多买几十羽种鹅来养，这样就可以扩大狮头鹅的养殖规模。我有信心做好转型转产工作。”玉林市博白县那卜镇双竹村脱贫户江志鹏信心满满地向驻村第一书记蒋海说起自己今后的致富计划。据了解，原来江志鹏投入资金建立封闭型蛇场，准备带动周边农户一起发家致富时，今年突如其来的新冠肺炎疫情打乱了他们的计划。

蒋海作为驻双竹村第一书记以及江志鹏的结对帮扶人，一方面与当地镇信用社加强沟通、协调解决小额信贷；一方面引导江志鹏做好处置补偿和转型发展工作。最终，当地信用社批准了小额信贷5万元鼓励其转型养鹅。

利用国庆放假，贵港市覃塘区蒙公镇凌寺村覃学伟赶紧将400平方米的竹鼠场改造成为80平方米的竹虫养殖场，准备转型养殖竹虫。

为减轻存栏人工繁育陆生野生动物继续喂养投入压力，贵港市采取先处置后补偿的办法开展补偿处置工作。覃学伟养殖400多只竹鼠，每个月仅饲料就需要2000多元，这对于一个靠借款来搞养殖业的贫困户来说，压力非常大。“现在，政府全部有偿回收竹鼠，终于可以睡个安稳觉了。”覃学伟告诉记者。

为了让覃学伟安心转型养竹虫，政府将他一家5口人纳入低保供养，免除了他3个孩子的学杂费；帮扶联系人和村干部又介绍他到中板厂打工，每个月收入2000元，生活基本上没有因为养殖转型受到影响。

家住贺州市八步区桂岭镇草寺村的贫困户罗益芬，原来养有水律蛇2000多条，野生动物养殖兜底政策出台后，地方政府及时对他养殖的蛇进行了兜底保价回收。同时，桂岭镇镇政府还免费发放了鸡苗和鸭苗100多羽，鼓励他及时转产发展，并依据政策让罗益芬一家及时享受低保补助政策。“如今罗益芬一家鸡鸭养殖已经走上了轨道，兔子试养也在同时进行，试养成功后将很快进行批量购入种兔，养殖的路子也会越走越宽。”驻村第一书记丁大海告诉记者。

据介绍，广西各级财政已投入数亿元，开发了一批非固定性扶贫公益性岗位，如清洁员、维稳员等，养殖的贫困户可以选择合适的岗位就业，每月工资约1500元。另外，将一批存在返贫风险的养殖贫困户纳入低保兜底。

目前，广西对涉及陆生野生动物养殖的7903户建档立卡贫困户，均落实“一户一策”转产转型或纳入政府保障。

上左图：在四川省南充市区的嘉陵江段，“退捕转产”的顺庆渔民陈志德带着公司十多名曾是渔民的打捞人员，正清理河上漂浮的垃圾和树叶，为嘉陵江美容。

黎 涛摄（人民图片）

中图：广西昭平县北莱村竹鼠养殖基地。

资料图片

右下图：为配合长江流域禁捕工作，江西有序推进鄱阳湖沿湖渔民退捕上岸、回收拆解渔船。图为在江西鄱阳湖都昌砚山附近水域，渔民收拾船具上岸。

傅建斌摄（人民图片）

国家林草局：停养45种“禁食野生动物”

本报北京10月10日电 （记者寇江泽）为指导养殖户合法合规经营、有序有效转产转型，国家林业和草原局日前印发通知，对竹鼠、蛇类等64种在养禁食野生动物确定了分类管理范围。

通知明确，积极引导停止养殖禁食野生动物。对竹鼠、果子狸等45种野生动物，要积极引导有关养殖户在2020年12月底前停止养殖活动，并按有关规定完成处置工作。确需适量保留种源用于科学研究等非食用性目的的，要充分论证工作方案的可行性，并严格履行相关手续。

据介绍，“禁食野生动物”是指《全国人民代表大会常务委员会关于全面禁止非法野生动物交易、革除滥食野生动物陋习、切实保障人民群众生命健康安全的决定》发布前养殖食用、不属于畜禽范围的陆生野生动物，不包括水生野生动物和以保护繁育、科学研究、观赏展示、药用、宠物等为目的的陆生野生动物。

科学有序转产护生

鞠立新

近年来，因非法野生动物交易、捕捞过度等原因，致使全球环境污染情况加重、生物多样性遭到破坏。今年初，全国人大常委会表决通过关于全面禁止非法野生动物交易、革除滥食野生动物陋习、切实保障人民群众生命健康安全的决定。今年5月至7月，全国人大对31个省实现了执法“全覆盖”检查。检查结果显示，各地区各部门实施野生动物保护法成效明显。

据悉，中国人工繁育动物物种主要涉及蛇类、雁鸭类、雉鸡类、竹鼠、豪猪、果子狸等六大类，涉及从业人员约244358人。野生动物养殖产业人员多、产值大、退出转产、处置补偿工作经济压力较大。但为防止生态环境进一步恶化，避免野生动物资源过度消耗，中国从长远利益出发，对野生动物养殖户实施转产就业，帮助养殖场户合法合规经营有序有效转型转产，这是扭转生态环境进一步恶化的关键举措。

养殖户面临转产就业问题，再加上这些就业者年龄偏大、技术单一，转产就业的困难可想而知。中国相关各部门坚持分类施策、精准帮扶，切实抓好养殖场户的就业安置工作。

通过科学渠道实现养殖场户转产就业非常重要。笔者认为，首先，发展产业渠道安置转产人员，对属于禁养品种的禁止继续养殖、对属于禁食范围的调整养殖结构，发挥养殖设施作用。其次，采取市场化运作，各地结合实际出台以食用为目的的人工繁育野生动物退出补偿相关配套制度，依规解决受影响的养殖户的实际问题。此外，加大投入力度，对符合条件的项目予以支持，特别是保证贫困养殖户不减收不返贫。另外，务工就业安置渠道不可小觑。充分运用农业生产、工程建设、企业纳贤等就业渠道，加大岗位推送力度。

对创业的养殖场户，还应积极开展创业培训、指导和服务，支持各地设立创业孵化基地，对养殖场户创业，按规定给予补贴，对于资金不足的，及时落实创业担保贷款政策。同时，注重完成帮扶安置渠道，对大龄、长期未就业的养殖场户，提供“一对一”的援助服务和针对性政策帮扶。

新时代新步伐

绿水青山重现　矿区变身景区

中国是矿业大国，开发利用矿山资源在促进经济发展的同时，也给生态环境带来负面影响。近年来，各地积极修复废弃矿山，大量荒芜的矿区重现绿水青山，并成为人们休闲度假的新去处。

修复“疤痕”

许多矿山不仅在开采后成为山体裸露的废矿，在开发利用过程中也对生态环境造成破坏，比如开挖、压占、坍塌、水土流失、尾矿砂库等。据相关统计，我国矿业废弃地面积大、种类复杂，生态修复率低于发达国家。

在资源大省山西，矿产开采除了引起径流量减少、地下水位下降和湿地缩小外，还因产生采空区漏斗状辐射区域而影响地表植被。

在长江经济带，矿山开采也留下许多环境疤痕。据前几年的统计，大量历史遗留矿山不仅造成大面积土地损毁，而且矿业活动产生的“点—线—面”开发利用格局造成了野生动植物栖息地和迁徙廊道被破坏，影响区域生态系统完整性。在长江经济带，煤炭、有色金属、磷矿等资源开发带来的环境污染问题突出，其中磷矿采选与磷化工产业快速发展已导致总磷成为长江超标污染因子。

据报道，横跨广东省韶关市曲江区与翁源县的大宝山矿新山片区，历经30余年无序采矿后，留下地质破坏、水土流失等生态破坏恶果。其中，尾矿渣以及选矿废水给下游清远、佛山、广州等地数千万人的饮水安全带来隐患。

随着人们生活水平的提高，改善矿山及其周边环境的生态和生存环境，逐渐成为社会各界的共同诉求，更成为建设美丽中国的重要内容。

美丽蝶变

上世纪80年代末到90年代初，中国矿山废弃地生态修复工作开始步入法制化轨道，许多大型煤矿区开始通过复垦、复绿重建了矿区生态。

但因历史欠账多、资金投入不足等原因，矿山修复的脚步依然赶不上人们的期望。如何尽快将数以千万亩的损毁土地变废为宝？2019年，一种全新的利用市场化方式推进矿山生态修复的体系诞生——自然资源部对外公布《关于探索利用市场化方式推进矿山生态修复的意见》，提出政府为主导、企业为主体、社会组织和公众共同参与，激励、吸引社会投入，推行市场化运作、科学化治理的模式，加快推进矿山生态修复。

同年，为破解矿山修复资金投入不足的问题，自然资源部研究起草了《关于建立激励机制加快推进矿山生态修复的意见（征求意见稿）》。《征求意见稿》明确鼓励矿山土地综合修复利用。

《征求意见稿》还特别提出，鼓励各地依据国土空间规划在矿山修复后土地上发展旅游观光、农业综合开发、养老服务等产业。

按照政策要求的方向，许多废弃矿山经过生态修复实现华丽蜕变，成为一个个著名的旅游景区。

南京汤山矿坑国家公园边坡改造矿坑修复工程，以假山瀑布的形式修复破损山体，成功地将自然生态环境的恢复与城市的休闲生活相结合。

位于上海佘山的世茂深坑酒店是一座建在废石坑里的酒店，该酒店原本是深80米的废弃矿山，设计师沿着悬崖峭壁建设酒店客房，建成后成为世界上海拔最低的酒店之一。

重庆铜锣山露天矿山废弃矿坑最大深度达到 90 多米，矿坑积水最深 20 余米，给周边居民生活带来威胁。铜锣山废弃露天矿山在生态修复过程中，突出生态优先原则，对特色景观进行开发，植入新生景观设计和旅游观光产业，引导社会资金投入，使矿山废弃地实现了最大化生态、经济价值。

广东大宝山矿经过 8 年生态修复，曾伤痕累累的矿山如今正在“愈合”。

任重道远

进入 21 世纪，中国矿山治理成效显著。据统计，2001 年至 2018 年，全国累计完成治理恢复土地面积约 100.46 万公顷，2018 年，累计治理矿山 7298 个。

在修复理念上，各地从过去简单的复绿过渡到生态功能修复上。“以前，矿山修复最早提出的办法是复绿，随着复绿工作的不断深化，进一步提出要加强生物多样性保护。随着矿山开采面积的扩大和性质的转变，仅仅停留在生物多样性修复阶段也不够，我们必须要进入生态功能修复阶段。”中国人民大学环境学院特聘教授高吉喜认为，矿山生态修复不仅是自然生态系统的修复，还要考虑到与自然生态系统相匹配的经济、社会系统的修复，这两个系统一定是互相关联、不可分割的。

尽管国家大力治理废弃矿山，但矿山生态修复是一项长久事业，任重道远。专家认为，对中国矿山生态修复而言，还需要建立更为完善的土地开垦体系、法律法规以及成熟的管理制度。

北京大学生态文明研究中心主任周晋峰建议，今后矿山修复应充分从“山水林天湖草是一个生命共同体”的宏观、系统的角度出发，以污染治理“三公理”——不为害、不扩散、充分公示为基础，制定矿山修复工作总体框架。

《人民日报海外版》（2020 年 09 月 29 日 第 08 版）

08 美丽中国　人民日报海外版　2020年9月29日　星期二
责编：罗 兰　邮箱：dzzbl8888@163.com

中国是矿业大国，开发利用矿山资源在促进经济发展的同时，也给生态环境带来负面影响。近年来，各地积极修复废弃矿山，大量荒芜的矿区重现绿水青山，并成为人们休闲度假的新去处。

江西省宜春市袁州区新坊镇自2016年开始系统实施生态修复工程。如今，新坊镇矿山实现了原有废弃矿山作业面全面复绿。　刘继刚摄（人民图片）

经过生态修复，湖北省宜昌市秭归县高山乡村大金坪从昔日的废弃矿山变为花海，引来众多游客。王　罡摄（人民图片）

绿水青山重现　矿区变身景区

鞠立新

修复"疤痕"

许多矿山不仅在开采后成为山体裸露的废矿，在开发利用过程中也对生态环境造成破坏，比如开挖、压占、坍塌、水土流失、尾矿砂淤等。据相关统计，我国矿业废弃地面积大、种类复杂、生态修复率低于发达国家。

在资源大省山西，矿产开采除了引起径流量减少、地下水位下降和湿地缩小外，还因产生采空区漏斗状辐射区域而影响地表植被。

在长江经济带，矿山开采也留下许多环境疤痕。据前几年的统计，大量历史遗留矿山不仅造成大面积土地损毁，而且矿业活动产生的"点-线-面"开发利用格局造成了野生动植物栖息地和迁徙廊道被破坏，影响区域生态系统完整性。在长江经济带，煤炭、有色金属、磷矿等资源开发带来的环境污染问题突出，其中磷矿采选与磷化工产业快速发展已导致总磷成为长江超标污染因子。

据报道，横跨广东省韶关市曲江区与翁源县的大宝山矿新山片区，历经30余年无序采矿后，留下地貌破坏、水土流失等生态破坏恶果。其中，尾矿渣以及选矿废水给下游清远、佛山、广州等地数千万人的饮水安全带来隐患。

随着人们生活水平的提高，改善矿山及其周边环境的生态和生存环境，逐渐成为社会各界的共同诉求，更成为建设美丽中国的重要内容。

重庆市万盛经开区有着80多年的企业化采煤历史，形成了180平方公里的沉陷影响区。近年来，万盛加快采煤沉陷区生态环境修复，目前，植被恢复25000亩，土地整治29400亩。图为重庆万盛经开区黑山镇鱼子岗村绿意盎然，景色美不胜收。　曹永龙摄（人民图片）

美丽蝶变

上世纪80年代末到90年代初，中国矿山废弃地生态修复工作开始步入法制化轨道，许多大型煤矿区开始通过复垦、复绿重建了矿区生态。

但因历史欠账多、资金投入不足等原因，矿山修复的脚步依然赶不上人们的期望。如何尽快将数以千万亩的损毁土地变废为宝？2019年，一种全新的利用市场化方式推进矿山生态修复的体系诞生——自然资源部对外公布《关于探索利用市场化方式推进矿山生态修复的意见》，提出政府为主导、企业为主体、社会组织和公众共同参与，激励、吸引社会投入，推行市场化运作、科学化治理的模式，加快推进矿山生态修复。

同年，为破解矿山修复资金投入不足的问题，自然资源部研究起草了《关于建立激励机制加快推进矿山生态修复的意见(征求意见稿)》。《征求意见稿》明确鼓励矿山土地综合修复利用。

《征求意见稿》还特别提出，鼓励各地依据国土空间规划在矿山修复后土地上发展旅游观光、农业综合开发、养老服务等产业。

按照政策要求的方向，许多废弃矿山经过生态修复实现华丽蜕变，成为一个个著名的旅游景区。

南京汤山矿坑国家公园边坡改造矿坑修复工程，以假山瀑布的形式修复破损山体，成功地将自然生态环境的恢复与城市的休闲生活相结合。

位于上海佘山的世茂深坑酒店是一座建在废石坑里的酒店，该酒店原本是深80米的废弃矿山，设计师沿着悬崖峭壁建设酒店客房，建成后成为世界上海拔最低的酒店之一。

重庆铜锣山露天矿山废弃矿坑最大深度达到90多米，矿坑积水最深20余米，给周边居民生活带来威胁。铜锣山废弃露天矿山在生态修复过程中，突出生态优先原则，对特色景观进行开发，植入新生景观设计和旅游观光产业，引导社会资金投入，使矿山废弃地实现了最大化生态、经济价值。

广东大宝山矿经过8年生态修复，伤痕累累的矿山如今正在"愈合"。

任重道远

进入21世纪，中国矿山治理成效显著。据统计，2001年至2018年，全国累计完成治理恢复土地面积约100.46万公顷，2018年，累计治理矿山7298个。

在修复理念上，各地从过去简单的复绿过渡到生态功能修复上。"以前，矿山修复最早提出的办法是复绿，随着复绿工作的不断深化，进一步提出要加强生物多样性保护。随着矿山开采面积的扩大和性质的转变，仅仅停留在生物多样性修复阶段也不够，我们必须要进入生态功能修复阶段。"中国人民大学环境学院特聘教授高吉喜认为，矿山生态修复不仅是自然生态系统的修复，还要考虑到与自然生态系统相匹配的经济、社会系统的修复，这两个系统一定是互相关联、不可分割的。

尽管国家大力治理废弃矿山，但矿山生态修复是一项长久事业，任重道远。专家认为，对中国矿山生态修复而言，还需要建立更为完善的土地开垦体系、法律法规以及成熟的管理制度。

北京大学生态文明研究中心主任周晋峰建议，今后矿山修复应充分从"山水林天湖草是一个生命共同体"的宏观、系统的角度出发，以污染治理"三公理"——不为害、不扩散、充分公示为基础，制定矿山修复工作总体框架。

遵循生态保护原则修复矿山

周晋峰

近年来，中国政府高度重视矿山生态修复。2019年，自然资源部发布了《关于探索利用市场化方式推进矿山生态修复的意见》；今年6月出台的《全国重要生态系统保护和修复重大工程总体规划（2021—2035年）》中，21处提到"矿山生态修复"。

全国各地也涌现出一些生态修复典型案例。例如，海南省莲花山过去靠山吃饭、大量开采石灰矿，留下6个巨大矿坑，植被严重破坏、废石堆积成山，威胁人畜安全。2018年，海南农垦旅游集团开始着手生态修复，因地制宜地将生态修复、文化产业、旅居产业发展结合起来，将废弃矿坑"点绿成金"，不仅成功解决历史遗留露天矿山生态破坏问题，还打造出莲花山文化景区，修复后的矿坑为当地老百姓带来了400多个就业机会，并且成为海南西部第一个准4A级景区。

对于矿山生态修复，笔者建议在修复过程中须践行节约、自然、有限修复与宏观等四个原则。

节约原则。矿山生态修复工程须坚持节约优先，因为每一度电、每一滴水背后都存在着资源环境代价。对废弃矿山渣堆的处理，应以自然恢复为主，尽量采用"基于自然的解决方案"来开展修复，以降低对自然资源和能源的耗费，并减少二次污染。

自然原则。自然讲究一个"宜"字，从当地实际情况出发因地制宜进行修复。如对遗留废弃地进行植被恢复时，首先需充分考虑适合本地环境的乡土物种，确保生物多样性。如在沙漠地区就不宜大规模种植高大乔木，以避免对地下水资源超量采用。

有限原则。避免过度修复，因为过度修复往往意味着高昂的治理费用。

宏观原则。矿山修复要树立矿山生态修复的大局观、全局观，须坚持山水林田湖草是生命共同体的原则，着眼于更为宏观的时空尺度来考量整个工程。急于求成、做表面文章的修复工程常功亏一篑。成功的修复并非几年之功，需要十年甚至更长时间才能看到效果。

（作者系北京大学生态文明研究中心主任）

新时代新步伐

"三重治理"修复生态

刘琼　薛超

近日，内蒙古乌梁素海流域山水林田湖草生态保护修复试点工程通过"三重治理"方式，已完成649个露天采坑、482个废石（渣）堆、213个工业广场、20处重点地质灾害点的矿山治理工作，治理面积达到58.54平方公里，占工程总量的82%。

据介绍，矿产资源丰富的乌梁素海流域经过近40年的矿业开采，遗留了大量露天废弃矿坑，水土流失严重。每逢雨季或汛期，乌拉山、白云常合山、淡尔泰山大量的砂石、腐殖质随洪水进入乌梁素海和黄河，对黄河水质造成污染。原有地形地貌景观也遭到破坏，地表植被退化，草原沙化日益严重，粉尘和沙化对京津冀风沙源治理造成非常大的影响。

乌梁素海试点工程排在国家第三批山水林田湖草工程中，是全国最大的山水林田湖草生态修复试点工程之一，沙漠治理面积位居全国同类工程前列，治理流域面积约1.47万平方公里，包含矿山地貌环境综合治理、乌梁素海堤路修筑、乌拉山南北麓林草生态修复、乌兰布和沙漠治理、农田面源及城镇点污染综合治理5种业态、7项子工程。工程难度之大、治理种类之多、施工环境之恶劣，在国内均属首例。

目前，承建方中建一局三公司的项目团队完成了4万亩沙漠的压沙固沙和梭梭树种植、2.3万亩经济林种植及1万亩飞播造林工作，有效防止水土流失，改善了黄河中下游生态环境。工程预计2020年12月31日竣工。乌梁素海试点工程全部完工后，每年可减少100万立方米的黄沙流入黄河，黄河中下游水生态安全将得到更大保障，推动流域内3.7万贫困人口脱贫致富。

"矿山修复是对矿业废弃地污染进行修复，治理内容一般分为生态修复和污染治理。恢复矿山废弃地的生态，只是土壤、植被的恢复是不够的，还需要恢复废弃地的微生物群落，完善生态系统功能，才能使恢复后的废弃地生态系统得以自然维持，从而在根本上解决矿山修复治理，真正让废弃矿山变成绿水青山。"中建一局三公司乌梁素海试点工程项目经理张嘉成介绍说。

中建一局三公司乌梁素海试点工程项目总工程师庞东喆介绍，乌梁素海矿山地质环境综合治理工程位于内蒙古自治区巴彦淖尔市乌拉特前旗，区域内需治理的露天废弃矿坑807个、废石渣堆1134个，需拆除废弃工业广场327个，需清除重点地质灾害点20处。

中建一局三公司项目团队采用了地质灾害治理、矿山环境治理、矿山生态修复"三重"治理方式。第一重是"刮骨削骨"，解决崩塌滑坡问题。大部分露天废弃矿坑边坡陡立、风化严重、岩体松散，极易发生崩塌。在矿山治理初期必须对边坡陡立的危岩体进行削坡，通过长臂矿山挖掘机等大型机械进行危岩体清除，清除产生的废弃石料就地堆放于矿坑底部进行垫坡，从而形成合理的山体台阶与边坡，减小崩塌事故发生。

第二重是"垫坡整容"，修复地形地貌。为使矿山治理区恢复原山体地形及地貌景观，项目团队对于"凹陷式"露天矿坑和"山坡式"矿坑分别采用废渣回填和垫坡的方式进行整容，使废弃矿坑基本恢复原有地形地貌，同时对规模较大的废渣堆进行边坡整形，按照取高填低的原则，将平整后的坡面地形整体起伏控制在±5度以内，达到外观起伏流畅自然。

第三重是植树种草，让青山绿水再现。项目团队结合区域自然条件和原土地利用情况，对经过此前物理修复的边坡进行无人机播撒耐寒草籽，使得植被、地貌景观和土地功能得以恢复，从根本上消除地质灾害。

右图：修复前，乌拉山南北麓遍布露天矿坑。

下图：修复后，乌拉山南北麓青山重现，地形地势平缓连绵。　资料图片

轻轻地来　干净地走[①]

在户外运动日益盛行的今天，我们需要倡导“无痕山林”理念。该理念大力传播普及对自然的“尊重”以及对环境“最小冲击”的思想，教育人们自然资源并非取之不尽，走进大自然时，我们应该轻轻地来，干净地走，不带走一草一木，不留下垃圾杂物。尊重自然、与自然和谐共生。

现在各地都重视旅游开发，旅游在满足人们观光需求的同时，还要承担一定的社会职责，比如生态教育责任，通过相关教育，将旅游等户外活动建立在维护良好生态环境的基础上。

“无痕山林”倡导的内容就是一种很好的生态教育，它通过培训、出版物 、录像和网络等传播方式，为民众传达户外运动的生态教育信息和相关技术，倡导人类在野外进行活动的时候，不留下任何活动的痕迹，不破坏当地的自然生态环境和风貌，身体力行地保护与维护生态环境。

目前，中国已经有一些部门和社会组织，通过教育促进负责任的户外旅游活动。例如，教育游客用便携炉替代营火、正确处理人类的排泄物、最小限度

① 本文刊载时署名为：榕新。

地干扰山林景观等，有效地减轻了户外活动对大自然的干扰和破坏。

当前社会，增强“无痕山林”倡导的对自然“最小冲击”的生态责任意识非常重要。比如通过自带食品、登山鞋的选用、垃圾的处理，都可以实现“最小冲击”：准备食物时，旅行者们完全可以拆下食品的一次性包装，将其放入饭盒里，或者选择包装少的物品；登山鞋底对生物容易造成伤害，因此应选择轻巧的、对植物伤害较小的鞋子；虽然可以把垃圾扔到垃圾桶，但山林中的垃圾清理和运输也会消耗很多能源。因此，要带走所有的垃圾。

旅游开发是系统开发，涉及多方面关系，例如人与自然的关系、旅游开发者与开发地的关系、各级政府部门之间的关系等。在所有的关系中，首先要注重人与自然的关系，树立对自然的敬畏意识。我们应以科学的精神遵循自然规律，努力打造人与自然和谐共生的良好关系。

旅游开发特别需要“无痕山林”的理念。在开发前，对可能出现的破坏环境行为采取应对措施，形成长效保护机制。在旅游业中引入“无痕山林”理念，有助于唤起人们的生态环保自觉意识，能让山更青，水更绿。

《人民日报海外版》（2020年09月15日　第08版）

“无痕”让山林更美

你是一个爱山爱树爱动物的游客吗？你曾因为看见野外的垃圾污染而痛心吗？你曾默默地把见到的垃圾背下山吗？你希望出现更多的绿色驴友，让山川水流远离污染和破坏吗？如果你的答案为“是”，你就可以成为“无痕山林”行动中的一员！近日，北京率先在西山国家森林公园试点“无痕山林”行动，并将在全市 31 家森林公园逐步推广。这项活动旨在倡导人们在山林旅游和进行各种户外活动时，不留垃圾，不破坏自然环境，提醒人们离开旅游地后，就像没来过一样的“无痕”。

我的垃圾我带走

近年来，旅游、登山、野营等户外活动日益增多，但随之而来的是，一些户外运动爱好者破坏自然生态环境的事情也屡屡发生。据报道，三年前，河北邯郸市的两名“驴友”吴某、温某为寻求刺激，非法进入九寨沟自然保护区区域，在徒步旅行的 2 天中，破坏保护区生态环境，影响恶劣，被依法处罚；两年前，在内蒙古察哈尔右翼后旗乌兰哈达的乌兰哈达火山群，一些游客随意驾车攀爬火山、碾压草原、丢弃垃圾等，对火山地质遗迹和周边的草原生态环境造成破坏，当地政府不得不将公园暂时关闭。

针对户外运动对自然和人文资源破坏的情况，多地管理部门开始与专业人士、民间团体合作，将国际上“无痕山林”理念引入中国。

“‘无痕山林’是从国外引入的概念，提醒人们在自然中活动时，应关注并身体力行地保护与维护生态环境，适当处理垃圾并保持环境原有风貌。”北京市园林绿化局国有林场和种苗管理处处长曾小莉介绍说。

“呼吁游客尊重自然、保护自然”的“无痕山林”行动，今年8月开始在北京市的西山国家森林公园正式试点。

近日，笔者走进西山国家森林公园，只见每位进园区的游客都会收到工作人员发放的塑料袋。一位参加“无痕山林”活动的游客很高兴地说，在游园过程中，将自身产生的垃圾装入可降解塑料袋内，游览结束后，将垃圾送至指定地点称重，重量达到500克，可免费获赠一张公园门票。

据了解，西山国家森林公园工作人员准备了近万个可降解垃圾袋，免费发放给进园游客。试点第一天，共有850余人次参与活动，累计收回垃圾约38公斤。

“我的垃圾我带走，西山国家森林公园这次开展的无痕游园活动，是本市山地型森林公园开展垃圾分类的一次有益尝试。”曾小莉介绍，目前全市有31家森林公园，除了共青滨河森林公园和大兴古桑园国家森林公园处于平原地区，其他29处都在山区，如云蒙山国家森林公园、蟒山国家森林公园等。这类公园普遍存在山场面积大、游览线路长、管护人员少的问题，及时清理垃圾和开展垃圾分类有一定难度。曾小莉说：“我们希望通过宣传推广，让越来越多的游客知道、接受并践行‘无痕山林’理念。今后，即便工作人员不在门区发放垃圾袋，游客也能有主动携带垃圾袋的意识，随身收集垃圾，把垃圾带到山下并分类投放。”

无痕是最美的痕迹

不止捡拾垃圾，“无痕山林”具有丰富的内涵，包括七大基本准则：事前充分的计划与准备、在承受力范围内的地点行走宿营、适当处理垃圾、保持环境原有的风貌、减少用火对环境的冲击、尊重野生动植物、考虑其他使用者。除此之外，“无痕山林”还有两个最重要的核心理念：对环境的“尊重”和“最小冲击”，实现人与自然的和谐相处。

“无痕山林”概念进入国内已有十年左右的时间，除北京外，“无痕山林”行动已在多地开花。在山东，志愿者们经常定期深入山涧陡坡，捡拾烟头、烟盒、矿泉水瓶等垃圾；在兰州，兰州大学绿队徒步营的大学生们曾从四川省广元市昭化古城出发，到达绵阳市梓潼县，穿越金牛古道，普及“无痕山林”，宣扬绿色环保。团队所及之处不带走一片树叶，原地休息不留下一丝垃圾。

最近，广东肇庆市生态环境局、肇庆市生态环境局高要分局等单位共同开展了主题“只带走照片，只留下脚印”的志愿活动，邀请自然之友讲师和资深户外达人现场讲解“无痕山林”理念，倡议到场的家庭从自己做起，践行低碳环保生活。

虽然目前“无痕山林”影响力在全国还不是很大，但已有很多人在生活中落实“无痕山林”准则。从一位驴友的山野之旅日记中，我们可以看到他们呵护自然的良苦用心。

“北京，平谷，黄松峪水库上游，梨树沟村一块带有废弃旧屋的自然山野。我们两天一夜的户外活动，将从村口开始，溯流而上，在一块四面环山的平缓高地露营、开展培训活动。

在活动正式开始之前，我们举行了简单的敬山仪式，在短时间内让大家与自然产生了联结。之后，大家选择了在可承受地表行走和露营。‘可承受’地表是指地表生长有一年生的草本植物，且已枯萎，不会对植物生长造成威胁。”

野外用火是他们特别关注的事情。“考虑到营地的干枯植被过多，容易引发山火，我们决定去到村口的开阔地使用气罐开火。所有开火都在无机质地面上进行，每个小组安排专人严格管理火星。

在野外用火需要事前做好充分思考与准备，以实现影响最小化为目标，具体来说：升起篝火之前，考虑是否可以用酒精灯、蜡烛、便携式炉灶等对地表伤害较小的方式进行取代。如果非要生火，采用最低影响行为，例如先在地表上用石块铺一层底座，用来垫高起火点，保护地表。”

活动进入尾声时，让山林“无痕”的清理工作开始了。“我们将捡到的垃圾带回城市集中处理，厨余垃圾的妥善处理方式之一是就地掩埋，掩埋的过程：远离水源地，选择有机物较少的地表，地洞要够深、够宽，避免损坏植物根系，生厨余可直接填埋，熟厨余最好冲洗油渍后填埋，将枯枝落叶混入厨余，用木棍搅碎，以加速分解，封土后用枯枝覆盖，恢复原貌。”

“越靠近自然，越心生敬畏”，离开梨树沟之前，这位驴友和伙伴们感触万千，有的人说：“我是自然的受益者，我也愿成为自然的守护者。”还有一位驴友总结说：“给自然无痕，是人类留下的最美痕迹。”

《人民日报海外版》(2020年09月15日第08版)

08 美丽中国　　人民日报海外版　　2020年9月15日　星期二
责编：罗兰　邮箱：dzgh8886@163.com

你是一个爱山爱树爱动物的游客吗？你曾因为看见野外的垃圾污染而痛心吗？你曾默默地把见到的垃圾背下山吗？你希望出现更多的绿色驴友，让山川水流远离污染和破坏吗？如果你的答案为"是"，你就可以成为"无痕山林"行动中的一员！近日，北京率先在西山国家森林公园试点"无痕山林"行动，并将在全市31家森林公园逐步推广。这项活动旨在倡导人们在山林旅游和进行各种户外活动时，不留垃圾，不破坏自然环境，提醒人们离开旅游地后，就像没来过一样的"无痕"。

湖南省邵阳市洞口县罗溪瑶族乡铁山村，成群的鹭鸟在飞舞欢歌。　滕治中摄（人民视觉）

"无痕"　让山林更美

鞠立新

我的垃圾我带走

近年来，露营、登山、野营等户外活动日益增多，但随之而来的是，一些户外运动爱好者破坏自然生态环境的事情也屡屡发生。据报道，三年前，河北邯郸市的两名"驴友"吴某、崔某为寻求刺激，非法进入九寨沟自然保护区区域，在徒步旅行的2天中，破坏保护区生态环境，影响恶劣，被依法处罚；两年前，在内蒙古察哈尔右翼后旗乌兰哈达的乌兰哈达火山群，一些游客随意驾车攀爬火山、碾压草原、丢弃垃圾等，对火山地貌遗迹和周边的草原生态环境造成破坏，当地政府不得不将公园暂时关闭。

针对户外运动对自然和人文资源破坏的情况，多地管理部门开始与专业人士、民间团体合作，将国际上"无痕山林"理念引入中国。

"'无痕山林'是从国外引入的概念，倡导人们在自然中活动时，要关注并身体力行地保护与维护生态环境，适当处理垃圾并保持环境原有风貌。"北京市园林绿化局野生动植物和湿地保护处处长曾小莉介绍说。

"呼吁游客尊重自然、保护自然"的"无痕山林"行动，今年8月开始在北京市的西山国家森林公园正式试点。

近日，记者走进西山国家森林公园，只见每位进园区的游客都会收到工作人员发放的塑料袋。一位参加"无痕山林"活动的游客很高兴地说，在游园过程中，将自身产生的垃圾装入可降解塑料袋内，游览结束后，将垃圾送至指定地点称重，重量达到500克，可免费获赠一张公园门票。

据了解，西山国家森林公园工作人员准备了近万个可降解垃圾袋，免费发放给进园游客。试点第一天，共有850余人次参与活动，累计收回垃圾约38公斤。

"我的垃圾我带走，西山国家森林公园这次开展的无痕游园活动，是本市山地型森林公园开展垃圾分类的一次有益尝试。"曾小莉介绍，目前全市有31家森林公园，除了共青滨河森林公园和大兴古桑国家森林公园处于平原地区，其他29处都在山区，如云蒙山国家森林公园、雾灵山国家森林公园等。这类公园普遍存在山场面积大、游览线路长、管护人员少的问题，及时清理垃圾和开展垃圾分类存在一定难度。曾小莉说："我们希望通过宣传推广，让越来越多的游客知道、接受并践行'无痕山林'理念。今后，即便工作人员不在园区发放垃圾袋，游客也能有主动携带垃圾袋的意识，随身收集垃圾，把垃圾带到山下并分类投放。"

黄柏山国家森林公园。资料图片

无痕是最美的痕迹

不止捡拾垃圾，"无痕山林"具有丰富的内涵，包括七大基本准则：事前充分的计划与准备、在承受力范围内的地点行进和宿营、适当处理垃圾、保持环境原有的风貌、减少用火对环境的冲击、尊重野生动植物、考虑其他使用者。除此之外，"无痕山林"还有两个最重要的核心理念：对环境的"尊重"和"最小冲击"，实现人与自然的和谐相处。

"无痕山林"概念进入国内已有十年左右的时间，除北京外，"无痕山林"行动已在多地开花。在山东，志愿者们经常定期深入山间隐道，捡拾烟头、烟盒、矿泉水瓶等垃圾；在兰州，兰州大学绿队徒步游的大学生们曾从四川省广元市昭化古城出发，到达绵阳市梓潼县，穿越金牛古道，遵从"无痕山林"，宣扬绿色环保，团队所及之处不带走一片树叶，沿途休息不留下一片垃圾。

最近，广东肇庆市生态环境局、肇庆市生态环境局高要分局等单位共同开展了主题"只带走照片，只留下脚印"的志愿活动，邀请自然之友讲师和资深户外达人现场讲解"无痕山林"理念，倡议到场的家庭从自己做起，践行低碳环保生活。

虽然目前"无痕山林"影响力在全国还不是很大，但已有很多人在生活中落实"无痕山林"准则。从一位驴友的山野之旅日记中，我们可以看到他们呵护自然的良苦用心。

"北京、平谷、黄松峪水库上游，黎树沟村一处带有废弃民居的自然山野。我们两天一夜的户外活动，将从村口开始，溯溪而上，在一块四面环山的平坦高地露营，开展趣味活动。

在活动正式开始之前，我们举行了简单的敬山仪式，在短时间内让大家与自然产生了联结。之后，大家选择了在可承受地表行走和露营。'可承受'地表是指地表生长有一年生的草本植物，且已枯萎，不会对植物生长造成威胁。"

野外用火是他们特别关注的事情。"考虑到营地的干枯杂草过多，容易引发山火，我们决定去到村口的开阔地使用气罐开火。所有开火都在无机质地面上进行，每个小组安排专人严格管理火焰。

在野外用火需要事前做好充分思考与准备，以实现影响最小化为目标。具体来说：升起篝火之前，考虑是否可以用遮蔽灯、蜡烛、便携式炉灶等对地表伤害较小的方式进行替代。如果必要生火，采用最低影响行为，例如先在地表上用石块铺一层底座，用来垫高起火点，保护地表。"

活动进入尾声时，让山林"无痕"的清理工作开始了。"我们将捡到的垃圾带回城市集中处理，厨余垃圾的妥善处理方式之一是挖坑掩埋，掩埋的过程：远离水源地，选择有机物较少的地表，地洞要够深、够宽，避免损坏植物根系，生厨余可直接填埋，熟厨余最好冲洗油渍后填埋，将枯枝落叶混入厨余，用木棍搅碎，以加速分解，封土后用枯枝覆盖，恢复原貌。"

"越接近自然，越心生敬畏"，离开黎树沟之前，这位驴友和伙伴们感触万千，有的人说："我是自然的受益者，我也想成为自然的守护者。"还有一位驴友总结道："给自然无痕，是人类留下的最美痕迹。"

贵州省铜仁市玉屏侗族自治县自行车运动协会组织环保志愿者来到舞阳河国家级湿地公园内捡拾垃圾。
胡攀学摄（人民图片）

志愿者在香鹅出发准备捡垃圾。
宋卫华摄

鸟瞰浙江省台州市仙居县朱溪镇杨丰山金色梯田美景。　王华斌摄（人民图片）

轻轻地来　干净地走

裕新

在户外运动日益盛行的今天，我们需要倡导"无痕山林"理念。该理念大力传播普及对自然的"尊重"以及对环境"最小冲击"的思想，教育人们自然资源并非取之不尽，走进大自然时，我们应该轻轻地来，干净地走，不带走一草一木，不留下垃圾杂物，尊重自然、与自然和谐共生。

现在各地都重视旅游开发，旅游在满足人们观光需求的同时，还要承担一定的社会职责，比如生态教育责任，通过相关教育，将旅游等户外活动建立在维护良好生态环境的基础上。

"无痕山林"倡导的内容就是一种很好的生态教育，它通过培训、出版物、录像和网络等传播方式，为民众传达户外运动的生态教育信息和相关技术，倡导人类在野外进行活动的时候，不留下任何活动的痕迹，不破坏当地的自然生态环境和风貌，身体力行地保护与维护生态环境。

目前，中国已经有一些部门和社会组织，通过教育促进负责任的户外旅游活动。例如，教育游客用便携炉替代营火、正确处理人类的排泄物、最小限度地干扰山林景观等，有效地减轻了户外活动对大自然的干扰和破坏。

当前社会，增强"无痕山林"倡导的对自然"最小冲击"的生态责任意识非常重要。比如通过自带食品、登山鞋的选用、垃圾的处理，都可以实现"最小冲击"：准备食物时，旅行者们完全可以拆下食品的一次性包装，将其放入饭盒里，或者选择包装少的物品；登山鞋底对生物容易造成伤害，因此应选择轻巧的、对植物伤害较小的鞋子；虽然可以把垃圾扔到垃圾桶，但山林中的垃圾清理和运输也会消耗很多能源。因此，要带走所有的垃圾。

旅游开发是系统开发，涉及多方面关系，例如人与自然的关系、旅游开发者与开发地的关系、各级政府部门之间的关系等。在所有的关系中，首先要注重人与自然的关系，树立对自然的敬畏意识。我们应以科学的精神遵循自然规律，努力打造人与自然和谐共生的良好关系。

旅游开发特别需要"无痕山林"的理念。在开发前，对可能出现的破坏环境行为采取应对措施，形成长效保护机制。在旅游业中引入"无痕山林"理念，有助于唤起人们的生态环保自觉意识，能让山更青，水更绿。

新时代新步伐

"因为有你，中国更美"

冷卓凡

秋天的鲁朗镇天朗气清、惠风和畅。举目之处，天空是蓝宝石般通透的蔚蓝，依稀几朵绵绵的白云在飘荡。蓝天白云下，三三两两的牦牛在悠闲地吃着青草，鲜花在目之所及处恣肆绽放。一切都如诗如画，美不胜收。难怪，鲁朗会被誉为神仙居住的地方。

然而，在这样令人叹为观止的美景之下，却有着随处可见的令人触目惊心的垃圾。"捡是捡不完的，捡干净之后很快就又会有新的垃圾被不文明游客扔在这里。"已经在基地参与开展了一个月垃圾捡拾工作的老志愿者向新志愿者们说道。

旅游的开发、景区的建设，虽然为西藏自治区林芝市鲁朗镇的经济和居民生活注入了活力，却也因为许多游客不文明的旅游习惯，给当地的生态环境带来令人痛心的破坏。这些仅仅因为图方便就被随手丢弃的垃圾，好像一道道格格不入的伤痕，糟蹋了旅游区优美的风景。

"呀！怎么有人把酒瓶插到树上了！""那边树下有个可乐瓶！嗨里面还有可乐呢……""天啊！这居然是一大袋尿不湿！"志愿者们一路捡拾垃圾，一路惊诧。

但是，当那些不文明游客随手将这各色的垃圾丢弃在这绿水青山之中，是否想过：这些垃圾，从此要在自然中停留十年百年，才有可能慢慢被降解；而在降解的过程中，又会对土壤水源带来不可逆转的污染；又有多少无辜动物，因为误食了垃圾，而痛苦地死去！

"垃圾捡完了还会有人来扔，可是我们还是要捡，要将这件保护环境的事情坚持做下去！"这是三期和四期志愿者们的共识，也是每一位美丽公约"蓝精灵"们的决心。因为他们爱祖国青山如画、碧水如歌的土地；更因为他们不希望当子孙后代踏上世界第三极的土地，看到的是满目疮痍和垃圾成山。

垃圾或许是捡不完的，但是如果从垃圾的源头进行禁止，就能带来更加明显的改观。因此，对游客进行文明旅游观念的宣传教育、引导游客形成良好的旅游习惯，就显得格外重要。在景区沿途捡拾垃圾之后，志愿者们来到了318国道边的鲁朗花海牧场景区，向沿途经过的游客宣传文明旅游的理念，号召他们共同保护环境、文明出行，共同守护第三极，并为他们系上象征着文明出行承诺的蓝丝带，共同喊出"因为有你，中国更美！"。

令志愿者们感动的是，越来越多的游客对文明旅游的理念表示了赞同和支持，积极地向他们询问美丽公约的情况。许多游客在得知只需要0.5元就可以帮助藏区将一个塑料瓶就地进行回收利用之后，纷纷慷慨捐款，表示自己也要帮忙运送塑料瓶进行回收。

甚至更有许多热心的游客，怀着对环保事业和美丽公约的认可，也拿起了夹垃圾的钳子，加入到了美丽公约志愿者队伍，与"蓝精灵"们一道活跃在318国道上捡拾沿途的垃圾。

虽然藏区目前还有大量的垃圾需要清理，也总有一些不文明游客会随手乱扔垃圾，但是随着游客素质的提升和文明旅游习惯的养成，美丽公约的志愿者们坚信："因为有你，中国更美！"这不是一句口号，而是我们和游客一同许下的美丽承诺。

美丽山水　美好生活

山高沟深偏远，但林密草茂水美，中国许多贫困地区虽然因地理、交通、历史等原因经济发展落后了一步，但他们拥有的优美自然风光、丰富生态资源恰恰成为今天脱贫致富的独特法宝。这些地方大多立足当地资源，努力在山水上做文章，通过保护修复生态、发展特色产业实现就地脱贫。

家门口的“绿色银行”

中国山区林区沙区牧区拥有丰富的土地、物种、景观等资源，既是生态扶贫的主战场，也是林草建设的重点区域。贫困地区努力将林草生态资源转化为脱贫优势和发展资本，宜农则农、宜林则林、宜牧则牧、宜商则商、宜游则游，通过扶持发展特色产业，将“生态红利”造福于贫困群众。

“果树就在家门口，管理好了，以后年年可以有收益。”在黑龙江省海伦市东林乡向荣镇，许多村的贫困户以劳务、管护折资入股，认领了家门前绿化带内种植的果树。据介绍，当地对家门口建起的“小果园”，采取贫困户分散管理、分户收获的模式，不仅成为贫困户增收的“绿色银行”，还达到绿化、美化效果。

在许多地方，生态产业变身“摇钱树”，优美环境成了“聚宝盆”。“没想到，务农养蚯蚓也能赚钱！”三亚市海棠区北山村低保户高方梅感慨。高方梅一家4口人，日子过得很拮据。自从签署蚯蚓养殖协议后，高方梅觉得日子有了盼头。据悉，三亚市海棠区农业农村局、三亚明鑫苑农业科技发展有限公司与海棠区18户低保户共同达成低保扶持产业蚯蚓养殖协议，将低保户的最低生活保障资金投入蚯蚓养殖产业，每年按投入资金的12%分红。

贫困户增加收益的同时还提高了环境质量。海南大学副教授赵洪伟告诉笔者："以蚯蚓养殖为载体，构建良性生态环保产业链。变废为宝，实现资源化利用。蚯蚓粪有机肥能够改善土壤环境，对土壤修复有重大意义。"

争当生态管护员

不少地方既是贫困地区，又是重点生态功能区或自然保护区，这些地方的政府因地制宜，对居住在自然条件特别恶劣地区的群众加大易地扶贫搬迁力度，对生态环境脆弱的禁止开发区和限制开发区群众，增加护林员等公益岗位。

自从三江源国家公园体制试点以来，索索便和村上的64位村民拥有了一个新的身份：生态管护员。在海拔4000多米的黄河源头，他们每天都要骑着摩托进行巡护。

在保护生态环境的同时，特许经营这种方式让参加生态保护的牧民们尝到了甜头。在三江源国家公园澜沧江源园区昂赛大峡谷特许经营点，政府培训了22户牧民成为生态向导。牧民阿桑在同一个位点上，检测到了雪豹、金钱豹、猞猁、棕熊四种大型食肉动物。示范户的牧民们，按照抽签顺序接待来自世界各地的自然体验者，收益的45%归牧民示范户，45%返回到村集体，用于公共事务，剩下的10%属于村级保护基金，专门用于村级的生态环境保护事务。

"每人每月有1800元工资。"索索告诉前去采访的媒体。按照山水林草湖一体化管护的要求，结合精准脱贫，当地实行了生态管护"一户一岗"的政策，生态管护员的工资由"基础工资+绩效工资"构成，其中基础工资占70%，每季度发放一次；绩效工资占30%，年终考核合格后一次性兑现。

在长白山的森林深处，一群曾是建档立卡的贫困户，如今转型为生态护林员。每天他们穿梭在密林中，开展制止野外用火、阻止乱砍盗伐、清理猎套等工作。2016年以来，吉林省利用生态补偿和生态保护工程资金，帮助林区有劳动能力的贫困人口转化为生态护林员。几年来，这项措施带动1万多名贫困人口实现脱贫。

在广西河池市马山县林圩镇伏兴村，有6名刚刚脱贫的村民被聘为生态护林员，9000多亩林地在他们的精心呵护下得到有效管护。截至2019年底，广西选聘续聘生态护林员5.8万人，森林资源管护总面积7600多万亩，基本实现“聘用一人护林、带动一户脱贫”。

据统计，2016年以来至2019年，已累计安排中央资金140亿元，安排省级财政资金27亿元，在贫困地区选聘100万建档立卡贫困人口担任生态护林员。

保护海洋渔业

过度捕捞导致中国野生鱼类资源严重萎缩，实施增殖放流和水产养殖生态环境修复工程尤为重要。由浙江海洋大学承担的“东海野生大黄鱼资源修复工程”，在中街山列岛海域要建面积为50平方公里的岱衢族大黄鱼野化栖息地。

浙江海洋大学党委书记严小军接受笔者采访时说，保护海洋渔业，主要是完善捕捞渔民转产转业补助政策，提高转产转业补助标准，健全生态环境修复补助政策。重建大黄鱼栖息地，进一步恢复舟山海域大黄鱼自然资源，是一项巨大的创新事业。

据了解，东海野生大黄鱼资源修复工程通过智能化高端装备与技术的融合创新，建设岱衢洋大黄鱼野外训练与种源输出的新型栖息地，并采用大黄鱼栖息地、水域环境和生物高效监测与预警技术，有效重建并恢复浙江舟山海域大黄鱼自然资源。

日前，首批200万尾鱼苗投放到基地，开展为期两个月的野化训练，并逐步放流到大海。最终目标是用3年时间，将东海野生大黄鱼资源恢复到1000吨。

《人民日报海外版》（2020年08月25日 第08版）

08 美丽中国　人民日报 海外版　2020年8月25日　星期二
责编：罗兰　邮箱：dzb18888@163.com

广西融水苗族自治县将旅游业打造成脱贫攻坚的支柱产业。图为在融水双龙沟森林旅游度假区梦鸣苗寨，盛装的苗族姑娘准备给游客表演民族舞蹈。　新华社记者 黄孝邦摄

美丽山水　美好生活

鞠立新

山高沟深偏远，但林密草茂水美。中国许多贫困地区虽然因地理、交通、历史等原因经济发展落后了一步，但他们拥有的优美自然风光、丰富生态资源恰恰成为今天脱贫致富的独特法宝。这些地方大多立足当地资源，努力在山水上做文章，通过保护修复生态，发展特色产业实现就地脱贫。

重庆市酉阳土家族苗族自治县板溪镇杉树湾村叠石花谷生态扶贫示范园景区里，游人在游玩。　郎洪斌摄（人民图片）

1.家门口的"绿色银行"

中国山区林区沙区牧区拥有丰富的土地、物种、景观等资源，既是生态扶贫的主战场，也是林草建设的重点区域。贫困地区努力将林草生态资源转化为脱贫优势和发展资本，宜农则农、宜林则林、宜牧则牧、宜游则游，通过扶持发展特色产业，将"生态红利"惠及于贫困群众。

"果树就在家门口，管理好了，以后年年可以有收益。"在黑龙江省海伦市东林乡向荣镇，许多村的贫困户以劳务、管护折资入股，认领了家门前绿化带内种植的果树。据介绍，当地对家门口建起的"小果园"，采取贫困户分散管理、分户收获的模式，不仅成为贫困户增收的"绿色银行"，还达到绿化、美化效果。

在许多地方，生态产业变身"摇钱树"，优美环境成了"聚宝盆"。"没想到，务农养殖蚯蚓也能赚钱！"三亚市海棠区龙山村低保户高方梅感慨。高方梅一家4口人，日子过得很紧张，自从参与蚯蚓养殖以后，高方梅觉得日子有了盼头。据悉，三亚市海棠区农业农村局、三亚明鑫隆农业科技发展有限公司与海棠区18户低保户共同达成低保扶持产业蚯蚓养殖协议，将低保户的最低生活保障资金投入蚯蚓养殖产业，每年按投入资金的12%分红。

贫困户增加收益的同时还提高了环境质量。海南大学副教授赵洪伟告诉笔者："以蚯蚓养殖为载体，构建良性生态环保产业链，变废为宝，实现资源化利用。蚯蚓粪有机肥能够改善土壤环境，对土壤修复有重大意义。"

2.争当生态管护员

不少地方既是贫困地区，又是重点生态功能区或自然保护区，这些地方的政府因地制宜，对居住在自然条件特别恶劣地区的群众加大易地扶贫搬迁力度，对生态环境脆弱的禁止开发区和限制开发区群众，增加护林员等公益岗位。

自从三江源国家公园体制试点以来，索索德和村上的64位村民都有了一个新的身份：生态管护员。在海拔4000多米的黄河源头，他们每天都骑着摩托进行巡护。

在保护生态环境的同时，转往经营这种方式让参加生态保护的牧民们尝到了甜头。在三江源国家公园澜沧江源园区昂赛大峡谷特许经营点，政府培训了22户牧民成为生态向导，牧民阿桑在同一个位点上，检测到了雪豹、金钱豹、猞猁、棕熊四种大型食肉动物。示范户的牧民们，按照抽签顺序接待来自世界各地的自然体验者，收益的45%归牧民示范户，45%返回到村集体，用于公共事务，剩下的10%属于村级保护基金，专门用于村级的生态环境保护事务。

"每人每月有1800元工资。"索索告诉前去采访的媒体。按照山水林草湖一体化管护的要求，结合精准脱贫，当地实行了生态管护"一户一岗"的政策，生态管护员的工资由"基础工资+绩效工资"构成，其中基础工资占70%，每季度发放一次；绩效工资占30%，年终考核合格后一次性兑现。

在长白山的森林深处，一群曾是建档立卡的贫困户，如今转型为生态护林员。每天他们穿梭在密林中，开展制止野外用火、制止乱砍盗伐、清理隐患等工作。2016年以来，吉林省利用生态补偿和生态保护工程资金，帮助林区有劳动能力的贫困人口转化为生态护林员。几年来，这项措施带动1万多名贫困人口实现脱贫。

在广西河池市马山县林圩镇伏兴村，有6名刚刚脱贫的村民被聘为生态护林员，9000多亩林地在他们的精心呵护下得到有效管护。截至2019年底，广西选聘续聘生态护林员5.8万人，森林资源管护总面积7600多万亩，基本实现"聘用一人护林、带动一户脱贫"。

据统计，2016年以来至2019年，已累计安排中央资金140亿元，安排省级财政资金27亿元，在贫困地区选聘100万建档立卡贫困人口担任生态护林员。

3.保护海洋渔业

过度捕捞导致中国野生鱼类资源严重萎缩，实施增殖放流和水产养殖生态环境修复工程尤为重要。由浙江海洋大学承担的"东海野生大黄鱼资源修复工程"，在中街山列岛海域规划面积为50平方公里的仿野生大黄鱼野化驯养基地。

浙江海洋大学党委书记严小军接受笔者采访时说，保护海洋渔业，主要是完善捕捞渔民转产转业补助政策，提高转产转业补助标准，健全生态环境修复补助政策，重建大黄鱼栖息地，进一步恢复舟山海域大黄鱼自然资源，是一项巨大的创新事业。

据了解，东海野生大黄鱼资源修复工程通过智能化远端装备与技术的融合创新，建设仿海洋大黄鱼野外训练与种群输出的新型基地，并采用大黄鱼栖息地、水域环境和生物高效监测与预警技术，有效重建并恢复浙江舟山海域大黄鱼自然资源。

目前，首批200万尾鱼苗已投放到基地，开展为期两个月的野化训练，并逐步放流到大海。最终目标是用3年时间，将东海野生大黄鱼资源恢复到1000吨。

湖南省安化县唐溪茶园。周德源摄

绿色发展圆了致富梦

冯彦明

当前，中国经济由高速增长转入高质量发展，不再单纯追求经济增长及其速度，而是在新发展理念指导下实现"五位一体"的统筹和协调发展。同时，今年底要确保现行标准下农村贫困人口实现脱贫，并全面建成小康社会。无论哪一方面，生态保护、发展生态产业都在其中占有极其重要的地位。因为生态保护和生态产业是真正的绿色产业，缺乏绿色发展的经济社会发展是不协调的，缺乏生态文明建设的经济、政治、文化、社会统筹发展是不完善的。

在扶贫问题上，树立科学的生态理念非常重要。因为扶贫不仅仅是增加收入，更是要满足人们对美好生活的追求，而美好生活需要美好环境以及由美好环境提供的美好产品。生态扶贫是实现脱贫攻坚与生态文明建设的双赢之举，是通过实施重大生态工程建设、加大生态补偿力度、大力发展生态产业、创新生态扶贫方式等，加大对贫困地区、贫困人口的支持力度，以达到推动贫困地区扶贫开发与生态保护相协调、脱贫致富与可持续发展相促进的扶贫模式。

生态扶贫关键在人，关键在人的认识、思路和措施。"两山论"从生态文明建设和以人民为中心的政治高度出发，为落实生态扶贫指明了方向。要让绿水青山真正转化为金山银山，既要发展与之相适应的高山经济、草原经济、林下经济等，也要为维护绿水青山而开展生态建设、科技支撑和金融支持，还要有对绿水青山进行深度研习的适应不同年龄、年级阶段、不同学科专业的绿色旅游和研学。这些生态产业的发展不仅仅是保护生态和增加收入的重要渠道，更是促进人们转变观念、保护和发展生态产业的有效途径，是实现"扶贫先扶智"要求的重要体现。

中华民族历来注重保护生态，强调把人看成自然界的有机组成部分，而不是自然界的主宰。保护生态，通过发展生态产业实现脱贫致富，既是保护我们人类自己的家园，也是为了实现共享共赢、共同发展。这是以人为本、实现个人全面发展和人类可持续发展的必然要求，与西方文化中优胜劣汰的丛林法则、肆意掠夺他国和自然资源造成生态危机的做法根本不同，是新时代中国生态文明建设的应有之义，当然也是中华民族为实现人类可持续发展贡献的中国智慧和中国方案。（作者系中央民族大学经济学院教授）

新时代新步伐

在江西省吉安市泰和县苑前镇凤塘村生态莲子种植基地，农民在采摘莲蓬。司马天民摄（人民视觉）

茶村蝶变

周云峰　刘刚贵

游客在唐溪茶园游玩。资料图片

地处大熊山腹地的湖南省安化县田庄乡高马二溪村，平均海拔700米，层峦叠嶂，溪涧纵横，正所谓"高山云雾出好茶"，这里是历史上有名的优质茶产区。然而，过去由于人们观念落后，交通制约，村民种茶、采茶、卖茶不方便，茶叶生产经营艰难，曾是省级贫困村。近三年来，高马二溪村村民转变观念，依托大自然赐予的生态茶园发展绿色产业，致力绿色崛起，以宜居宜游为目标，用最小的环境代价和最合理的资源消耗，把丰富的自然资源、良好的生态环境和深厚的文化底蕴转化为发展优势。

湖南城市学院派驻村扶贫工作队队长、高马二溪村党支部第一书记罗延富介绍，3年时间，扶贫工作队带来了技术、资金和项目，帮助村民发展产业，连接销售和市场，修通了乡亲的致富路、幸福路，实现了高山茶村的精彩"蝶变"。

要致富先修路。湖南城市学院对接相关政府部门，多方筹措资金，一年多时间里，高马二溪村杏园、高家溪、板楼溪、黄粘仓等片区11.92公里公路完成扩改，板楼溪3.3公里6.5米旅游环线扩改硬化竣工，主干道钢棒嘴公路6公里的道路扩改工程完成。

高马二溪村党支部书记陈哲群高兴地对笔者说，茶村变化最大的是交通，乡亲们体验到了实实在在的方便。

家住在海拔800多米、大山深处的谌任岩，曾因生存条件差、交通闭塞，吃过不少苦，以前靠种粮食、木材为生，养过牛、喂过马，第一段婚姻也因贫穷而结束。进山公路修通后，谌任岩作了重大决定：成立苏家溪茶叶专业合作社，流转500亩荒山。在精准帮扶下，这位曾经长期为钱所愁的汉子，先后投资600多万元，建起了一座茶庄园，拥有500多亩茶园，年收入200万元。

路通百业兴。全村4个片区的安全饮水工程完工，彻底解决了1900多人安全饮水问题；通信、网络工程实现全覆盖。各项基础设施的完善，有力促进了产业发展，全村茶园面积已发展到1.8万亩，数家茶企落户村镇。

罗延富自豪地说："公路一通，财路就通，进村务工人员多了，各地茶商云集，交易红红火火！"

为打造最美茶村，湖南城市学院特色扶贫提出以高马二溪村种茶历史悠久、茶叶品质优为亮点，发展集茶叶种植、生态观光于一体的茶旅融合产业。去年，一片10多亩的生态茶园成为全村茶旅示范基地。

如今，驱车蜿蜒行驶在高马二溪村，远处山峦间随处可见沥青路、凉亭楼台、新型别墅，移位换景，如同在画中穿梭。

谌任岩家的茶庄设有数间茶室、客房；板溪水道清澈，峡谷里安装了路灯……谈到村上茶旅一体规划，罗延富如数家珍。

走进高马二溪村村民服务中心，进门就有古香古色的茶室，陈列着全村所有茶企的产品、商标，让人真切感受到了茶村的茶文化；修建卫生室、农家书屋，配备了完善的文体设施，新建起村级戏台，组建了广场舞队和腰鼓队。以前天一黑就一片寂静的村民服务中心，如今入夜后灯火通明、热闹非凡。同时，上山寻茶、体验旅游的游客接踵而来，茶庄、茶店客流不断。

村子还建立了黑茶研究基地，基地利用产学研结合优势，精准对接高马二溪村黑茶产业需求，确立茶叶生产标准，为茶农提供生产加工技术培训；利用黑茶金花菌重点实验室等10个相关科研平台，提供技术支撑。茶农种茶制茶技术突飞猛进，茶叶品质越来越好。

现在，茶村所产茶叶鲜叶品质提高了，销路广了，经济效益也上来了。50多家茶企、茶厂、合作社，每亩茶园年收入达6000多元，高马二溪村茶叶综合产值上亿元；贫困户从124户降至3户，贫困人口从452人降至13人，成了远近闻名的富裕村。

绿色低碳　健康生活

如今，各国都在面临一场由疫情带来的深刻变革，特别是在生活工作上，各种“新常态”悄然普及：居家办公、无接触服务、线上交易、低碳出行、拒食野生动物等。疫情前，人们往往不经思考地接纳了一些由高碳排放带来的生活便利；疫情后，大家开始反思这种所谓的“便利”背后，藏有不少破坏生态环境的隐患。越来越多的人愿意在未来生活中，持续用实际行动支持绿色低碳生活。

“自己做饭”成潮流

民以食为天。疫情期间，不少城市都在执行不同程度的居家隔离、社区封闭等管理措施，因务工人员返程困难，不少城市遭遇了快递延迟、订单取消、餐厅关门等问题。以往依赖于出外就餐或订外卖的人们，不得不考虑自行解决三餐问题。

一家环保组织——自然之友在收集的有效调查问卷 11230 份中，超过 70% 的人在疫情期间选择“在家做饭的次数更多”。

大学教授唐女士接受采访时，由衷地对笔者说，疫情期间，外出就餐不安全，外卖取餐也有风险，“吃什么”成了家人最关心的问题。宅在家中的她尝试用电饭煲做了蛋糕，还从网上学做了凉粉、麻辣香锅等美食。

“90后”女孩若男告诉笔者，无法出门的她被美食欲望折磨了半个月后，终于从朋友圈云吃火锅发展到了亲自下厨，曾经“手无提刀”之力的她，摇身一变成了“才艺”厨娘，其制作的精美面食也赢得朋友圈高频点赞。

拥有两个娃的全职母亲李飞告知笔者，在家里吃饭，客观营造了温馨的家庭生活，孩子们也懂得了“粒粒皆辛苦”的道理，后疫情时代，会继续保持这种习惯。

后疫情时代，“自己做饭和物尽其用”是最乐于被保持的，调查结果显示，79.3%的受访者表示愿意在后疫情时代保持“更多时间自己做饭，充分利用家中物品”的“低碳消费”特质。

一些居民在接受采访时称，“今后，会尽可能选择自己在家做饭，居家做饭是更为健康、绿色的生活方式。外卖给我们带来方便的同时，也埋下了健康隐患，还可能会加剧白色污染、粮食浪费和能源消耗。据报道，疫情期间，在线做饭软件的用户量直线上升。

强身健体成主角

经历疫情后，更多人将职场上激烈竞争的脚步放慢，转而开始关注健康问题，大家认识到身心健康才是生命的根本。调查显示，有76.6%的受访者表示更加关注健康和医疗。

练瑜伽、弹古琴……许多人通过各种方式强身健体。北京古琴研究会副会长、北京过云楼书院院长郭怀瑾接受笔者采访时说，身心健康很重要，美好生活离不开中国的音乐。心情与身体的关系极为密切，心态好、气血平和就会养心护脑，心神宁静自然健康长寿。他认为，中国的五个音符很了不起，五音调五脏，因此古琴的疗愈和养生功用很大。麦子、格文等学员表示，古琴有调气、调身心的作用，坚持弹古琴，很受益。

北京市日坛中学体育教师祖保全告诉笔者，免疫才是最好的医生，运动更能增加免疫力抵御病魔。受疫情影响，很多健身房停止开放，祖老师向笔者介绍了一种居家、室外都可以操作的运动——爬行。在中医的典籍中，华佗的“五禽戏”中就有模仿动物爬行的动作。祖教练业余时间义务指导居民们“爬行”，让他们在有限的场地内加强运动。正值中年的个体经营者贾先生介绍，爬行运动使他的颈椎腰椎的负担减轻了，提高了身体的灵活性。

一位退休职工陈立萍女士告诉笔者，疫情后，将会继续坚持晨练。目前，在她的带动下，社区晨练队伍自发形成，几位队员表示，大家在一起晨练互相鼓励，不仅强身健体，还建立了友谊。

绿色出行受青睐

随着人们对新冠肺炎传染途径的了解，步行、骑自行车、自驾等方式被公认为比较安全的出行方式。同时，疫情对人们的购物方式产生了很大影响。据调查，排在第一位的变化是“网购的次数更多”，排在第二位的变化是“去社区超市 / 小市场的次数更多”。网购增多无形中减少了出行次数，社区购物场所往往距离居住地点比较近，人们可以更多地选择步行或自行车前往，从出行方式上也会更环保。

一名北京出租车司机李先生告诉笔者，受疫情影响，市内短途，很多客人选择步行或自行车，还有一些人选择自驾车，相对于疫情前，打车的客人减少了不少。在调查问卷中，大部分受访者表示，疫情期间自己的市内出行方式发生了变化。对于职场人士和大学生群体来说，选择步行或自行车出行比例更高。

现在，一些居民对出行问题格外重视，据调查，近六成的受访者表示愿意在后疫情时代用远程会议 / 在线学习的方式减少部分出行或出差；一半以上的受访者表示愿意在后疫情时代保持“选择居住区更近的商超和休闲区”。

即使出行，也采用对环境影响较小的绿色出行方式，既节约能源、减少污染，又益于健康。尽量乘坐地铁、公共汽车等公共交通工具，自驾车做到环保驾车，短途距离采取步行、骑自行车等交通方式。调查显示，疫情期间更多人在城市出行中选择步行或自行车，超过一半的受访者表示喜欢这个变化。除了更健康、经济和环保之外，还意味着更多探索周边社区和本社区建立更深度联结的机会。这种联结不仅有利于个人心理健康，也有利于社区的可持续发展。

环保意识提升

经历疫情，人们对环境保护投入更多关注，越来越多的人意识到，自然环境变化和野生动物的生存状况跟我们的生活息息相关。调查显示，超过一半受访者表示“更加关注自然环境变化和野生动物话题”；接近八成的受访者认同，不应该为了自己的利益去损害环境。专家分析，这些共识的达成预示着将有更多的人持有以生态系统为中心的生态观，这种观念是实现环境美好和气候安全的重要基础。

大家越来越意识到，美好生活跟外部大环境紧密相关。调查发现，在公众心中，良好的环境、安全的气候与个人的美好生活息息相关。超过九成的人认为，环境、气候和美好生活的组成要素高度相关。

生态环境部应对气候变化司副司长孙桢说，气候变化和环境治理是有相关性的，所以对老百姓来讲，改善环境是大家强烈的期待。避免气候灾难是与人民群众切身利益相关的，是涉及人民群众的财产安全的大事。公众、消费者的消费习惯、消费方式也应相应地有所改变，多采取一些低碳消费方式是很重要的。

“气候变化问题的最终解决关键是要靠取得社会共识，得到公众响应和支持。”人民大学郑保卫教授分析说，中国气候传播项目中心进行了全国范围内大规模的“中国公众气候变化与气候传播认知状况调查”，调查结果显示，中国公众愿意为应对气候变化采取相应的行动。例如，80% 的公众愿意为购买相应的环保产品支付更多费用；接近 80% 的受访者认为要改变自己的行为，才能最终应对气候变化所带来的挑战。这些数据说明，在我国公众中宣传和推广应对气候变化是有很好的社会基础和群众基础的。

《人民日报海外版》（2020 年 07 月 28 日 第 08 版）

绿色低碳　健康生活

鞠立新

如今，各国都在面临一场由疫情带来的深刻变革，特别是在生活工作上，各种“新常态”悄然普及：居家办公、无接触服务、线上交易、低碳出行、拒食野生动物等。疫情前，人们往往不经思考地接纳了一些由高碳排放带来的生活便利；疫情后，大家开始反思这种所谓的“便利”背后，藏有不少破坏生态环境的隐患。越来越多的人愿意在未来生活中，持续用实际行动支持绿色低碳生活。

“自己做饭”成潮流

民以食为天。疫情期间，不少城市都在执行不同程度的居家隔离、社区封闭等管理措施，因务工人员返程困难，不少城市遭遇了快递延迟、订单取消、餐厅关门等问题。以往依赖于出外就餐或订外卖的人们，不得不考虑自行解决三餐问题。

一家环保组织——自然之友在收集的有效调查问卷11230份中，超过70%的人在疫情期间选择“在家做饭的次数更多”。

大学教授唐女士接受采访时，由衷地对笔者说，疫情期间，外出就餐不安全，外卖取餐也有风险，“吃什么”成了家人最关心的问题。宅在家中的她尝试用电饭煲做了蛋糕，还从网上学做了凉粉、麻辣香锅等美食。

“90后”女孩若男告诉笔者，无法出门的她被美食欲望折磨了半个月后，终于从朋友圈云吃火锅发展到了亲自下厨，曾经“手无缚刀”之力的她，摇身一变成了“才艺”厨娘，其制作的精美面食也赢得朋友圈点赞。

拥有两个娃的全职母亲李飞告知笔者，在家里吃饭，客观营造了温馨的家庭生活，孩子们也懂得了“粒粒皆辛苦”的道理，后疫情时代，会继续保持这种习惯。

后疫情时代，“自己做饭和物尽其用”是最乐于被保持的，调查结果显示，79.3%的受访者表示愿意在后疫情时代保持“更多时间自己做饭，充分利用家中物品”的“低碳消费”特质。

一些居民在接受采访时称，“今后，会尽可能选择自己在家做饭，居家做饭是更为健康、绿色的生活方式。外卖给我们带来方便的同时，也埋下了健康隐患，还可能会加剧白色污染、粮食浪费和能源消耗。据报道，疫情期间，在线做饭软件的用户量直线上升。

强身健体成主角

经历疫情后，更多人将职场上激烈竞争的脚步放慢，转而开始关注健康问题，大家认识到身心健康才是生命的根本。调查显示，有76.6%的受访者表示更加关注健康和医疗。

练瑜伽、弹古琴……许多人通过各种方式强身健体。北京古琴研究会副会长、北京过云楼书院院长郑怀瓘接受笔者采访时说，身心健康很重要，美好生活离不开中国的音乐。心情与身体的关系极为密切，心态好，气血平和就会养心护脑，心神宁静自然健康长寿。他认为，中国的五个音符很了不起，五音调五脏，因此古琴的疗愈和养生功用很大。麦子、格文等学员表示，古琴有调气、调身心的作用，坚持弹古琴，很受益。

北京市日坛中学体育教师祖保全告诉笔者，免疫才是最好的医生，运动更能增加免疫力抵御病魔。受疫情影响，很多健身房停止开放，祖老师向笔者介绍了一种居家、室外都可以操作的运动——爬行。在中医的典籍中，华佗的“五禽戏”中就有模仿动物爬行的动作。祖教练业余时间义务指导居民们“爬行”，让他们在有限的场地内加强运动。正值中年的个体经营者贾先生介绍，爬行运动使他的颈椎腰椎的负担减轻了，提高了身体的灵活性。

一位退休职工陈立萍女士告诉笔者，疫情后，将会继续坚持晨练。目前，在她的带动下，社区晨练队伍自发形成，几位队员表示，大家在一起晨练互相鼓励，不仅强身健体，还建立了友谊。

湖南省涟源市桥头河镇新培童心幼儿园的小朋友展示手绘的低碳环保作品。张扬摄（新华社发）

浙江省台州市市民在仙居县永安溪休闲绿道上晨跑。王华斌摄（人民视觉）

江苏省苏州市克澄中学学生展示环保创意服装。　华雪根摄（人民视觉）

重庆市沙坪坝区新桥街道张家湾社区，垃圾分类指导员教居民使用智能垃圾分类回收设备。　孙凯芳摄（人民视觉）

绿色出行受青睐

随着人们对新冠肺炎传染途径的了解，步行、骑自行车、自驾等方式被公认为比较安全的出行方式。同时，疫情对人们的购物方式产生了很大影响。据调查，排在第一位的变化是“网购的次数更多”，排在第二位的变化是“去社区超市/小市场的次数更多”。网购增多无形中减少了出行次数，社区购物场所往往距离居住地点比较近，人们可以更多地选择步行或自行车前往，从出行方式上也会更环保。

一名北京出租车司机李先生告诉笔者，受疫情影响，市内短途，很多客人选择步行或自行车，还有一些人选择自驾车，相对于疫情前，打车的客人减少了不少。在调查问卷中，大部分受访者表示，疫情期间自己的市内出行方式发生了变化。对于职场人士和大学生群体来说，选择步行或自行车出行比例更高。

现在，一般居民对出行问题格外重视，据调查，近六成的受访者表示愿意在后疫情时代用远程会议/在线学习的方式减少部分出行或出差；一半以上的受访者表示愿意在后疫情时代保持“选择居住区更近的商超和休闲区”。

即使出行，也采用对环境影响较小的绿色出行方式，既节约能源、减少污染，又益于健康。尽量乘坐地铁、公共汽车等公共交通工具，自驾车做到环保驾车，短途距离采取步行、骑自行车等交通方式。调查显示，疫情期间更多人在城市出行中选择步行或自行车，超过一半的受访者表示喜欢这个变化。除了更健康、经济和环保之外，还意味着更多探索周边社区和本社区建立更深度联结的机会。这种联结不仅有利于个人心理健康，也有利于社区的可持续发展。

环保意识提升

经历疫情，人们对环境保护投入更多关注，越来越多的人意识到，自然环境变化和野生动物的生存状况跟我们的生活息息相关。调查显示，超过一半受访者表示“更加关注自然环境变化和野生动物话题”；接近八成的受访者认同，不应该为了自己的利益去损害环境。专家分析，这些共识的达成预示着将有更多的人持有以生态系统为中心的生态观，这种观念是实现环境美好和气候安全的重要基础。

大家越来越意识到，美好生活跟外部大环境紧密相关。调查发现，在公众心中，良好的环境、安全的气候与个人的美好生活息息相关。超过九成的人认为，环境、气候和美好生活的组成要素高度相关。

生态环境部应对气候变化司副司长孙桢说，气候变化和环境治理是有相关性的，所以对老百姓来讲，改善环境是大家强烈的期待。避免气候灾难是与人民群众切身利益相关的，是涉及人民群众的财产安全的大事。公众、消费者的消费习惯、消费方式也应相应地有所改变，多采取一些低碳消费方式是很重要的。

“气候变化问题的最终解决关键是要靠取得社会共识，得到公众响应和支持。”人民大学郑保卫教授分析说，中国气候传播项目中心进行了全国范围内大规模的“中国公众气候变化与气候传播认知状况调查”，调查结果显示，中国公众愿意为应对气候变化采取相应的行动。例如，80%的公众愿意为购买相应的环保产品支付更多费用；接近80%的受访者认为要改变自己的行为，才能最终应对气候变化所带来的挑战。这些数据说明，在我国公众中宣传和推广应对气候变化是有很好的社会基础和群众基础的。

图片除署名外均摄百度

给生活添点绿

刘汇佳

古人云：“静生智，定生慧。”人只有静下来才能深刻反省自己的言行。此次新冠疫情引发人们一系列反思：我们应该敬畏自然，改变过去向自然无度索取的生活方式，今后应该选择过绿色生活。

绿色生活是一种没有污染、节约资源、对环境友好的生活。它代表了一个社会的文明水平，意味着社会成员懂得自我规范、懂得尊重公共空间、懂得人与自然和谐相处。美好生活需要靠大家共同创造，如果每个人都能给自己的生活加点“绿”，普天之下就能绿意浓浓、生机勃勃。

绿色出行是绿色生活的一部分，是大多数人都能积极参与的一项活动。在后疫情时代，为了减少感染机会，人们在做好防护的基础上，出行时选择骑车这种既环保又健康的方式可谓一举两得。比如，在蚂蚁森林程序里，我们行走的能量达到1.79万克，平台就会帮你去荒漠化地区种上一棵树。走路锻炼了身体，还种了树，不仅自己健康了，还为大地增添了绿色。

绿色消费是绿色生活的另一重头戏，是在现代生态观指引下，改善生活质量、扭转粗放消耗模式、倡导节约适度的生活新方式。我们需要转变消费观念，在追求生活舒适的同时，注重环保，节约资源，实现可持续消费。在日常生活中，减少或不使用不可降解的塑料袋，使用可降解塑料袋或多次重复使用布袋，可以有效减少对环境的污染；“光盘行动”需要长期提倡，无论在家中还是在外面吃饭，都要做到不浪费粮食，拒绝食用野生动物，不讲排场，不铺张浪费，既节约了钱财，也减轻了环境压力，保护了野生动物。绿色消费还包括减少使用一次性物品，节约水电资源等。虽然都是一些不起眼的小事，但日积月累，积少成多，能为生态建设贡献一份大力。

自然、环保、节俭、健康是绿色生活方式的特性，其实现需要一个长期积累和巩固的过程，需要政府、企业和个人三方面深入配合。政府部门有很多工作需要做，比如发布政策，鼓励企业生产绿色产品；引导街道社区开展绿色生活邻里、共享单车健康骑行、绿色家庭评选等活动；尽快构建更多体现生态产品价值的绿色价格政策体系，借助价格机制作用，推动形成绿色生活方式。企业和商家则需要积极生产绿色产品，不追求过度时尚，拒绝过度包装；不提供一次性用品，大力支持发展使用可降解的替代品。

敬畏自然、珍惜资源的绿色生活，不仅仅是一句倡议，更是每个人的具体行动，这也是“修复”人与自然的一种重要方式。每个个体，都应把践行绿色生活作为自己应尽的社会责任，在衣食住行中有意识地改变过去落后的生活风俗习惯。只有人人行动起来为生活增加“绿色”，高质量的幸福生活才指日可待。

“绿色生产”守护绿水青山

绿水青山需要大家共同守护，其中，中小企业是重要一员。据统计，中小企业占全国工业企业数量的90%以上，能耗约占工业总能耗的25%—30%。它们规模小，基础管理能力偏低，节能减排效率普遍低于大型企业，致使能耗和污染排放总量居高不下。绿色发展，一个都不能少。在政府节能减排政策指引下，不同类型的中小企业开始面对短板，作出内部制度创新、节能技术改造、淘汰落后产能等多方面调整，为绿色高质量发展贡献一己之力。

争当能效“领跑者”

为破解资源环境约束，从根本上改变高投入、高消耗、高排放的发展模式，中国正在按照生态文明建设的要求，推动生产、生活方式向绿色高质量发展转变。

对中小企业而言，做好节能减排是践行绿色发展的重要实践。据了解，当前绝大多数中小企业节能减排基础设施和相关工艺技术处于相对落后水平，能源利用效率比全国平均水平低20%以上。比如，在黑色冶炼及加工行业中，中小企业数量虽占全部企业的74%，但其总产值规模仅占全行业的20%；在建材行业，落后工艺80%以上集中在中小企业。

落后也意味着有发展潜力，一旦中小企业更新设备和技术、加强能源管理，它们节能减排的效果会显著提高，将对国家节能减排目标总量有极大贡献。据相关机构对近300家企业的问卷调研显示，大部分企业已认识到能源管理工作对企业效益提升的重要性。

2010年4月，工业和信息化部发布《关于进一步加强中小企业节能减排工作的指导意见》，从国家层面提出加强中小企业节能减排。之后，各地中小企业节能工作不断开展。山东省在全国首次出台《关于推进全省中小企业绿色发展的意见》，提出打造绿色低碳循环发展产业体系，推进全省中小企业绿色发展、生态发展、可持续发展。

节能意识在全社会日益增强。2014年12月，国家建立能效"领跑者"制度，通过树立标杆、政策激励、提高标准，形成终端用能产品、高耗能行业、公共机构能效水平不断提升的长效机制。在国家实施能效"领跑者"的同时，一些地方政府积极推进能效"领跑者"工作，比如北京市的"能效"领跑者制度、河北省的"能效领跑者"活动和江苏省的"能效之星"等。随着该制度影响力和认知度初步建立，全国已有21个省市相应出台了激励政策，越来越多的企业参与到"领跑者"队伍中。

完善能源管理体系

从宏观上进行内部制度创新调整，建立健全能源管理内部制度，是中小企业低碳管理制度的重要举措，其中包括能源计量、能源统计、能源监测、能源审计以及能源考核体系制度等。目前，我国大部分中小企业依据政府要求，正在努力完善相应的能源管理制度。

江苏是经济大省，也是企业创业创新的集聚地。截至2018年年底，江苏省中小工业企业总数居全国第一。鉴于江苏省中小企业的工业产值、技术水平和人员素质等在国内居于领先地位，在提高能源管理水平、推进企业绿色化发展等方面具有较好基础，自然资源保护协会和中国标准化研究院等单位自2013年起选择该省作为试点地区，开展典型行业中小企业节能潜力分析及供应链节能减排的相关研究。

群光电子就是尝到节能减排试点项目甜头的中小企业。2016年5月，该企业参加了可持续能源管理体系试点项目。企业在十余年节能工作基础上，借助项目平台，整合企业能源管理资源，建全了符合电子行业能源结构和用能特征的能源管理体系。群光电子实施了11项管理节能与8项节能技改项目，初步实现年节电量524.38万千瓦时、天然气50万立方米，水4万吨，节省能源费用584.33万元。通过可持续能源管理体系的有效运行，让中小企业尝到发掘节能机会的甜头，持续实现了能效提升和用能优化。

目前，国内中小企业积极开展节能技术改造，采取企业内部或联合外部的科研力量进行技术创新。中小企业顺达电子通过可持续能源管理体系的有效运行，建立了符合企业经营生产状况和和中长期发展需求的能源管理体系。在该体系的运作下，顺达电子2016年8月—2017年8月实施了7项管理节能与3项节能技改项目，初步实现年节电量146.12万千瓦时，节省能源费用95.02万元。仅2016年，企业万元产值能耗由2015年的61.88千瓦时/万元降低到60.66千瓦时/万元，下降了1.97%。企业真正从节能技术改造中获得了利润，也增强了企业信心。

江苏盛恒化纤结合化纤行业的能源结构和耗能特征，建立了能源管理团队，编写了能源管理体系各级文件，各车间编写了能源考核细则，建立了三级奖惩考核制度；通过推动能源管理体系的建设，提高了领导和员工的节能意识，提升了企业的节能文化，从而使体系推行更加顺利；通过提升企业能源管理能力，挖掘节能机会，开展节能项目，获得节能收益。在该体系的运作下，盛恒化纤在2016—2017年实施了4项管理、5项节能技改项目，初步实现年节电量306.44万千瓦时，节省能源费用约214.51万元。

破解绿色融资难

相比欧美等发达国家，中国中小企业低碳生产的政策工具还有待进一步完善。从江苏试点企业整体情况看，目前仍存在政策适用性、节能意识提升以及专业能力提高等问题。

同时，资金也是困扰中小企业落实节能措施和实现节能目标的一大问题。中国标准化研究院课题组将近 300 份调查问卷发放到江苏省内的生产制造企业，通过调查发现，中小型企业层面在节能资金投入上，有近一半的企业倾向于为提高能源绩效工作提供基础资金支持，但在设立节能奖励资金和建立继续激励制度方面，比例较低。

为缓解中小企业绿色融资难问题，目前，国内多家单位和机构开展了相关探索。兴业银行向国内中小企业提供专项融资用于节能减排。在节能减排贷款（三期）业务中，兴业银行通过向 IFC（国际金融公司）支付一定的费用，获得 IFC 提供的贷款担保，并将这种担保免费供给有节能减排融资需求的中小企业。这一创新机制实质上放宽了对借款人抵押担保的要求，大大降低了中小企业的融资门槛和成本。

《人民日报海外版》（2020 年 06 月 30 日 第 08 版）

为中小企业赋“绿能”[①]

绿色是可持续发展的重要保证。践行绿色发展，增强中小企业动能，是中国引导和激发中小企业大力开发绿色技术、生产绿色产品、发展绿色经济，形成节能低碳的产业体系的核心思想。

增强中小企业作为保护环境与发展经济的重要力量点，一方面可以有效促进低碳发展、节能减排、解决资源环境问题，另一方面也可以助推产业转型升级、培育低碳经济发展新动能。

目前，中国最大限度地实现了资源的持续利用和生态环境的有效改善，注重综合运用质量、安全、环保等标准助推中小企业结构调整。提倡在中小企业集中的工业园区实行集中供热、供电、制冷等能源集中供应模式和工业污染集中治理模式。有效发挥市场主体作用推动建设绿色制造体系。同时，中国鼓励中小企业走资源循环高效利用、能源梯级利用、变废为宝、化害为利的循环经济发展之路。

今后，助推中小企业绿色发展须注重以下几个方面的工作：

---

① 本文刊载时署名为：榕新。

一是共享优势资源，优化中小企业绿色发展环境。积极参与相关国家生态环保标准和技术创新合作，共享优势资源，优化中小企业环境产品和服务贸易的简捷化，形成闭合产业链绿色发展。制定并实施鼓励绿色发展的产业政策，大力提倡中小企业的绿色投资、绿色园区建设、绿色技术合作。

二是引导中小企业大力加强技术标准提升，开发绿色技术、发展绿色经济，增强中小企业绿色、节能环保产业发展动能，形成绿色、节能低碳的产业体系。相关政府部门为参与低碳发展建设的中小企业在投资、经商、技术研发、融资等进程中提供法律和人力资源等服务，协助中小企业评估、化解风险，维护企业信用、保障企业合规运行。

三是发挥中小企业主体作用，推动数字化改造升级，拓展中小企业绿色发展路径。鼓励中小企业充分运用云化研发设计、生产管理和运营优化软件，助推中小企业提升全球制造资源配置效率。

四是加大培训和保障力度，提高中小企业绿色发展能力。有效开展中小企业人员培训，积极传播绿色发展理念。

《人民日报海外版》（2020 年 06 月 30 日 第 08 版）

08 美丽中国 人民日报海外版 2020年6月30日 星期二
责编：罗兰 邮箱：dzzb8888@163.com

绿水青山需要大家共同守护，其中，中小企业是重要一员。据统计，中小企业占全国工业企业数量的90%以上，能耗约占工业总能耗的25%-30%。它们规模小，基础管理能力偏低，节能减排效率普遍低于大型企业，致使能耗和污染排放总量居高不下。绿色发展，一个都不能少。在政府节能减排政策指引下，不同类型的中小企业开始面对短板，作出内部制度创新、节能技术改造、淘汰落后产能等多方面调整，为绿色高质量发展贡献一己之力。

河北省邢台金风科技有限公司工人正在组装风力发电机组叶轮。 魏永辉摄（人民视觉）

争当能效“领跑者”

为破解资源环境约束，从根本上改变高投入、高消耗、高排放的发展模式，中国正在按照生态文明建设的要求，推动生产、生活方式向绿色高质量发展转变。

对中小企业而言，做好节能减排是践行绿色发展的重要实践。据了解，当前绝大多数中小企业节能减排基础设施和相关工艺技术处于相对落后水平，能源利用效率比全国平均水平低20%以上。比如，在黑色冶炼及加工行业中，中小企业数量占全部企业的74%，但其总产值规模仅占全行业的20%；在建材行业，落后工艺80%以上集中在中小企业。

落后也意味着有发展潜力。一旦中小企业更新设备和技术，加强能源管理，它们节能减排的效果会显著提高，将对国家节能减排目标总体贡献极大贡献。据相关机构对近300家企业的问卷调研显示，大部分企业已认识到能源管理工作对企业效益提升的重要性。

2010年4月，工业和信息化部发布《关于进一步加强中小企业节能减排工作的指导意见》，从国家层面提出加强中小企业节能政策。之后，各地中小企业节能工作不断开展，山东省在全国首次出台《关于推进全省中小企业绿色发展的意见》，提出打造绿色低碳循环发展产业体系，推进全省中小企业绿色发展、生态发展、可持续发展。

节能意识在全社会日益增强。2014年12月，国家建立能效“领跑者”制度，通过树立标杆、政策激励、提高标准，形成终端用能产品、高耗能行业、公共机构能效水平不断提升的长效机制。在国家实施能效“领跑者”的同时，一些地方政府积极推进落实“领跑者”工作，比如北京市的“能效”领跑者制度、河北省的“能效领跑者”活动和江苏省的“能效之星”等。随着该制度影响力和认知度初步建立，全国已有21个省市相应出台了激励政策，越来越多的企业参与到“领跑者”队伍中。

“绿色生产”守护绿水青山

鞠立新

近年来，西北油田大力实施节能减排，开展污染防治，油田采出水全部实现洞层回注零外排，油区绿化面积超过5万平方米，在塔克拉玛干沙漠描绘了一幅美丽的生态画卷。 石立斌摄（人民视觉）

完善能源管理体系

从宏观上进行内部制度创新调整，建立健全能源管理内部制度，是中小企业抓好管理制度的重要举措，其中包括能源计量、能源统计、能源监测、能源审计以及能源考核体系制度等。目前，我国大部分中小企业依据政府要求，正在努力完善相应的能源管理制度。

江苏是经济大省，也是企业创业创新的集聚地。截至2018年年底，江苏省中小工业企业总数居全国第一。鉴于江苏省中小企业的工业产值、技术水平和人员素质等在国内居于领先地位，在提高能源管理水平、推进企业绿色化发展等方面具有较好基础，自然资源保护协会和中国标准化研究院等单位自2013年起选择该省作为试点地区，开展典型行业中小企业节能潜力分析及供应链节能减排的相关研究。

群光电子就是该项节能减排试点项目中的中小企业。2016年5月，该企业参加了可持续能源管理体系试点项目。企业在十余年节能工作基础上，借助项目平台，整合企业能源管理资源，建立了符合电子行业能源结构和用能特征的能源管理体系。群光电子实施了11项管理节能与8项节能技改项目，初步实现年节电量524.38万千瓦时、天然气50万立方米、水4万吨，节省能源费用584.33万元。通过可持续能源管理体系的有效运行，让中小企业找到发掘节能机会的源头，持续实现了能效提升和用能优化。

目前，国内中小企业积极开展节能技术改造，采取企业内部或联合外部的科研力量进行技术创新。中小企业耀达电子通过可持续能源管理体系的有效运行，建立了符合企业经营生产状况和中长期发展需求的能源管理体系。在该体系的运作下，耀达电子2016年8月—2017年8月实施了7项管理节能与3项节能技改项目，初步实现年节电量146.12万千瓦时，节省能源费用95.02万元。仅2016年，企业万元产值能耗由2015年的61.88千瓦时/万元降低到60.66千瓦时/万元，下降了1.97%。企业真正从节能技术改造中获得了利润，也增强了企业信心。

江苏鑫兴化纤结合化纤行业的能源结构和耗能特征，建立了能源管理团队，编写了能源管理体系各级文件，各车间编写了能源考核细则，建立了三级安监考核制度；通过推动能源管理体系的建设，提高了领导和员工的节能意识，提升了企业的节能文化，从而使体系推行更加顺利；通过提升企业能源管理能力，挖掘节能机会，开展节能项目，获得节能收益。在该体系的运作下，鑫兴化纤在2016—2017年实施了4项管理、3项节能技改项目，初步实现年节电量306.44万千瓦时，节省能源费用约214.51万元。

在四川宜宾的凯翼汽车智慧工厂里，工人对即将下线的车辆进行最后的检查。智慧工厂通过自动化、柔性化、模块化、节能化、智能化的国际技术实现绿色工厂。 庄歌尔摄（人民视觉）

在浙江彩蝶实业股份有限公司内，工作人员在生产。作为一家传统纺织企业，彩蝶实业近两年来对生产设备开展节能技改，技改后，效益翻了一番。 张斌摄（人民视觉）

破解绿色融资难

相比欧美等发达国家，中国中小企业低碳生产的政策工具还有待进一步完善。从江苏试点企业整体情况看，目前仍存在政策透明性、节能意识提升以及专业能力提高等问题。

同时，资金也是困扰中小企业落实节能措施和实现节能目标的一大问题。中国标准化研究院课题组将近300份调查问卷发放到江苏省内的生产制造企业，通过调查发现，中小型企业还需在节能资金投入上。有近一半的企业倾向于为提高能源绩效工作提供持续资金支持，但在设立节能奖励资金和建立继续激励制度方面，比例较低。

为缓解中小企业绿色融资难问题，目前，国内多家单位和机构开展了相关探索。兴业银行向国内中小企业提供专项融资用于节能减排。在节能减排贷款（三期）业务中，兴业银行通过向IFC（国际金融公司）支付一定的费用，获得IFC提供的贷款担保，并将这种担保免费提供给有节能减排融资需求的中小企业。这一创新机制实际上放宽了对借款人抵押担保的要求，大大降低了中小企业的融资门槛和成本。

阿里巴巴旗下金融集团蚂蚁金服的“蚂蚁森林低碳计划”引入中小企业B端碳账户，通过用户绿色消费，与中小企业进行奖励、有效互动。

为中小企业赋“绿能”

榕新

绿色是可持续发展的重要保证。践行绿色发展，增强中小企业动能，是中国引导和激发中小企业大力开发绿色技术、生产绿色产品、发展绿色经济、形成节能低碳的产业体系的核心思想。

增强中小企业作为保护环境与发展经济的重要力量点，一方面可以有效促进低碳发展、节能减排、解决资源环境问题，另一方面也可以助推产业转型升级、培育低碳经济发展新动能。

目前，中国最大限度地实现了资源的持续利用和生态环境的有效改善，注重综合运用质量、安全、环保等标准助推中小企业结构调整。提倡在中小企业集中的工业园区实行集中供热、供电、制冷等能源集中供应模式和工业污染集中治理模式。有效发挥市场主体作用推动建设绿色制造体系。同时，中国鼓励中小企业走资源循环高效利用、能源梯级利用、变废为宝、化害为利的循环经济发展之路。

今后，助推中小企业绿色发展须注重以下几个方面的工作：

一是共享优势资源，优化中小企业绿色发展环境。积极参与相关国家生态环保标准和技术创新合作，共享优势资源，优化中小企业环境产品和服务贸易的便捷化，形成闭合产业链绿色发展。制定并实施鼓励绿色发展的产业政策，大力提倡中小企业的绿色投资、绿色园区建设、绿色技术合作。

二是引导中小企业大力加强技术标准提升，开发绿色技术，发展绿色经济，增强中小企业绿色、节能环保产业发展动能，形成绿色、节能低碳的产业体系。相关政府部门为参与低碳发展建设的中小企业在投资、经营、技术研发、融资等进程中提供法律和人力资源等服务，协助中小企业评估、化解风险，维护企业信用，保障企业合规运行。

三是发挥中小企业主体作用，推动数字化改造升级，拓展中小企业绿色发展路径。鼓励中小企业充分运用云化研发设计、生产管理和运营优化软件，助推中小企业提升全球制造资源配置效率。

四是加大培训和保障力度，提高中小企业绿色发展能力。有效开展中小企业人员培训，积极传播绿色发展理念。

新时代新步伐

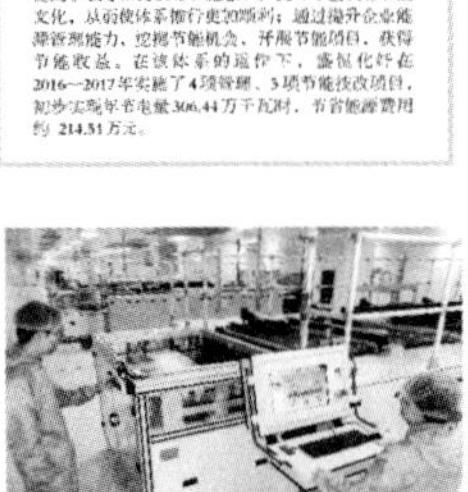

江苏省连云港市海州开发区，工人在查看高效黑硅太阳能电池片生产线运行情况。该项目什企引导推的节能环保配套技术，有效推动当地光伏行业向“高效黑硅电池片+高效晶硅电池片+高效晶硅组件”技术升级。 耿玉和摄（人民视觉）

绿色供应链助转型

陈立立

近年来，随着中国经济持续快速发展，资源与环境压力日益加大，人们越加重视经济、资源和环境的全面协调可持续发展。而传统的供应链管理往往只考虑供应链上的企业利益最大化，不考虑使用产品的废弃物和排放物如何处理、回收和再利用等，不利于节约资源和环境保护。在此情况下，绿色供应链应运而生。

绿色供应链是指以资源最优配置、增进福利、实现与环境相容为目标的、从资源开发到产品消费过程中物料获取、加工、包装、仓储、运输、销售、使用到报废处理、回收等一系列活动的集合，是物流、信息流、资金流、知识流等运动的集成。

绿色供应链管理是以企业为主体开展的环境保护工作，该管理能发挥企业的主体作用，通过供需双向选择，可以推动上下游企业改进环境管理，进而减少产品全生命周期对环境的影响。因此，调动企业，特别是龙头企业、大零售商以及网络平台等“关键少数”参与绿色供应链管理工作的积极性，以点带面，发挥示范带动作用，有助于推动我国经济绿色转型。

截至目前，已有不少法律政策涉及此项工作。2016年，工业和信息化部联合相关部委发布实施的《工业绿色发展规划（2016—2020年）》、《绿色制造工程实施指南（2016—2020年）》等文件，都将打造绿色供应链作为工业绿色发展的一项重点工作，明确围绕汽车、电子电器、通信、大型成套装备等行业龙头企业开展试点示范工作，旨在到2020年，在这些行业初步建立绿色供应链管理体系。

一些地方政府开展了绿色供应链的有益探索，积极引导企业参与绿色供应链管理工作。天津市是我国最早开展绿色供应链管理试点的城市，当地不仅出台了《绿色供应链管理试点实施方案》《绿色供应链管理工作导则》《绿色供应链管理暂行办法》等政策，还配套出台了《绿色供应链管理体系要求》（DB12/T 632—2016）等标准，充分发挥政策规范和标准引领的作用，率先在钢铁和建筑等基础较好的领域开展了绿色供应链管理试点工作。

广东东莞作为重要的制造业基地，在绿色供应链管理方面也先行先试。2015年，东莞成为环境保护部首家绿色供应链试点城市。《东莞市绿色供应链环境管理试点工作方案》提出围绕家具、制鞋、电子和机械四大行业以及零售服务业开展试点工作。此外，上海市、深圳市等地在绿色供应链管理方面颁布了相关政策。

珍爱红树林

海洋是人类赖以生存的储水库，凝聚万物。如何平衡海洋发展与生态的关系，是值得每个人思考的问题。今年的“世界海洋日”，中国倡导：保护红树林，保护海洋生态。据悉，近年来，我国加大海洋生态、红树林资源保护力度，20年来红树林面积增加7000公顷，成为世界上为数不多的红树林面积净增加的国家之一。红树林不仅可以抵御海啸及风暴潮的侵袭，保护堤岸安全，而且可以净化海水，改善近岸海水环境。业界专家介绍，红树林还是固碳储碳的能手，同等单位面积的红树林固碳量是热带雨林的6倍，在应对气候变化中发挥着重要的作用。

随着社会经济的发展，海洋生态资源遭到不同程度的污染和破坏。生长在热带、亚热带海岸潮间带的红树林脱颖而出，为了适应潮涨潮落的生长环境，红树林进化出异常发达的根系，牢牢抓住地面，具有很高的生态价值。红树林首当其冲地成为海洋生态系统的“海岸卫士”，为众多生物提供了良好的栖息地，被誉为物种基因和资源的宝库。

然而，由于采砂业和旅游快艇业发展迅猛，导致大量红树林不断流失，加上鱼塘围垦，红树林流失速度加剧，生存状况不容乐观。据统计，近50年来全球有超过三分之一的红树林已经消失，其中人类乱砍滥伐、海水养殖、近海垃圾污染、极端气候变化等均是威胁红树林生态系统良性发展的几大因素。

近年来，随着海洋生态保护意识的增强，我国采取设立自然保护地、出台海洋生态保护法规条例、开展红树林生态修复等诸多保护海洋生态、保护红树林的措施，并已取得积极成效。对于公众来说，提高海洋生态、红树林保护意识，自觉参与到海洋生态、红树林保护工作中，才能更好促进海洋、红树林生态系统的良性发展。

目前，针对红树林存在的保护与开发的矛盾、管理体制机制不完善、资金投入不够、科技标准体系滞后、宣传教育不足等问题，笔者建议采取以下相关有效措施：

一是全面提高红树林生态系统的质量和稳定性。严格执行管理、落实红树林保护修复主体责任，着力扩大红树林面积，确保红树林生态系统质量和稳定性。

二是科学划定新造红树林和修复地块。遵循自然恢复为主、人工修复为辅的原则，科学恢复红树林生态系统，实现海洋生态、红树林保护、社会和经济共赢的目标。

三是加强海洋生态保护和红树林监测监管力度。展开红树林常规监测，严防非法侵占红树林资源，查处破坏红树林的行为。

四是强化科技力量支持和科普宣教。制定一系列红树林生态系统标准规范，提高相关科研成果转化率。开展不同形式的红树林科普宣教活动，营造关注红树林、珍爱红树林的良好社会氛围。

《人民日报海外版》（2020 年 06 月 16 日 第 08 版）

08 美丽中国　　人民日报海外版　　2020年6月16日　星期二
责编：罗兰　　邮箱：dzbb888@163.com

海上森林　我来守护

韩　玉

“在海边有一片特别的森林，就像忠诚可靠的海洋卫士，叶摇摆着风，根系紧紧着泥。默默守护海岸线，抵抗狂风和巨浪……”这是海南志愿者创作的歌曲《红树林》。

红树林是生长在热带、亚热带，陆地与海洋交界的常绿灌木、乔木组成的潮滩湿地木本生物群落。根系非常发达，能在海水中生长是红树林的特点。靠发达的根系和抗盐性，红树林深深地扎根在沿海湿地中，虽经受海潮浸泡依然郁郁葱葱。资料显示，凡是海岸线外分布有红树林的地方，每遇到台风、海啸来袭，沿海的海堤就不易冲垮，人们因此感慨：红树林是海岸的保护神！红树林还是陆地向海洋过渡的特殊生态系统，林中栖息着大量鸟类、鱼、虾、蟹和数不清的各类生物。

针对红树林被损毁现象，在海南，一群志愿者成立了红树林巡护志愿者团队，开展红树林物种调查和巡护，给相关政府部门上书反映红树林被损毁的现状，向沿海渔民宣讲红树林保护的意义和价值，组织起来去湿地种植红树林……

白鹭在红树林上飞翔。 据百度

结缘红树林

今年25岁的屈古祥，18岁刚上大一时就成为一名三亚蓝丝带海洋保护协会红树林巡护的志愿者。如今，这位戴着黑框眼镜、说话有些腼腆的男孩，已是蓝丝带的项目的负责人之一。他说：“红树林考察巡护是我经历过印象最深刻的事情。”

志愿者们在蓝丝带协会首次组织的环海南岛海岸线徒步考察中，就结识了这种长在海边的特殊植物。他们经过查资料认识了红树林，其中很多志愿者逐渐成了红树林动植物种群的鉴定专家。

“项目正式开始是2014年上半年，潘宁学长上大二，是我们红树林项目负责人。每到周末或假期，学校蓝丝带志愿者社团就组织我们考察巡护铁炉港红树林。早上7点钟，我们备好干粮和水，乘坐三个小时的公交车到湖湾，徒步走几公里，再乘船才能到达红树林巡护考察的地方。”一提起红树林，屈古祥就像换了个人，滔滔不绝，如数家珍。

“红树林大多是在海边滩涂，沼泽淤泥很深，我们很多同学一脚踩下去，鞋就不见了。滩涂有很多碎的蚌壳，退水，红树林根部都露出来，海中尖锐的岩石常常把同学们的手脚划伤，蚊虫叮咬更是家常便饭。考察时间久了，我们都变成了三亚湖泊专家和红树林物种鉴别专家了。”说起当年的故事，屈古祥一脸豪迈。

当年三亚学院蓝丝带大学生志愿者的组织者张馨华介绍说：“实地考察巡护必须在海水涨潮时进入红树林中，涨潮时撤出红树林。经常是进去时海水在脚下，出来时，咸腥的海水已漫过腰。在红树林中迷路更是常有的事。”

志愿者们经过持续一年的实地考察，找到了全国仅海南还存活的、被誉为红树林中的“大熊猫”——红榄李。经考察，红榄李在我国目前仅存14株，已列入中国国务院《国家重点保护野生植物名录（第一批）》和《世界自然保护联盟濒危物种红色名录》（IUCN）易危（VU）保护名录。

志愿者们做的《三亚铁炉港红树林植物群落及红树林科普》调查，在2014年团中央、民政部、志愿者联合会等单位主办的“首届中国青年志愿服务项目大赛”中，从全国1500个入围项目中脱颖而出，斩获银奖。

海上森林——红树林。 据百度

种植红树林

随着海洋保护事业逐渐做大，“蓝丝带”的做法也引起了国家海洋局的关注。2010年世界海洋日，在国家海洋局指导下，协会发起“2010长江校友蓝丝带海洋环保中国行”活动。6月8日从三亚出发，历时1个多月，沿着中国海岸线北上，途经14个沿海城市。“每到一个城市，我们都会做海水取样、海岸线垃圾采集、发放环保知识资料以及开展适合当地的其他海洋环保活动。”蓝丝带创始人孙冬对笔者说。

志愿者们还发起种植红树林活动，首次行动是从广西壮族自治区防城港市防城区和东兴市中越边境交界处的北仑河口国家级自然保护区开始的。从此，红树林巡护与种植并重成为蓝丝带志愿者十几年来不变的规则。

个子高高的潘冰梅志愿者还记得第一次组织在三亚市种植红树林的场景。当时，从海口东寨港自然保护区拉回来的红树林树苗装在卡车上，海南高温，树苗会不会被热死？第二天种植会有什么问题？怀着忐忑的心情，潘冰梅和另一位志愿者时不时往车厢里喷水，他们守护在卡车旁，彻夜未眠。

“您好！”和我电话连线的那头是名叫王胜林的工程师，此时他人在青岛做酒店。他曾在2012—2016年就读广东海洋大学，是同期广东海洋大学蓝丝带海洋保护志愿者服务社会长。王胜林和同学加入了志愿者队伍后，深度切入红树林保护行动。他们的工作重点之一就是做红树林的巡护和调查。当年，他们通过微博公众号，做红树林保护的宣传工作。组织同学利用假期，自费去广东湛江红树林保护中心基地进行考察和巡护。他们调查红树林中的生态环境结构，调查栖息在红树林中的鸟类、鱼类，调查有多少种保护生物种在这片红树林湿地中繁衍生息……

心系红树林

许多志愿者无论身处何处，都心系红树林保护事业。

三亚市铁炉港是海南红树林比较集中的保护区，这里长有上百年树龄的红树林。海南的红树林也吸引着国内外学者前来研究探寻。钟书奎教授曾任东北林业大学出版社主任，也曾是志愿者，他老人家生前最关注的就是中国的红树林防护，曾多次自费来海南考察红树林，给大学生志愿者讲红树林知识，教志愿者识别红树林树种，他还出版有关红树林的专著，建议三亚市在铁炉港红树林保护区建立一个中国红树林博物馆。

清秀的周一晨是浙江绍兴人，她从三亚学院毕业5年多了，仍念念不忘当年她作为志愿者参加种植的红树林。她特意嘱托仍在蓝丝带工作的校友张留华，代她去看看曾种植的红树林，拍照发给她。

在三亚铁炉港做湿地开发的陈翔安决定放弃原先开发住宅的想法，转而在原有湿地种植起了红树林，从红树林砍伐者，变成了保护红树林的志愿者……

从小学生、中学生到大学生，再到企业、社会团体，越来越多的志愿者汇入红树林保护行动中。他们有一个共同目标——守护并建设“海上森林”！

链接

红树林是热带和亚热带海岸带特有的森林群落，也是地球上生态服务功能最高的自然生态系统之一。

在人类活动和环境变化的双重压力下，1980年至2000年之间，全球红树林面积减少了35%，大约70种红树林物种有11种面临灭绝。

自2000年以来，中国政府高度重视红树林的保护和修复工作，通过严格保护天然红树林和大规模人工种植红树林，成功遏制了红树林面积急剧下降的势头，并成为世界上少数红树林面积净增加的国家之一。

三亚志愿者征集保护红树林签名承诺。

三亚志愿者清理红树林保护区的垃圾。

志愿者在三亚种植红树林。　　资料图片

珍爱红树林

鞠立新

海洋是人类赖以生存的蓝水本，孕育万物。如何平衡海洋发展与生态的关系，是值得每个人思考的问题。今年的“世界海洋日”，中国倡导：保护红树林，保护海洋生态。据悉，近年来，我国加大海洋生态、红树林资源保护力度，20年来红树林面积增加7000公顷，成为世界上为数不多的红树林面积净增加的国家之一。红树林不仅可以抵御海啸及风暴潮的侵袭，保护海岸安全，而且可以净化海水，改善近岸海水环境。业界专家介绍，红树林还是固碳储碳的能手，同等单位面积的红树林固碳量是热带雨林的6倍，在应对气候变化中发挥着重要的作用。

随着社会经济的发展，海洋生态资源遭到不同程度的污染和破坏。生长在热带、亚热带海岸潮间带的红树林脆弱而出，为了适应潮涨潮落的生长环境，红树林进化出异常发达的根系，牢牢扎住地面，具有很高的生态价值。红树林首当其冲地成为海洋生态系统的“海岸卫士”，为众多生物提供了良好的栖息地，被誉为物种基因和资源的宝库。

然而，由于采砂业和旅游快速发展迅猛，导致大量红树林不断流失，加上乘捕因素，红树林流失速度加剧，生存状况不容乐观。据统计，近50年来全球有超过三分之一的红树林已经消失，其中人类乱砍滥伐、海水养殖、近海垃圾污染、极端气候变化等均是威胁红树林生态系统良性发展的几大因素。

近年来，随着海洋生态保护意识的增强，我国采取设立自然保护地、出台海洋生态保护法规条例、开展红树林生态修复等诸多保护海洋生态、保护红树林的措施，并已取得积极成效。对于公众来说，提高海洋生态、红树林保护意识，自觉参与到海洋生态、红树林保护工作中，才能更好促进海洋、红树林生态系统的良性发展。

目前，针对红树林存在的保护与开发的矛盾、管理体制机制不完善、资金投入不够、科技标准体系滞后、宣传教育不足等问题，笔者建议采取以下相关有效措施：

一是全面提高红树林生态系统的质量和稳定性。严格执行管理、落实红树林保护修复主体责任，着力扩大红树林面积，确保红树林生态系统增量和稳定性。

二是科学划定新造红树林和修复地块。遵循自然恢复为主、人工修复为辅的原则，科学恢复红树林生态系统，实现海洋生态、红树林保护、社会和经济共赢的目标。

三是加强海洋生态保护和红树林监测监管力度。展开红树林常规监测，严防非法侵占红树林资源，查处破坏红树林的行为。

四是强化科技力量支持和科普宣教。制定一系列红树林生态系统标准规范，提高相关科研成果转化率。开展不同形式的红树林科普宣教活动，营造关注红树林、珍爱红树林的良好社会氛围。

参与全球海洋垃圾治理

海洋垃圾治理是时下国际社会共同关注的话题。参与全球海洋垃圾治理，不仅是新时代的呼唤，也是实现中国“向海而兴”的重要举措。针对海洋污染日益严重的现状，中国创新海洋治理理念，有效助推21世纪海上丝绸之路和海洋强国建设。

如今，海洋垃圾遍布海生物栖息领域，据悉，每年漂流、倾倒入海的塑料垃圾就达800万吨，而且90%未被回收。这些海洋垃圾诸如废旧渔网、绳索等已成为“暗杀武器”，每年致使超过10万头鲸、海豚和海豹死亡。此外，污水及温室气体排放等也在加速海洋环境恶化，全球海洋治理机制滞后也令人堪忧。

在此大背景下，中国积极参与海洋垃圾治理。海洋垃圾治理不仅可以检验中国海洋综合能力，还可以提升中国海洋公共产品的技术能力。同时，助推中国相关政府部门协调与各国的关系，提升组织管理水平。中国在全球海洋垃圾治理体系中的权重，与中国海洋实力呈正相关。

全面参与全球海洋垃圾治理，中国在行动：一方面，加强国内海洋治理能力建设，加大海洋管理体系改革力度，促进海洋事业发展。另一方面，积极向世界海洋强国学习，补齐自己的短板。比如，加强开拓主动权、抢占话语权的意识；提升科研设计能力；鼓励和吸引更多的社会民间力量加入。

中国应对气候变化，积极投身到全球海洋垃圾治理工作中，中国积极参与国际治理行动，也是为中国海洋垃圾治理储备资源、锻炼队伍、创新机制提供了新的机遇，有利于综合提高国家海洋垃圾治理能力，为海洋强国建设夯实基础。

未来，海洋垃圾治理要在提升理念、明确目标、创新机制、增强能力等几个方面下大力气。具体而言，应进一步提升海洋治理理念，协调好政府相关部门、科研团队与舆论传播机构之间的关系，凸显中国特色的同时，也能令国际社会认同；应明确以推进21世纪海上丝绸之路建设为目标，应把海洋垃圾处理科技作为重点，将21世纪海上丝绸之路与参与全球海洋垃圾治理有机结合；应积极创新海洋垃圾治理机制，通过资金投入、人才培训等，扩大在涉海国际组织的参与度，尤其是在联合国框架下、中国周边和新兴领域的涉海垃圾治理机制；应全面增强全球海洋垃圾治理的能力，进一步加大国际海洋垃圾合作力度。大力推进海洋垃圾科技拓展，在全球海洋垃圾治理的话语权方面提供有力的科学依据。高度重视人才培训工作，力争培养出更多的有国际视野的海洋人才队伍。

《人民日报海外版》（2020年04月28日 第08版）

08 美丽中国　　人民日报 海外版　　2020年4月28日　星期二
责编：罗兰　　邮箱：dzzhl8888@163.com

减少塑料污染是实现清洁海洋的重要途径。为了更好地带动渔民参与社区环境治理，《海南省塑料垃圾捡拾及社区扶植项目》的组织者在三亚市海棠区藤海村、天涯区西岛村和崖州区梅联村，资助贫困渔民捡拾社区海滩垃圾，在增加渔民经济收入的同时加强其环保意识，使他们成为海洋环境守护者。

美丽渔村守护者

韩　玉　蒲冰梅

福建省泉州市惠安县小岞镇惠女湾海边，清晨，惠女驶大船准备出海。　林祖贤摄

梅联村的故事

时过谷雨，海南三亚梅联村已是夏天的温度。因为新冠肺炎疫情，往日游人如织的角头湾海滩游客并不多，但60岁的陈宠跃仍像往常一样，和村里几个渔民走向海滩捡拾垃圾。按照蓝丝带海洋保护协会工作人员的要求，他们把捡拾的垃圾分类，称重，再集中到指定的垃圾收集点，等候区里环卫车拉走。

老陈虽已近60岁，仍是七口之家的顶梁柱。村党支部书记、村委会主任桂万光推荐老陈参加了《海南省塑料垃圾捡拾及社区扶植项目》角头湾段净滩工作，每月从项目经费中支付给老陈一些补贴。

《海南省塑料垃圾捡拾及社区扶植项目》是由深圳一个地球自然基金会、碧欧泉Water Lovers项目和蓝丝带海洋保护协会共同实施的海洋环保公益项目，旨在带动当地渔民积极参与到社区环境治理中。

老陈对参加公益项目非常感激，做起事来格外认真。打了一辈子鱼的老陈对海洋有深厚的情感，即使不是捡拾工作日，也会去海边主动捡垃圾。爱护环境，守护海洋已成为老陈和梅联村村民们日常生活中的一部分。

2013年，桂万光带领村委会与蓝丝带海洋保护协会，共同在梅联村探索了一条通过渔村环境综合治理减少海洋污染、保护海洋生物多样性，同时为渔民增收的道路。2019年7月，他们再次争取到《海南省塑料垃圾捡拾及社区扶植项目》。

梅联村积极推广绿色可持续发展的理念，说服村民放弃密网捕鱼，为渔业资源的可持续发展提供了保障；带动村民转产转型，村里减少了30多艘渔船，引入生态康养旅游项目，转型建起了200多家渔村民宿。梅联村人年均收入由原来的4000元/人，增加至2018年底的7200元/人。

经过不懈努力，梅联村村民如今已摆脱了出海打鱼、外出打工的单一生活模式，逐步走上了一条有南海特色的渔村绿色经营之路。

共同呵护蔚蓝

性子有些风风火火的韩艳玲是蓝丝带海洋保护协会的管理人员，她还是海洋保护公益项目的负责人。为了落实好项目目标，韩艳玲和同事逐一到村委会推荐的候选贫困渔民家中走访。韩艳玲还和协会专家、工作人员一起，手把手教渔民如何做垃圾识别和分类。他们不仅对项目定期跟进，还不定期抽查，看项目是否按既定计划落实到位。

《海南省塑料垃圾捡拾及社区扶植项目》于2019年7月正式启动，为期一年，分三阶段进行。第一阶段，项目组经过调研，选取了三亚市海棠区藤海村、天涯区西岛村和崖州区梅联村三个渔村海滩为三个捡拾点。在村委的推荐和工作人员走访调查后，项目组在每个村各选了5位贫困渔民参与捡拾工作。15位渔民每月8次对各村3公里长海岸线上的垃圾进行捡拾、统计，前后持续4个月。

韩艳玲告诉笔者，项目实施以来，他们对每一个环节都严格管控，确保按既定计划实施。蓝丝带海洋保护协会从会长到普通职员，无论工作还是生活中，时刻与身边人分享海洋保护的重要性，宣传塑料垃圾对海洋、人类的危害，呼吁人们以低碳、绿色的方式生活。

经过4个月捡拾，共清理海滩垃圾50337件4346.96千克，其中塑料垃圾42537件，重2870.41千克。垃圾主要为渔网、鱼线、鱼漂、游客游玩期间丢弃的矿泉水瓶、饮料瓶、塑料包装袋等。

梅联村村民参与捡拾活动。

渔村村民参与垃圾分类互动游戏。

梅联村的孩子们。　黄娴华摄

捡拾活动现场。　碧欧泉供图

参与全球海洋垃圾治理

鞠立新

海洋垃圾治理是时下国际社会共同关注的话题。参与全球海洋垃圾治理，不仅是新时代的呼唤，也是实现中国"向海而兴"的重要举措。针对海洋污染日益严重的现状，中国创新海洋治理理念，有效助推21世纪海上丝绸之路和海洋强国建设。

如今，海洋垃圾遍布海生物栖息领域。据悉，每年漂流、倾倒入海的塑料垃圾就达800万吨，而且90%未被回收。这些海洋垃圾诸如废旧渔网、绳索等已成为"隐形武器"，每年致使超过10万头鲸、海豚和海豹死亡。此外，污水及温室气体排放等也在加速海洋环境恶化，全球海洋治理机制滞后也令人堪忧。

在此大背景下，中国积极参与海洋垃圾治理。海洋垃圾治理不仅可以检验中国海洋综合能力，还可以提升中国海洋公共产品的技术能力。同时，助推中国相关政府部门协调与各国的关系，提升组织管理水平。中国在全球海洋垃圾治理体系中的权重，与中国海洋实力呈正相关。

全面参与全球海洋垃圾治理，中国在行动：一方面，加强国内海洋治理能力建设、加大海洋管理体系改革力度、促进海洋事业发展。另一方面，积极向世界海洋强国学习，补齐自己的短板。比如，加强开拓主动权、抢占话语权的意识；提升科研设计能力；鼓励和吸引更多的社会民间力量加入。

中国应对气候变化、积极投身到全球海洋垃圾治理工作中，中国积极参与国际治理行动，也是为中国海洋垃圾治理储备资源、锻炼队伍、创新机制提供了新的机遇，有利于综合提高国家海洋垃圾治理能力，为海洋强国建设夯实基础。

未来，海洋垃圾治理要在提升理念、明确目标、创新机制、增强能力等几个方面下大力气。具体而言，应进一步提升海洋治理理念，协调好政府相关部门、科研团队与舆论传播机构之间的关系，凸显中国特色的同时，也能令国际社会认同；应明确以推进21世纪海上丝绸之路建设为目标，应把海洋垃圾处理科技作为重点，将21世纪海上丝绸之路与参与全球海洋垃圾治理有机结合；应积极创新海洋垃圾治理机制，通过资金投入、人才培训等，扩大在涉海国际组织的参与度，尤其是在联合国框架下、中国周边和新兴领域的涉海垃圾治理机制；应全面增强全球海洋垃圾治理的能力，进一步加大国际海洋垃圾合作力度，大力推进海洋垃圾科技拓展，在全球海洋垃圾治理的话语权方面提供有力的科学依据。高度重视人才培训工作，力争培养出更多的有国际视野的海洋人才队伍。

新时代新步伐

还大海一片蔚蓝

李晨瑶

海洋覆盖了地球三分之二的面积，是许多生物赖以生存的家园，更与我们的生活息息相关。然而随着沿海地区经济快速发展，海洋污染也日益严重，每年数以百万吨的垃圾流入海洋，海洋生态系统遭到了破坏。生态环境部海洋生态环境司负责人坦言："海洋生态环境问题表现在海里，根子在陆上，即80%污染物来自陆上。"

中国作为海洋大国，高度重视其垃圾治理和防治工作，近年来不断加大对海洋垃圾的研究和治理力度，从各方面开展海洋垃圾污染防治工作。

法律法规是海洋垃圾治理的基本条件之一。中国已陆续出台和制定了《海洋环境保护法》《水污染防治法》《固体废物污染环境防治法》《海洋倾废管理条例》《防治陆源污染物污染损害海洋环境管理条例》等20余部法律法规。

根据国家发展改革委、生态环境部公布的《关于进一步加强塑料污染治理的意见》，要求到2020年底，中国将率先在部分地区、部分领域禁止、限制部分塑料制品的生产、销售和使用。

在相关法律"落地"的同时，各地积极治理，已初见成效。厦门是中国著名的海上花园城市，但海洋垃圾污染问题一度也很严重。为此，在贯彻"陆海统筹"理念前提下，当地探索出了海洋垃圾治理的"厦门方案"。早在20多年前，厦门就建立了海上环卫站，打捞海漂垃圾以确保厦门海域的景观及通航安全等。2017年7月，由厦门大学研发的"海漂垃圾精准系统"开始运行，对九龙江入海垃圾的漂移时间、漂移路径、漂移位置、分布区域进行预测，同时厦门市政府成立了专门的海洋垃圾防治领导小组，建立了多部门参与的协调机制，多管齐下，如今才形成了独具特色的"厦门模式"，大大改善了其海洋环境。

除厦门外，其他城市也在行动。按照海南省政府出台的《海南省建立海上环卫制度工作方案(试行)》，2020年海南省以海口、三亚、洋浦经济开发区作为试点，全面启动海上环卫工作，推动和近海海洋垃圾治理实现全覆盖。据统计，2020年前两个月，仅洋浦辖区船舶垃圾接收单位共接收油污水81吨，垃圾12.719吨；大连市生态环境局围绕海滩垃圾专项整治，自3月13日开展海滩垃圾专项整治以来，各地已累计清理海滩垃圾310余吨。

中国不断加强国与国之间在海洋垃圾治理方面的合作。在去年9月的"中国—东盟环境合作论坛"上，世界自然基金会与环保部东盟中心共同主办"海洋生态系统可持续管理与海洋塑料垃圾治理"分论坛，强调海洋塑料垃圾的治理离不开中国与东盟国家的共同努力。去年11月，中日两国科研人员在大连近岸黄海海域开展了海洋垃圾联合调查，旨在加强两国在海洋垃圾监测方面的合作。调查内容包括海面漂浮垃圾和海水表层及沉积物微塑料采集等。其间，双方人员就现场采样技术方法及相关环节、海洋垃圾监测领域最新进展、海洋微塑料实验室分析方法等进行了交流探讨，一致认同建立统一监测方法的重要性。

解决海洋垃圾治理问题，只靠国家和政府是远远不够的，全民行动才能共建美好的海洋环境。如今，越来越多的人通过志愿活动、生活净塑等方式，亲自参与到"海洋垃圾治理"过程中，保护海洋生态环境的"种子"也已在全民心中慢慢发芽。

右图：中国铁建龙沐湾项目部的环保志愿者在海南省乐东黎族自治县龙沐湾清理沙滩垃圾。　本报记者　史家民摄

种一棵新苗　护一方绿土

中国大力开展植树造林，治理水土流失，建设生态农业。经过祖祖辈辈长期奋斗，依靠科学技术，加强对已有天然林及野生动植物资源进行保护，加强综合治理力度，使全国适宜治理的水土流失地区基本得到整治，适宜绿化的土地植树种草，建立了较完善的生态环境预防监测和保护体系。

植树造林改善生态环境离不开政府主导。为应对气候变化，治理土地退化和荒漠化，消减沙尘暴危害，中国政府从上世纪 70 年代末实施了一系列国家重大生态工程。其中，“三北”防护林工程迄今已经坚持 40 余年。针对降水量差异及不同气候区的特点，中国政府采取了不同的植被恢复策略，即综合考虑植树造林成本、配置密度等具体情况，尝试运用乡土树种开展生态恢复。例如，在年均降水量为 300 至 400 毫米的浑善达克沙地和科尔沁沙地，通过营造榆树疏林景观恢复退化土地，其最根本的宗旨就是遵守“适水适绿”“以水定绿”的基线。

全民参与是保护生态环境的重要抓手，种植一棵新苗、守护一方绿土，这是尊重自然、爱护生态环境的文明理念，也是中国适龄公民应该履行的法定义务。中国是一个古老的国度，也是有着悠久植树历史的国家。植树节所呼吁的关于环保的理念，不仅提倡国民在植树节这天做到，更是要求大家在每天的日常生活中，都能贯彻落实这种环保理念。

科技驱动是中国面临生态环境问题的重要引擎，我们必须清醒地意识到，植树造林保护生态环境的复杂性和艰巨性，需要技术作为指导和支撑，也需要创新管理体制机制，同时，要用最小的经济代价实现最大的治理效果，就迫切需要环境科技支撑，解决环境治理技术、设备、材料等关键问题。我们必须大力开展科技驱动创新，以生态环境质量改善为根本目标，推进美丽中国建设。

法规保障是建设生态中国的有效因素之一。中国先后颁布了《全国造林绿化规划纲要（1989—2000 年）》、《全国造林绿化规划纲要（2011—2020 年）》。这些法规的出台规定了造林面积、新增森林面积以及森林覆盖率，及各省、自治区、直辖市以及各林业重点工程需要达到的指标等。不过此次全球发生的新冠状病毒疫情警醒人类，要实现人类文明良性发展，根本出路就是敬畏自然，努力改善现有的生态系统。我们每一个人都该从一点一滴做起，倡导植树造林，有效助推绿色增长。我们应该继续完善国家制定的政策规划，才能有效发展我国造林绿化事业。

推进生态中国的建设是一项长期的战略任务，需要我们每一个人共同奋斗。虽然大型生态工程显著增加了中国的植被覆盖率，但仍需我们继续遵循“16 字方针”：“政府主导、全民参与、科技驱动、法规保障”。只有如此，才能切实为联合国提出的“2030 年土地退化零增长”目标而努力。

《人民日报海外版》（2020 年 04 月 21 日 第 08 版）

08 美丽中国　　人民日报海外版　　2020年4月21日　星期二
责编：罗兰　邮箱：dzzb8888@163.com

地坛公园春意渐浓。祝振强摄（人民视觉）

春风起　万物生
京城处处吐新绿

王海燕　夏开皓

春风起，万物生，最美人间四月天，北京又迎来好树季。今年，全市计划新增造林20万亩，城市绿地700公顷，森林覆盖率提升到44.4%，城市绿化率达到48.5%。现在，无论高山深涧，平原丘陵，处处是绿树鲜花，赏降其间，心旷神怡。

优选耐旱植物

植树了！从3月下旬开始，大货车就载着各种树苗，从四面八方汇聚到北京地头，新建绿化工程开始陆续进场施工。

春天里，京城内外又将增添一片片广袤的新林。然而，这些新林不是随意栽种，而是很有讲究的。

据了解，2018年北京市启动第二轮百万亩绿化造林时，便明确提出植物选择的总体原则是“乡土、长寿、抗逆、食源、美观”十字口诀。

今春，在总结大规模绿化的基础上，北京市园林绿化局发布了最新版的“适宜北京地区节水耐旱植物名录”，在“十字口诀”的基础上，优选出乔木、灌木、草本、藤本四大类164种植物，供各区绿化美化的选择。

这些新品种有什么呢？比如文冠果，它耐干旱、抗风沙，在石质山地、黄土丘陵、石灰性冲积土壤、固定或半固定的沙区均能成长；油松，不仅具有很强的观赏性，而且耐旱、抗风；“丽红”元宝枫，这种元宝枫耐阴，喜温凉湿润气候，耐寒性强，但过于干冷则对生长不利，在炎热地区也如此。对土壤要求不严，但以湿润、肥沃、土层深厚的土中生长最好，深根性，生长速度中等，病虫害较少，吸附粉尘的能力亦较强。

除新品种外，大量常用绿化树种扮靓了京城，它们有白蜡、馒头柳、榆树、银杏等。

追求更高品质

这些树这么美，今年种在哪里？

今年将集中涌现40多处休闲公园，比如东城区的大通滨河公园二期，朝阳区的京各庄城市综合公园、孙河组团城市森林，海淀区的树庄公园、功德寺城市森林，丰台区的南中轴湾林秋彩园，木樨园御道园，石景山的古城城市休闲公园，永定河左岸森林带，城市副中心的滨河生态公园、梨园城市森林公园等。

北京城市副中心的万亩绿心主体栽植已经完成。正值万物萌发之际，走进园子，浓淡交织的绿意扑面而来。浓绿的是油松、白皮松、华山松等，这些是四季常绿树种，它们聚众而立，森然蔚郁，构筑起春季绿心生机勃勃的背景色。浅绿、黄绿、青绿、嫩绿的是刚发芽的垂柳、馒头柳，萌生出一团团嫩叶的银杏、元宝枫，丛丛绿枝里还佳着一簇簇迎春花……

据介绍，今年拟新增的20万亩林地，重点在新机场、冬奥场馆、温榆河、南中轴等区域，市郊铁路怀密线、京张高铁、潮白河、新机场周边等重点生态廊道，今年将加宽加厚，填平补齐，提升景观，成为连接新区以及外埠的流动风景线。

编织起这幅生机盎然图画的每一棵树、每一株草，都是工程设计人员按照“乡土、长寿、抗逆、美观、食源”十字口诀精心选择的。

北京市园林绿化局城镇绿化处负责绿心项目的高级工程师丁洪兵介绍，所谓“乡土”，简单理解就是本地有自然分布的植物，相比于外地引种的植物，这些“土著”有更好的适应性，抗旱、易成活、好养活，是很多北京地区乡土植物的“看家本领”。

所谓“长寿”，就是能活得长久的。新中国刚成立时，北京森林覆盖率仅1.3%，到处是荒山秃岭。为了能快速见绿，调用的绿化工程使用了大量的速生树种，如杨树。这类速生树长得快，绿量足，但缺点也显而易见，就是寿命短，到了一定的年限就要进行更新。

在国土绿化率日益增长的今天，北京不再求快速变绿，而是要更高品质的绿。银杏、国槐、栎类树等生长相对缓慢但寿命长的树种，得到了更充分的重视。

“抗逆”“美观”就是体格好，能抗虫害，花、叶、枝、干，具有美感，能起到愉人心目、美化环境的效果。绿心栽植的140个乡土树种，具备这两项特点的比比皆是。这让绿心的8000亩景观绿化具备了成活率高、成景效率好的特点。

在北京市玉渊潭公园，春樱芳樱竞相绽放，众多市民游客赏花踏青。王伟摄（人民视觉）

北京市东城区医护人员代表在龙潭中湖公园为新种植的树木培土浇水。新华社记者 鞠焕宗摄

给小动物种“口粮”

“十字口诀”里最新鲜，也最耐人寻味的是“食源”二字。所谓“食源”，就是能给小动物提供花蜜、果实、种子等“口粮”的植物。绿心里栽种的油松、侧柏、银杏、胡桃、香椿、国槐、杜梨、榆树、紫椴树、紫叶李、枣树、桑树、丝棉木、紫穗槐都属于此类，今后绿心将一年四季都有小动物们的美食供应。

并不是绿心一处如此，2018年以来北京市启动的重大绿化工程项目中，无不增加了对动物生存需求的考量。“这是北京市绿化美化植物选择的一个重大变化。”市园林绿化局生态修复处处长王金增介绍，过去造林绿化主要是考虑人的需求，现在，除考虑景观和绿化效益外，植物配置还要重视动物、鸟类取食，优化生态环境的效果。

《北京市新一轮百万亩造林绿化工程建设技术导则》中，也对适宜动物栖息环境的营建标准进行了明确规定：造林地块或与原有林地连接后面积超过300亩以上的区域，每100亩应设置1处食源植物场所，每处场所面积不少于4亩，场所内，浆果、核果、蒴果、球果等果实丰富的乔木和灌木不少于5种，鸟嗜草本植物不少于5种，蝴蝶蜜源植物不少于30株（丛）……

“北京不仅要绿起来，美起来，还要‘活’起来。”北京市园林绿化局相关负责人介绍，在北京早期大造林阶段，由于树种单一而且栽植过密，造成很多地方的林子枯萎、地面无草、植被长不好，没有丰厚的花蜜、果实等产出，就招不来鸟儿、松鼠、野兔等小动物。而没有鸟儿捕食害虫，没有蜜蜂、蝴蝶在花朵间授粉，没有松鼠等小动物们帮忙播种，森林生态系统很多处于亚健康状态。构建一个平衡的、可以形成良性循环的森林生态系统，是新时代首都绿化美化的新要求。

北京天坛公园内桃花、丁香花、二月兰等鲜花竞相绽放，公园内鸟语花香，生机勃勃。郭俊锋摄（人民视觉）

种一棵新苗　护一方绿土

鞠立新

中国大力开展植树造林、治理水土流失、建设生态农业。继续组织群众长期奋斗、依靠科学技术，加强对已有天然林及野生动植物资源进行保护，加强综合治理力度，使全国适宜治理的水土流失地区基本得到整治，适宜绿化的土地植树种草，建立了较完善的生态环境预防监测和保护体系。

植树造林改善生态环境离不开政府主导。为应对气候变化、治理土地退化和荒漠化，消减沙尘暴危害，中国政府从上世纪70年代末实施了一系列国家重大生态工程。其中，“三北”防护林工程迄今已经坚持40余年。针对降水量差异及不同气候区的特点，中国政府采取了不同的植被恢复策略，即综合考虑植树造林成本、配置密度等具体情况，尝试培育乡土树种开展生态恢复。例如，在年均降水量为300至400毫米的浑善达克沙地和科尔沁沙地，通过营造榆树疏林景观恢复退化土地，其最根本的宗旨就是遵守“造水适绿”“以水定绿”的底线。

全民参与是保护生态环境的重要抓手。种植一棵新苗、守护一方绿土，这是尊重自然、爱护生态环境的文明理念，也是中国适龄公民应该履行的法定义务。中国是一个古老的国度，也是有着悠久植树历史的国家。植树节所呼吁的关于环保的理念，不仅提醒国民在植树节这天做到，更是要求大家在每天的日常生活中，都能贯彻落实这种环保理念。

科技驱动是中国面临生态环境问题的重要引擎。我们必须清醒地意识到，植树造林保护生态环境的复杂性和艰巨性，需要技术作为指导和支撑，也需要创新管理体制机制。同时，要用最小的经济代价实现最大的治理效果，就迫切需要环境科技支撑，解决环境治理技术、设备、材料等关键问题。我们必须大力开展科技驱动创新，以生态环境质量改善为根本目标，推进美丽中国建设。

法规保障是建设生态中国的有效措施之一。中国先后颁布了《全国造林绿化规划纲要（1989-2000年）》、《全国造林绿化规划纲要（2011-2020年）》。这些法规的出台规定了造林面积、新增森林面积以及森林覆盖率，及各省、自治区、直辖市以及各林业重点工程需要达到的指标等。不过此次全球发生的新冠状病毒疫情警醒人类，要实现人类文明良性发展，根本出路就是敬畏自然，努力改善现有的生态系统。我们每一个人都该从一点一滴做起，倡导植树造林，有效助推绿色增长。我们应该继续完善国家制定的政策规划，才能有效发展我国造林绿化事业。

推进生态中国的建设是一项长期的战略任务，需要我们每一个人共同奋斗。虽然大型生态工程显著增加了中国的植被覆盖率，但仍需我们继续遵循“16字方针”：“政府主导、全民参与、科技驱动、法规保障”。只有如此，才能切实为联合国提出的“2030年土地退化零增长”目标而努力。（图片据百度）

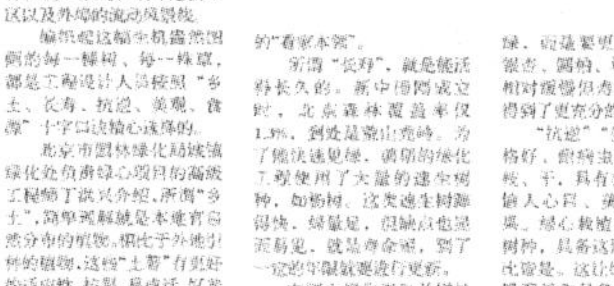

辛集林鸟瞰图。

雄安绿博园按下启动键

王昇林　薛超

2020年4月1日，雄安新区设立三周年。由中建一局承建的河北雄安绿博园—辛集林、辛集园项目按下启动键。目前，项目已完成场馆建设，计划5月初完成林板树体区分植，建成后将助力推动这座“未来之城”。

河北雄安绿博园位于雄安新区北部，总规模2.68万亩，由14个特色核心城市展园及城市林场组成，以打造“生态文明建设典范”为目标，统筹城、水、林、田、淀建设，融合燕赵大地核心元素，构建森林水系网络，完善基础服务设施，打造功能多元的城市森林体系，营造鲜明的城市森林生态，配置合理的景观及观赏的林体系，预计2021年6月竣工。

其中，由中建一局承建的辛集林项目总规划面积为670亩，位于雄安绿博园中华文明轴线东侧，规划种植以生态混交林区、常绿针叶林区、缤纷春花林区为主，以“两轴、两心、四节点”为形的景观结构，整体形状酷似一个倒置的“黄冠梨”，与辛集城市特色产业“百年梨园——黄冠梨”不谋而合。中建一局承建的辛集园项目用地面积3000平方米，位于雄安绿博园东南角，通过“皮革产业文化”和“辛集历史文化”，将“百年梨园”“农民画”“皮影戏”等辛集非物质文化遗产，用景观语言加以表达，展示古韵清新生活场景，激发辛集市特色与竞争力。

中建一局方公司河北雄安绿博园辛集林、辛集园建设项目经理魏强介绍说，辛集林、辛集园两个项目与绿博园其它项目相比虽然不算大，但各有特色。其中，辛集林项目占地670亩是基本表明，今后将种植经济作物，到时，其它区域专辟观景林地，因此将辛集林打造出森海林水相映，又有田园牧歌的优美风貌，非常契合当地的特色。

改善水环境 应对气候变化

应对气候变化已成为人类共同关注的话题，其中，水资源危机的严峻形势警醒我们思考水与气候变化的重要关系和内涵。

正如19世纪俄国的气候学家所说，“河流是气候的产物”，同时，现代气候系统理论也认为，水资源是气候系统五大圈层长期相互作用的产物。海外一份调查报告称，今年1月份南极洲的气温已经突破了20℃，此温度是1880年有记录以来气温最高的一年。毋庸置疑，人类种种“开放式”风险活动引起的气候变化以及厄尔尼诺、拉尼娜等自然发生的气候驱动因素，对水产生重大影响。全世界水资源环境受到威胁，一切社会和经济发展也将受到限制。联合国政府气候变化专门委员会提出，气候变化会致使淡水资源的脆弱性增加。国际粮食政策研究所也指出，全球48亿人口和全球粮食总量的一半将会由于水资源压力而受到威胁。

面对水资源与气候变化的现状，中国全面贯彻“节水优先、空间均衡、系统治理、两手发力”的治水思路，引领社会形成珍惜水、节约水和爱护水的良好风尚。同时，针对气候变化对水资源的影响，相关部门加强水资源管理，并根据实际情况建立健全了水资源供需管理系统，做好相应的预防措施，以此来适应气候变化的不确定性带来的影响。

为提高水资源的利用效率，中国已经连续举办了33届“中国水周”活动，今年3月22—28日为第三十三届“中国水周”，新冠肺炎疫情让全国公众深刻感受到，加强水资源利用效率也是人类应对气候变化的重要手段之一，节约用水不仅可以保护水资源的总量，还可以有效降低污水排放量，节约成本，促进经济发展。

气候是我们公众赖以生存的自然环境，水更是我们生存发展不可或缺的重要资源。气候与水对我们的重要性呈正相关。因此，公众参与到水与气候变化的行动中尤为重要，爱惜水源人人有责。作为一名普通民众，我们能做些什么呢？可以从一点一滴做起，例如：参加公益节水活动；生活中减少淋浴时间，注意节水；多吃植物性食物；不浪费粮食；一水多用等。

运用科学技能提高水资源的利用效率、改善水资源的短缺状况，在这方面我们仍需进一步挖潜。在水与气候变化中，我们应采取“走出去、请进来”等方式，向国外的一些先进理念学习，有效提高我国的科技水平，研发出更多新产品和技术，增强我国水资源的循环利用率。提高农业用水量灌溉研发技术水平，尽可能地节约水资源。同时，大气水、地下水的转化机制和优化配置技术、淡化海水等技术均值得深入研究。只有运用科学的技术手段才能确保水资源的利用率、改善水资源短缺状况。

《人民日报海外版》（2020年03月31日第08版）

08 美丽中国　　人民日报 海外版　　2020年3月31日 星期二
责编：罗兰

林兴辉今年55岁，是地地道道的农民。在担任内蒙古自治区阿拉善左旗巴润别立镇孟根塔拉嘎查党支部书记三年多的时间里，他感觉沙漠离自己越来越近，水源离自己越来越远。林兴辉意识到发展节水农业已经刻不容缓，于是在全村人都不敢尝试时，他勇敢地迈出了第一步。5年来，不断扩大种植节水小米的面积，还影响更多农户加入进来。

林兴辉的二女儿林琴，大学毕业后没有像村里不少年轻人一样去大城市找工作，而是留在家乡，从事与节水农业、地下水保护相关的工作。2013年11月，林琴成为一名地下水保护志愿者，2015年大学毕业后，与父亲一起从事家乡地下水保护工作。

节水农田里的父与女

金少泽　朱德军

身先士卒第一年

阿拉善是极度缺水的干旱荒漠地区，保护地下水是改善生态环境、实现地区可持续发展的核心。2009年，阿拉善SEE将沙漠小米引入阿拉善，种子采用的是节水谷种，产量与常规谷子相比，每亩能提高1/3。该项目要求种植户必须采用滴灌带灌溉技术，亩均用水量需低于350吨，相对于大水漫灌的玉米等高耗水农作物，每亩可减少开采地下水约500吨。

2014年，阿拉善腰坝绿洲将节水小米作为对当地生态与经济双重贡献的作物进行种植推广。作为最早加入的两个合作社之一的带头人，林兴辉当时的想法是，在腰坝推行节水政策，政府给每亩地配水350方，如果全部种玉米，水方不够；此外，对公益组织这几年在当地推广的节水项目越来越信任。

但是从过去一直种玉米改为种小米，林兴辉还是有一定的顾虑：第一年种植，产量是否能达到500斤以上？在播种时是否有适合的播种机械？按有机方式种植，人工除草是最费工的。

2014年，林兴辉投入了大量人工。因为是有机种植，除了自家的劳动力，还要雇当地农民锄草、间苗和灌水等。

第一次种，心里没有底。"项目推广方派小米种植专家全程进行技术指导，种植前开展培训、帮我们测选种子、选购合适的种植机械、指导田间播种，定期来地里考察，发现什么问题赶紧解决。"林兴辉说。

一年种下来，比起种玉米，收入提高了吗？"2014年的收成还算不错，合作社的种植方式属于粗放管理，不像单个农户那么精细化的管理，但是这一年种植小米的收入依然乐观。"

从观望到转变

2015年，小米种植计划招募时，吸引了不少新农户加入。林兴辉认为，这是因种植谷子节水效果明显，亩产收入比玉米高，而且有订单收购，种了以后销售有保证。

那么，按有机标准种植，最大的挑战是什么？林兴辉说，有机之所以比常规的难，是要把握好什么时候追施有机肥、哪种有机肥适合。

但种植节水小米要求土壤连片种植（防止土壤受周边地块干扰），一旦遇到虫灾怎么办？为此，合作社经过多次开会整合土地，终于整合了9眼井的土地；在专家的建议下，需要在拔节、抽穗阶段追施有机肥，因为使用的是滴灌设施有机肥颗粒，不好溶解，林兴辉和大家经过多方调查找到适合有机谷子冲施的沼液肥，切实为农户解决了追肥问题；还有在抽穗的时候遇到了虫灾，项目方的工作人员在那段时间天天下来查看情况，经过多次试验找到了一个生物制剂，虫灾得到了有效的控制。

两年下来，村民们就认同小米种植的理念。"种小米能节水，还能增收！很多村民之前认为小米种植不可行，但是通过第一年的长势，让好多村民转变了这种思想观念。"林兴辉说。

全家齐上阵

现在，林兴辉的两个女儿都在做与沙漠生态相关的事情。大女儿上研究生时选择了与荒漠化治理的相关专业，二女儿在大学毕业后加入地下水保护项目，全家都希望能对荒漠化治理尽一点微薄之力。

女儿林琴学的专业是有机化工。"我待的这个团队是保护地下水的，我觉得做的事情很有意义，在这里工作后，才真正了解到家乡荒漠化和水资源匮乏的严重程度，更加坚定了自己为家乡做贡献的决心。"

父亲林兴辉说，小林是生在农村的孩子，从小就喜欢花草树木，现在也非常热爱她的工作。而在女儿眼里，父亲从小到大都是她的榜样，"生活中勤劳、朴实，对于村子的发展，敢于接受新鲜事物，时刻着想着村集体的发展。"小林说。

对项目的未来，小林充满期望。她说，小米推广种植面积扩大，使农业节水达到采补平衡，通过小米种植推广能带动家乡的农民对荒漠化的认识，让人人参与到节水当中来。

截至2019年底，阿拉善SEE"地下水保护"项目累计推广节水小米1625公顷，总产量6924吨，参与农户556户，节水量超1200万立方米。目前，项目组与政府部门合作共同推动节水政策落地、节水作物及节水技术应用推广，形成了一套"环保公益组织+政府+社区"的综合节水模式。在节水的同时，积极探索新的农业发展模式，开发环境友好型产品，帮助当地农户增收。

改善水环境　应对气候变化

鞠立新

应对气候变化已成为人类共同关注的话题，其中，水资源危机的严峻形势警醒我们思考水与气候变化的重要关系和内涵。

正如19世纪俄国的气候学家所说，"河流是气候的产物"。同时，现代气候系统理论也认为，水资源是气候系统五大圈层长期相互作用的产物。海外一份调查报告称，今年1月份南极洲的气温已经突破了20℃，此温度是1880年有记录以来气温最高的一年。毋庸置疑，人类种种"开放式"风险活动引起的气候变化以及厄尔尼诺、拉尼娜等自然发生的气候驱动因素，对水产生重大影响。全世界水资源环境受到威胁，一切社会和经济发展也将受到限制。联合国政府气候变化专门委员会提出，气候变化会致使淡水资源的脆弱性增加。国际粮食政策研究所也指出，全球48亿人口和全球粮食总量的一半将会由于水资源压力而受到威胁。

面对水资源与气候变化的现状，中国全面贯彻"节水优先、空间均衡、系统治理、两手发力"的治水思路，引领社会形成珍惜水、节约水和爱护水的良好风尚。同时，针对气候变化对水资源的影响，相关部门加强水资源管理，并根据实际情况建立健全了水资源供需管理系统，做好相应的预防措施，以此来适应气候变化的不确定性带来的影响。

为提高水资源的利用效率，中国已经连续举办了33届"中国水周"活动，今年3月22—28日为第三十三届"中国水周"。新冠肺炎疫情让全国公众深刻感受到，加强水资源利用效率也是人类应对气候变化的重要手段之一。节约用水不仅可以保护水资源的总量，还可以有效降低污水排放量、节约成本，促进经济发展。

气候是我们公众赖以生存的自然环境，水更是我们生存发展不可或缺的重要资源。气候与水对我们的重要性显而易见。因此，公众参与到水与气候变化的行动中尤为重要，爱惜水源人人有责。作为一名普通民众，我们能做些什么呢？可以从一点一滴做起，例如：参加公益节水活动；生活中减少淋浴时间、注意节水；多吃植物性食物；不浪费粮食；一水多用等。

运用科学技能提高水资源的利用效率、改善水资源的短缺状况，在这方面我们仍需进一步挖潜。在水与气候变化中，我们应采取"走出去、请进来"等方式，向国外的一些先进理念学习，有效提高我国的科技水平，研发出更多新产品和技术，增强我国水资源的循环利用率。提高农业用水量灌溉研发技术水平，尽可能地节约水资源。同时，大气水、地下水的转化机制和优化配置技术、淡化海水等技术均值得深入研究。只有运用科学的技术手段才能确保水资源的利用率、改善水资源短缺状况。

新时代新步伐

位于长江上游源头的四川省南江县，通过严格落实"河长制"，综合实施河道流域生态保护、污染治理和岸线管控，使河水水质常年清澈透明，稳定达到Ⅲ类标准。图为南江县城上空出现的"龙鳞云"景观倒映在清澈的河水中。　肖定怀摄（人民视觉）

在江西省吉安市泰和县沿溪镇罩坪村，保洁员正在赣江打捞水葫芦等漂浮物，保护赣江水生态环境。　邓和平摄（人民图片）

北京城建工人正在市自来水集团石景山水厂工地上进行绑扎钢筋作业。作为北京市南水北调配套工程重要项目，这一项目建成后，该区域供水水源将从以地下水为主转变为以地表水为主，有助于大幅减少地下水开采，促进生态修复。　本报记者 贺勇摄

永安溪是浙江省仙居县的母亲河。近年来，当地加大永安溪保护治理力度，在全省率先推行河长制，流域内生态环境持续保持优良，溪水达国家一级饮用水标准。图为游客漫步在永安溪横溪镇溪头村段的水碇步上。　王华斌摄（人民视觉）

保卫碧水

李晨瑶

3月28日，中国进入今年的第一个汛期，水环境状况引起社会进一步关注。多年来，中国多措并举，由内及外治理水污染，保护水环境，全国水环境质量明显改善。

新冠肺炎疫情发生以来，全国及重点流域水污染物排放量下降明显。生态环境部公布的前2个月全国地表水和空气质量状况数据显示，水质优良断面比例同比有所上升，劣V类断面比例同比有所下降。

2020年是打好污染防治攻坚战的决胜之年。生态环境部部长李干杰表示，将巩固饮用水水源地环境整治成效，持续开展城市黑臭水体整治，推进长江入河、渤海入海排污口溯源整治，启动黄河入河排污口排查整治，逐步推进农村生活污水和黑臭水体治理。

"节水优先"是解决复杂水问题的关键所在。2019年4月15日，国家发布《国家节水行动方案》，分别提出近期和远期目标，明确2020年万元国内生产总值用水量、万元工业增加值用水量比2015年分别降低23%和20%，节水效果初步显现；到2022年用水总量控制在6700亿立方米以内，节水型生产和生活方式初步建立；到2035年用水总量严格控制在7000亿立方米以内，水资源节约和循环利用达到世界先进水平。

各地积极落实节水行动方案。宁夏地区受地理位置等影响气候干旱、严重缺水。当地大力实施农业节水增效、工业节水增效、城市节水普及、全民节水文明"四大节水行动"，走出了一条干旱缺水地区解决发展用水问题的有效路子。经过努力，"十二五"以来，全区用水总量减少6.2亿立方米，万元GDP用水量、万元工业增加值用水量分别下降59%、39%。

针对河湖污染问题，2016年12月，国家发布《关于全面推行河长制的意见》，河长制在全国开始推广。

"建立河长制湖长制以来，我们在南湖开展了一系列改造项目，打造水清、岸绿、鱼游、景美的生态水体，使南湖水质从浑浊的地表劣V类水转变为地表Ⅲ类水，年接待游客量从1000万人次提升至1500万人次以上。"广西南宁市南湖公园工程师刘妙妮说。

2017年以来，南宁市全面推动河长制湖长制工作落地见效。该市构建市、县、乡、村组织体系，建立"一河一档"，落实"一河一策"。截至2019年底，南宁市境内流域水质优良比例（达到或优于三类）继续保持100%，4个国家地表水考核断面Ⅱ类水质比例100%，同比上升25%。

水治理和水环境保护不是一蹴而就的，在期间发现问题，解决问题更是重中之重。各地方加强监督，严禁破坏水环境的现象再次发生。

2019年4月15日，央视《经济半小时》报道河北大沙河阜平、行唐段非法采砂屡禁不止，砂坑遍布、河道深切、河流紊乱，非法采砂毁坏部分耕地、林地，影响群众生产生活。经水利部调查，媒体报道的情况基本属实，河北大沙河曲阳、行唐段采砂规划、许可、监管、执法等环节不同程度存在问题，特别是现场监管缺失，过度无序采砂问题突出。在相关部门及地方政府监督下，河北省积极整改，截至2019年6月底，新闻报道河段河道内砂坑、砂堆全部推平，河道两岸初步整理成型，河床基本平复，部分河道已形成水面，河道面貌得到明显改善。

据生态环境部介绍，截至2019年，全国899个县级水源地3626个问题整治已完成3624个。水体治理方面，全国295个地级市及以上城市（不含州、盟）建成区共有黑臭水体2899个，已消除86.7%。长江经济带110个地级市及以上城市共有黑臭水体1372个，消除87.0%。

当今世界，气候逐渐变暖，极端天气事件频发，应对气候变化成为全人类共同的责任。中国高度重视应对气候变化工作，积极参与国际合作，在应对气候变化行动中不断迈出新步伐。

应对气候变化 中国与世界同行

推动自然解决之道

在近期举行的联合国气候行动峰会上，中国和新西兰受邀作为“基于自然的解决方案”领域共同牵头方，努力推动该领域形成一揽子成果。

人与自然是生命共同体，人类必须尊重自然、顺应自然、保护自然。作为“基于自然的解决方案”领域共同牵头国，中国积极推动各方系统理解人与自然的关系，积极倡导依靠自然的力量应对气候风险，构筑温室气体低排放和气候韧性社会。

依靠自然的力量应对气候风险，中国在这方面已有许多尝试，总结出宝贵的经验。

据生态环境部应对气候变化司介绍，中国在国内积极推动生物多样性保护、林业和草原、农业、海洋、水资源等领域应对气候变化工作；划定生态红线，有效保护生物多样性，减缓气候变化的不利影响；推进大规模国土绿化，增加森林、草原、湿地等资源总量，增强生态系统功能，加强资源保护及灾害防控，协同推进增加碳汇；农业方面，化肥用量提前实现负增长，畜禽粪污、秸秆综合利用水平明显提升，生物质能源快速发展；海洋方面，开展海平面监测评估、蓝色碳汇研究及试点、海洋生态修复等工作；水资源方面，完善防洪排涝减灾体系，优化水资源配置，加强节水型社会建设，全面推行河长制湖长制。

培育青少年的力量

青年是国家的未来，应成为应对气候变化的积极倡导者、参与者和推动者。中国重视、鼓励和支持广大青少年在生态环保和气候行动中发挥生力军作用，积极引导广大青少年树立生态文明理念，践行简约适度、绿色低碳的生活方式。

“小孩能做什么呢？节约用电、用水、用纸、垃圾分类等对保护环境、应对气候变化都有作用。”日前，中科院院士杜祥琬在接受笔者采访时强调。

来自浙江省余姚市东风小学五年级的方涵同学曾代表“中国环保小卫士”前往纽约联合国总部参加全球第六届“全球人居环境论坛”，她用一件件事例叙述了自己跟同学们20年来所做的节能环保的事情。联合国友好理事会主席布朗博士对方涵说：“你的演讲让我们了解到中国的环保，也感受到了中国孩子们的力量。”

2019年9月27日，笔者在深圳应对气候变化科普进校园讲座的百花小学大讲堂上，发现小朋友们回答问题十分流畅。李彤校长介绍，这得益于学校把环保教育纳入常态化课程中。姚煜老师说，她还经常组织师生们做一些有趣的环保实践活动，例如用果皮制作酵素等手工课，此类课程得到了孩子们的喜爱。同学们试着用自己制作的酵素清洁灶台和油烟机，去油污效果显著，还不污染环境。

深圳市标新科普研究院理事长长、航都文化投资有限公司董事长陈素平告诉笔者，他们公司于2017年开展的“青锋少年”项目就是为青少年普及气候变化科普知识，引导他们为应对气候变化贡献智慧。北京电影学院副教授郭劲锋介绍，“青锋少年”活动的一个部分是气候影视作品创作及教师培训和学生创作，其中，小短片《父亲的胡杨树》生动讲述了一位81岁的爷爷为了抢救胡杨树，先后挖了11口井。他说："我肯定会死，但没关系，能多活一棵树都是好的。"《禁渔之后》讲述了深圳湾在禁渔之后生态环境的变化，进一步探讨与反思人与海洋、人与自然的关系。这些青少年拍摄的影片打开了一扇窗，让世界进一步了解中国普通民众在应对气候变化方面所做的努力。

据统计，2018年，在全国各类环保教育进课堂、青年环保文化节、环保公益大赛、摄影大赛等活动中，参与的青少年超过5000万人次。1999年至2018年底，保护母亲河行动、建设绿化工程活动中，吸引青少年参与共计6亿人次。其中，通过国际项目合作，在全国各地共植树9832万多株，2万外国青少年来华交流并参与植树活动。

减少碳排放有成效

作为发展中国家，中国通过调整产业结构、优化能源结构、发展非化石能源、恢复自然生态环境、养护森林增加碳汇、发展碳市场等举措，努力实现"2030年左右碳排放达峰并争取尽早达峰"的自主贡献目标。

企业在应对气候变化中扮演着重要的角色。2019年8月，辽宁鞍山供热集团在企业内部进行了环保领域的"冬病夏治"。供热集团董事长左俊杰告诉笔者，由于城市扩张，今年冬天他们的供热任务要达到近8000万平方米，同时，环保要求也越来越高，相关环保技术的升级、改造马虎不得。左俊杰邀请北京大学、中国传媒大学、中国环境科学研究院等多位专家，为企业环保技术改造出谋划策。

像鞍山的企业一样，为减少温室气体排放，各地对企业绿色低碳发展都提出了更高的要求。目前国家已发布728项国家推荐工业节能技术装备，研究制定715项工业节能与绿色标准。截至2019年6月，全国建设800家绿色工厂、79家绿色园区和40家绿色供应链管理示范企业。2016年至2018年，全国规模以上企业单位工业增加值能耗累计下降超过13%，实现节能量约4亿吨标准煤，减排二氧化碳约10亿吨。

截至2018年底，全国碳排放强度下降，基本扭转了温室气体排放快速增长的局面。森林蓄积量比2005年增加45.6亿立方米。2016—2018年，中国单位GDP能耗累计降低11.35%，节约能源约5.4亿吨标准煤，为落实“十三五”控制温室气体排放目标和2030年国家自主贡献奠定坚实基础。

延伸阅读：

气候变化问题引起国际广泛关注，各国政府都在制定相关政策，采取行动减缓和适应气候变化。作为世界第一大发展中国家，中国政府勇挑重担，不仅在国内积极采取措施，在全球范围内也主动寻求国际合作，推动构建公平合理、合作共赢的全球气候治理体系。

减缓气候变化。一直以来，中国政府在调整产业结构、优化能源结构、节能提高能效、控制非能源活动温室气体排放、增加碳汇等方面采取一系列行动，取得较好效果。化石能源的燃烧是温室气体排放的主要来源，所以目前主要针对能源领域减少温室气体排放。电煤长期以来占煤炭消费量的50%左右，电力行业减排潜力巨大，故中国政府首先将电力行业纳入全国碳排放权交易市场。此外，中国政府大力发展可再生能源，如今，可再生能源的清洁能源替代作用日益凸显。

适应气候变化。2013年，国家发展改革委发布《国家适应气候变化战略》，其战略目标期到2020年，包括了一系列保护水资源、森林防护、强化灾害预防等措施。农业安全关乎国家安全，故《战略》提出了新的农业措施来适应气候变化。水资源领域，国家出台了《节水型社会建设“十三五”规划》等政策，并在全国范围内建设节水型社会。陆地生态系统领域，从森林、草原、湿地、荒漠等几个角度出发，颁布了相关政策。海洋生态系统方面，加强海洋生态的修复工作。此外，全球适应委员会由荷兰发起并于2018年10月成立，目前有包括中国在内的20个国家作为联合发起国，由34位在全球拥有重要影响力和广泛声誉的人士担任委员。

体制建设。2018 年 4 月，应对气候变化和减排职能由国家发改委划转至新组建的生态环境部。为能有效开展温室气体减排工作，各省市以及全国建立了温室气体排放数据 MRV（碳排放核算报告核查）体系，为碳市场的建设提供了数据基础。中国政府正加速全国统一碳市场的建立，用市场机制解决气候变化问题。

（李彦 杨小力）

《人民日报海外版》（2019 年 10 月 29 日 第 08 版）

08 美丽中国　人民日报 海外版　2019年10月29日　星期二
责编：罗兰　邮箱：dzzb18888@163.com

当今世界，气候逐渐变暖，极端天气事件频发，应对气候变化成为全人类共同的责任。中国高度重视应对气候变化工作，积极参与国际合作，在应对气候变化行动中不断迈出新步伐。

应对气候变化 中国与世界同行

鞠立新

希望　摄百度

安徽省近年来积极推进风光、农光和渔光互补光伏发电项目，体现了低碳环保的经济发展模式。图为天长市高邮湖畔正在运行中的光伏发电站发电设备。　宋卫星摄（人民视觉）

推动自然解决之道

在近期举行的联合国气候行动峰会上，中国和新西兰受邀作为"基于自然的解决方案"领域共同牵头方，努力推动该领域形成一揽子成果。

人与自然是生命共同体，人类必须尊重自然、顺应自然、保护自然。作为"基于自然的解决方案"领域共同牵头国，中国积极推动各方系统理解人与自然的关系，积极倡导依靠自然的力量应对气候风险，构筑温室气体低排放和气候韧性社会。

依靠自然的力量应对气候风险，中国在这方面已有许多尝试，总结出宝贵的经验。

据生态环境部应对气候变化司介绍，中国在国内积极推动生物多样性保护、林业和草原、农业、海洋、水资源等领域应对气候变化工作：划定生态红线，有效保护生物多样性，减缓气候变化的不利影响；推进大规模国土绿化，增加森林、草原、湿地等资源总量，增强生态系统功能，加强资源保护及灾害防控，协同推进增加碳汇；农业方面，化肥用量稳定实现负增长，畜禽粪污、秸秆综合利用水平明显提升，生物质能源快速发展；海洋方面，开展海平面监测评估、蓝色碳汇研究及试点、海洋生态修复等工作；水资源方面，完善防洪排涝减灾体系，优化水资源配置，加强节水型社会建设，全面推行河长制湖长制。

培育青少年的力量

青年是国家的未来，应成为应对气候变化的积极倡导者、参与者和推动者。中国重视、鼓励和支持广大青少年在生态环保和气候行动中发挥生力军作用，积极引导广大青少年树立生态文明理念，践行简约适度、绿色低碳的生活方式。

"小孩能做什么呢？节约用电、用水、用纸、垃圾分类等对保护环境、应对气候变化都有作用。"日前，中科院院士杜祥琬在接受笔者采访时说道。

来自浙江省余姚市东风小学五年级的方涵同学曾代表"中国环保小卫士"前往纽约联合国总部参加全球第六届"全球人类环境论坛"，她用一件件事例叙述了自己跟同学们20年来所做的节能环保的事情。联合国大会主席事会主席布朗博士对方涵说："你的演讲让我们了解到中国的环保，也感受到了中国孩子们的力量。"

2019年9月27日，笔者在深圳应对气候变化青年普通教师讲演的百花小学大讲堂上，发现小朋友们回答问题十分流畅。李彤校长介绍，这得益于学校把环保教育纳入常态化课程中。姚慧老师说，她还经常组织师生们做一些有趣的环保实践活动，例如用果皮制作酵素等手工课，此类课程得到了孩子们的喜爱。同学们试着用自己制作的酵素清洁灶台和油烟机，去油污效果显著，还不污染环境。

深圳市标新科普研究院理事长、粒都文化投资有限公司董事长张素平告诉笔者，他们公司于2017年开展的"青锋少年"项目就是为青少年普及气候变化科普知识，引导他们为应对气候变化贡献智慧。北京电影学院副教授郭劲锋介绍，"青锋少年"活动的一个部分是气候影视作品创作及教师培训和学生创作，其中，小短片《父亲的胡杨树》生动讲述了一位81岁的爷爷为了拯救胡杨树，先后挖了11口井。他说："我肯定会死，但没关系，能多活一棵树都是好的。"《禁渔之后》讲述了深圳湾在禁渔之后生态环境的变化，进一步探讨与反思人与海洋、人与自然的关系。这些青少年拍摄的影片打开了一扇窗，让世界进一步了解中国普通民众在应对气候变化方面所做的努力。

据统计，2018年，在全国各类环保教育进课堂、青年环保文化节、环保公益大赛、摄影大赛等活动中，参与的青少年超过3000万人次。1999年至2018年底，保护母亲河行动、建设绿化工程活动中，吸引青少年参与共计6亿人次。其中，通过国际项目合作，在全国各地共植树9832万多株，2万外国青少年来华交流并参与植树活动。

山东省青岛市环保志愿者与夏庄小学的孩子们参观岛类标本，放飞救护的重点保护鸟类红隼，清理白沙河堤岸垃圾，用实际行动保护生态环境。　王海滨摄（人民视觉）

减少碳排放有成效

作为发展中国家，中国通过调整产业结构、优化能源结构、发展非化石能源、恢复自然生态环境、养护森林增加碳汇、发展碳市场等举措，努力实现"2030年左右碳排放达峰并争取尽早达峰"的自主贡献目标。

企业在应对气候变化中扮演着重要的角色。2019年8月，辽宁鞍山供热集团在企业内部进行了环保领域的"冬病夏治"。供热集团董事长左俊杰告诉笔者，由于城市扩张，今年冬天他们的供热任务要达到近8000万平方米，同时，环保要求也越来越高，相关环保技术的升级、改造马虎不得。左俊杰邀请北京大学、中国传媒大学、中国环境科学研究院等多位专家，为企业环保技术改造出谋划策。

像鞍山的企业一样，为减少温室气体排放，各地对企业绿色低碳发展都提出了更高的要求。目前国家已发布728项国家推荐工业节能技术装备，研究制定715项工业节能与绿色标准。截至2019年6月，全国建设800家绿色工厂、79家绿色园区和40家绿色供应链管理示范企业。2016年至2018年，全国规模以上企业单位工业增加值能耗累计下降超过13%，实现节能量约4亿吨标准煤，减排二氧化碳约10亿吨。

截至2018年底，全国碳排放强度下降，基本扭转了温室气体排放快速增长的局面。森林蓄积量比2005年增加45.6亿立方米。2016—2018年，中国单位GDP能耗累计降低11.35%，节约能源约5.4亿吨标准煤，为落实"十三五"控制温室气体排放目标和2030年国家自主贡献奠定坚实基础。

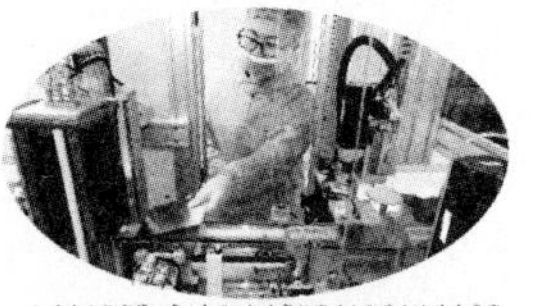

江苏连云港市第一条1吉瓦2亿片高效黑硅太阳能电池片生产线正式投产。该项目采用全自动数字化绿色工厂等先进理念，实现了高效能电池片的规模化生产。图为工人在查看高效黑硅太阳能电池片生产线运行情况。　耿玉和摄（人民视觉）

云南省红河哈尼族彝族自治州弥勒市修复一期全长7.5公里的甸溪河生态环境后，沿河两岸水清草绿、荷花吞香，周边的生态环境越来越好。　普佳勇摄（人民视觉）

延伸阅读：

气候变化问题引起国际广泛关注，各国政府都在制定相关政策，采取行动减缓和适应气候变化。作为世界第一大发展中国家，中国政府答复应对，不仅在国内积极采取措施，在全球范围内也主动寻求国际合作，推动构建公平合理、合作共赢的全球气候治理体系。

减缓气候变化。一直以来，中国政府在调整产业结构、优化能源结构、节能提高能效、控制非能源活动温室气体排放、增加碳汇等方面采取一系列行动，取得较好效果。化石能源的燃烧是温室气体排放的主要来源，所以目前主要针对能源领域减少温室气体排放。电煤长期以来占煤炭消费量的50%左右，电力行业减排潜力巨大，故中国政府首先将电力行业纳入全国碳排放权交易市场。此外，中国政府大力发展可再生能源，如今，可再生能源的清洁能源替代作用日益凸显。

适应气候变化。2013年，国家发展改革委发布《国家适应气候变化战略》，其战略目标期到2020年，包括了一系列保护水资源、森林防护、强化灾害预防等措施。农业安全关乎国家安全，在《战略》提出了新的农业措施来适应气候变化。水资源领域，国家出台了《节水型社会建设"十三五"规划》等政策，并在全国范围内建设节水型社会。然而生态系统领域，从森林、草原、湿地、荒漠等几个角度出发，颁布了相关政策。海洋生态系统方面，加强海洋生态的修复工作。此外，全球适应委员会由荷兰发起并于2018年10月成立，目前有包括中国在内的20个国家作为联合发起国，由34位在全球拥有重要影响力和广泛声誉的人士担任委员。

体制建设。2018年4月，应对气候变化和减排职能由国家发改委划转至新组建的生态环境部。为使有效开展温室气体减排工作，各省市以及全国建立了温室气体排放数据MRV（监测报告核查制度）体系，为碳市场的建设提供了数据基础。中国政府正加快全国统一碳市场的建立，用市场机制解决气候变化问题。　（李彦　杨小力）

保护好地球家园

李彦

中国一直积极参与全球气候治理，与世界各国加强合作，共同应对气候变化，以保护好人类赖以生存的地球家园。中国正在成为全球生态文明建设重要的参与者、贡献者。

近几年来，中国以建设性的姿态推动构建公平合理合作共赢的全球气候治理体系，并采取切实有效的政策措施强化应对气候变化国内行动，展现了坚持绿色、低碳、可持续发展的坚定决心。

同时，中国统筹国际国内两个大局，动员全社会管理参与，并且采取调整产业结构、优化能源结构、低碳发展创新、推动多个地区碳排放达峰，积极参与国际交流等一系列政策和措施，持续推进应对气候变化工作，不断加强应对气候变化的基础能力，取得了积极的进展。

相对于2015年，中国2018年单位GDP碳排放强度下降约45.8%，已经提前完成到2020年下降40%、45%的目标，非化石能源占一次能源比重达到了14.3%，同时也在积极推动碳市场建设，在试点基础上，2017年12月启动了全国碳排放权交易体系建设，将成为减排温室气体应对气候变化的重要工具，为应对气候变化发挥了关键性作用。

2018年4月，应对气候变化业务由国家发改委转到生态环境部，实现了大气污染防治与应对气候变化的统一管理，这是在新形势下应对气候变化和大气污染治理统筹协同增效的重要措施，为顺利开展全国碳市场建设提供了重要的制度保障。

减少温室气体排放很大程度上对因化学需氧量（COD）、生化需氧量（BOD）造成的水污染治理有帮助，因为这些污染源于消耗化石能源。现在最大的土壤污染问题之一是过度施肥，尤其是氮肥的过度使用对土壤的生态系统造成了极大的破坏，而在生产这些氮肥、磷肥的过程中也释放了大量的温室气体。换句话说，如果我们有效地控制氮肥、磷肥的生产，且结合农业农村部正在推行的测土工作，可以很大程度上减缓和遏制土壤污染的趋势。所以应对气候变化不仅是对大气，对整个生态体系建设都有不可替代的核心作用。

（作者系国家气候战略中心博士）

渤海综合治理要先有本明白账

渤海地区入海排污口现场排查工作日前全面启动，目的在于全面掌握渤海入海排污口情况，为下一步开展监测、溯源及治理奠定基础。渤海综合治理攻坚战是污染防治七大标志性战役之一。根据《渤海综合治理攻坚战行动计划》，将通过 3 年综合治理，大幅降低陆源污染物入海量；实现工业直排海污染源稳定达标排放。到 2020 年，渤海近岸海域水质优良（一、二类水质）比例达到 73% 左右。

渤海是我国唯一的半封闭型内海，近年来，水质有所改善，但陆源污染物排放总量仍居高不下，重点海湾环境质量未见根本好转，生态环境整体形势依然严峻。

当前，入海排污口还是一笔“糊涂账”。环渤海到底有多少排污口？谁在排，排什么，排多少？排污口底数不清，症结源头找不到，必然会影响治污效果。纵然投入再多的资源，耗费再大的财力，也只能事倍功半。入海排污口不仅连着大海，还连着陆地污染源，是污染物进入海洋的一道关键闸口。这道闸口也直接关系到管理体制和协调机制的精准定位。表面看，污染在海里、在水中，但真正污染的根子在陆地、在岸上。目前，仍存在一些企业不合理入海排污的情况，“散乱污”清理整治形势仍然严峻，农业农村污染防治，城市生活污染防治等工作也需要进一步加强。

要打好渤海综合治理攻坚战，笔者认为，需要从以下几个方面加强工作：

首先，摸清底数，算清总账，为制定治理措施奠定基础。涉及到的相关地方一定要认真部署，细致排查，如实上报，不能为了所谓的政绩而虚报、瞒报。只有追根溯源，才能有的放矢，保证渤海综合治理攻坚任务如期完成。

其次，追溯渤海“病根”，完善管理体制和协调机制。各地应因地制宜，把溯源和整治的工作开展起来，形成权责清晰、监控到位、管理规范的入海、入河排污口监管体系。在这个过程中，配套制定工作台账，将各地攻坚任务目标量化细化，保证切实落到实处，发挥作用。

最后，积极鼓励公众参与。渤海综合治理攻坚战是一项功在当代、惠及子孙的民生工程，需要每个人参与其中，自觉保护环境，举报违法排污情况，共同守护海洋生态保护红线。

《中国环境报》（2019 年 6 月 28 日 03 版）

海运污染排放不可小觑

近日，《自然·气候变化》杂志一篇关于船舶运输业加重污染的论文，引起人们对海运污染的持续关注。论文通过对东亚地区近1.9万艘船只的数据追踪，得出如下结论：2005年至今，东亚地区海上海运交通量增加了一倍以上，仅船舶排放的氮氧化物和细颗粒物（PM2.5）是陆地机动车排放量的50%。

尽管这一论文只列出了东亚地区海运带给局部的损害，但这组数据不得不令人沉思：我国沿海城市的细颗粒物（PM2.5）数值模拟在高浓度时段是否被低估？我们是否能列出准确的海源污染物排放清单？由于海运排放性污染发生的时间和地点极其分散，其危害是否引起了足够重视？

当前，除了工业、农业、交通等污染源外，海运污染排放不可小觑。各地应切实加强海运污染防治，促进环境质量改善。

利益驱动导致全球海运扩张

事实上，关于海运污染，世界各国一直在做不同程度的研究，但此次新鲜出炉的东亚数据令人瞠目结舌。是什么原因导致海运污染日益严重？

当今世界，国际海运承担全球80%以上的贸易量，是经济全球化的一个主要驱动因素。全球贸易经济的发展催生各国海运迅猛发展，超越国家领域的货物贸易使世界经济一体化成为现实。同时，随着国际政治、经济、军事竞争日趋激烈，海运可以完成重要物资和人员的运输，保障国家安全，并提高国际威望。为此，国家安全及经济等利益驱动海运急剧扩张。如美国高度重视仅次于海陆空军的“第四只臂膀”——海运商船队，并出台营运补贴政策，确保海运发展。一些发达国家在其航运法中明确指出，海运船队除为其经济发展服务，还将在紧急时刻为国家安全服务。

然而，全球性的海运贸易空前发展给环境造成了极大冲击。海运过程中，通过燃油泄漏、废水废物排放等，造成了非常严重的环境污染。

海运污染防治亟待引起重视

一直以来，作为环境友好型的运输方式，海运被人们公认为具有能耗低、效率高等优点，因此，海运理所当然地成为全球贸易运输的主要渠道。

但是，东亚地区的海运研究结果提醒人们，海运污染排放不可小觑。相关统计表明，海洋环境污染中有 35 % 的污染物来自海运船舶。一些油船随意排放压载水、洗舱水以及船底舱油污水。污水中还含有大量石油，会破坏水域水质，严重危害水产养殖业发展，进而危害人体健康。海运船舶的生活污水含有细菌、病毒，其入海后会导致海水中的溶氧耗尽，有机物腐化后会散发出臭味，造成海洋环境污染。随着海运中运输危险化学品船只的增多，装卸作业中造成的跑、冒、滴、漏等行为会造成海洋严重污染，造成的危害不可预估。

值得一提的是，一些靠泊或维修船舶在港区和江河水道造成的污染，直接滞留在当地港区和江河水道，其污染物有可能进入城市的饮用水水源，威胁当地居民饮用水安全。

海运污染防治需各国共同努力

海运不只会带来环境污染，还会导致气候变化加剧。

一百多年前，诺贝尔奖获得者阿列纽斯曾推断，二氧化碳过度排放将引起全球气候变暖。如今，其预言已经成真。

从哥本哈根会议到坎昆会议再到德班会议，国际海事组织（IMO）多年前就提出了“让海洋更清洁”的号召，也相应出台了一系列有关海洋环境保护等内容的法律规范，充分体现了应对气候变化的决心。

加强海运污染防治不仅是一个国家或一个地区的责任，更需要世界各国人民共同努力。

尽管发达国家在 IMO 体系下的海运减排问题谈判中占据主导地位，但无论发达国家还是发展中国家均有减排义务，都应为确立国际社会公认的、稳定的排放秩序而贡献力量。

我国拥有辽阔海域和丰富海洋资源，90% 以上的外贸物资均由海运完成，是世界最大的海运需求国。为了实现和平发展、全面建成小康社会的战略目标，我国正在为建设海运强国而努力。同时，作为温室气体排放大国，我国正在积极应对气候变化。笔者认为，我国需高度关注海运污染问题。要进一步借鉴发达国家海运管理经验，加强造船企业创新技术研发，规范海运企业管理，采取更为有效的海运运营模式，合理设计航线，科学安排船舶在港停留时间，减少海运带来的环境污染问题。

《中国环境报》（2016 年 9 月 7 日 03 版）

加快现代低碳乡村构建

我国是一个农业大国，加快现代低碳乡村构建是我国农村生态文明建设战略的重要内容。

现代低碳乡村的内涵是以农业为核心，走现代低碳经济之路，实现人民收入增加、资源高效利用、环境和谐发展的经济可持续发展目标。其宗旨是以现代低碳发展理念抵御传统工业文明对乡村可持续发展的破坏，打破传统的城乡二元发展机制，实现现代乡村发展与城市发展的一体化，最终构建一种超越工业与农业文明对立、城市与乡村对立、发展与环境对立的新型发展模式。

发达国家在现代低碳乡村构建中，注重生态资源良性循环，具体经验可供我国借鉴。德国重点构建生物能源乡村，利用农业产生的生物质生产能量，并以此满足村域内的能源需求，形成良性循环。美国早在 2005 年就在印第安纳州雷诺兹镇开启了生物城项目，构建生物质能源的自立型乡村。自立型乡村的构建扩大了生物燃料使用量，开发了农业废物资源化的潜力。

笔者认为，我国构建现代低碳乡村应做好以下几方面工作：

建立现代低碳乡村指标体系和标准。目前，低碳经济的关注度大多集中在城市地区，现代低碳乡村并未得到充分重视。需加快现代低碳乡村指标体系和标准建立的进程，以科学性、系统性、可操作性为原则，在低碳空间、低碳经济、低碳生活等领域深入推广。

开展适合我国农村的低碳乡村模式理论探索。截至目前，我国现代低碳乡村理论探究不足，内涵、指标体系、发展模式等均尚处于萌芽期，加强典型低碳乡村模式理论探究意义重大。

尽快出台构建现代低碳乡村政策。构建现代低碳乡村属于创新性公共服务，需要一整套相对成熟的落地机制，包括方案、落实、监督和效果反馈等。目前，相关政策体系滞后、管理粗放，存在机制和路径上的问题，需尽快解决。

加大财政投入力度引导农民实现节能减排。充足的财政资金支持是构建现代低碳乡村的重要保障。地方政府需加大财政投入力度，采取补助措施，引导农民投入现代低碳节能建筑、使用低碳产品，实现节能减排，并鼓励低碳高新企业集聚农村，带动现代低碳乡村构建。

构建现代低碳乡村传播方式。低碳乡村构建离不开公众参与，在构建低碳乡村传播方面要积极创新，以农民喜闻乐见的画册、科普微电影等创新传播模式为着眼点，使农民在潜移默化中形成低碳自觉。

《中国环境报》（2016 年 2 月 22 日 03 版）

助推绿色传播　提升国际话语权

应对气候变化早已成为全球性公共议题。科学应对共气候变化事关每个社会成员的切身利益，动员全社会共同参与保护气候环境，离不开媒体传播。

一、积极助推气候传播学科建设

党的十八大把生态文明建设纳入中国特色社会主义事业“五位一体”总体布局中。“绿色发展”为我国的发展指明了方向。 气候传播学科是为了更好地解决气候变化问题，更有效地传播气候变化信息，让社会与公众理解和掌握相关的科学知识，改变公众的态度和行为的社会传播活动。中国传媒大学非常重视气候传播，在学科建设方面有意识地打造了绿色低碳发展与品牌传播研究中心。

大学注重学理研究，在推进气候传播中具有重要的作用。最近两三年，我在基层挂职时也发现了气候传播不足的问题，政策落实和公众认知反差非常大。顶层设计与中间环节、基层落实是脱节的，措施在执行的时候有所偏离。所以我认为气候传播非常重要——为气候变化最终埋单的人是公众。作为全球应对气候变化的重要参与者，关于公众参与的研究非常重要。

气候传播过程实际上是五位一体的，在政府的主导下，企业、非政府组织（NGO）、媒体积极推进公众参与。如何从多个视角传播国家应对气候变化战略，如何让更多的公众参与气候治理，这是一门学问。对于高校而言，在科研和教学方面应当有意识地打造相关 研究团队。

2016 年，中国传媒大学广告学院适时成立了绿色低碳发展与品牌传播研究中心，秉持应对气候变化人类命运共同体的理念加强学科建设，研究应对气候变化传播相关课题，并用数据向全世界展示我国为应对气候变化、实现《巴黎协定》的目标所付出的努力，包括提高国家自主贡献力度，采取更有力的政策和措施等。

二、关注公众需求，让气候传播花开遍地

做好气候传播，先要深入了解公众面临的困难和真实的需求，只有这样才能有效引领传播者的认识、观念与做法。 想要公众更好地执行政策，就要认真研究公众需求。政策落实到基层，对象一定是普通人，因此，需要充分考虑公众的切身利益，充分说明相关政策能给公众带来哪些具体的、看得见摸得着的好处。气候传播体系要站在战略的高度，不仅要把信息公开、议题传播、环境教育、公众对话与危机预警机制融为一体，还要着眼于公众整体的生活环境，讲求公众本位。在这几年的工作中我发现，公众环保教育非常重要。在应对气候变化的公众教育中，成年人很难被改变，因为消费习惯已经固化，例如很多人确实喜欢开高排放的车，不喜欢坐地铁，等等。我在深圳给小朋友们开设公益讲座，普及环保意识的时候发现，环境教育走进中小学的效果更好，因为“小手拉大手”，一个孩子能带动家里的六口人，爸爸妈妈、爷爷奶奶，还有姥姥姥爷。如何向孩子传播气候变化的知识，做好儿童环保教育和公众教育等都值得深入思考。我们应当将应对气候变化、开展环境保护等意识的种子植入孩子的幼小心灵之中，并让这颗种子渗透整个家庭乃至整个社会。可以用讲故事的形式来传播绿色的理念，让孩子们从生活的点点滴滴中感知环保的重要性，从

日常的节水、节电等行为开始，带动孩子们留下绿色足迹。同时，我们应当充分运用公众的碎片化时间，通过可视化的动画短片或其他多媒体素材开展传播和宣讲。

受这次新冠肺炎疫情的影响，很多人更加关注气候变化。在实际工作中，我发现很多人不太理解气象和气候变化的关系。所以，在公众教育方面有很多文章可做，以便引导更多的公众以实际行动响应国家气候政策，配合适应气候变化的工作。在全球变暖的大背景下，如何适应气候变化，让应对气候变化的理念更加深入人心，这一点非常重要。只有先提高公众对气候变化的认知水平，才能提高公众对气候变化问题的参与度，共同为应对气候变化做出实实在在的贡献。

三、提升气候传播国际话语权

为了树立中国的良好形象，努力建设美丽中国，传播气候环保意识，实现可持续发展，我国在气候传播方面已经付出了巨大的努力，开展了大量卓有成效的工作。目前，一个很重要的任务就是提升我国在气候传播领域的国际话语权，更好地表明中国的立场。长久以来，欧美等国家拥有很强的国际话语权，在国际上发声很快。所以，讲好中国故事，加强气候传播，提升我国在应对气候变化方面的话语权极为重要，需要统筹国内和国际两个平台。媒体从业者必须钻研气候变化和低碳发展的专业知识，熟知国际话语体系。这样，我们在国际平台上发声的时候才能有的放矢，把国际舆论与国内发展紧密结合起来。比如，在联合国气候变化大会召开等重要的时间节点，以国内的典型案例为素材，通过影视作品、新闻报道等形式讲好中国故事，向国内外展现中国姿态。

同时，在应对气候变化的挑战、政策、措施、成效等方面，中国应当尽快学会在国际话语体系中表达自身的主张，做到顺风而呼，话语融通。在这一点上，学者肩负重要责任。例如，有国家指责我国在海洋保护方面做得不够，实际上我国一直致力于海洋保护工作，在海洋保护方面已经投入了大量的资源。

如何用事实来还击，这也是学者的责任。因此我认为，面对他国的指责，我国应当理直气壮地罗列事实：我国已经设立了近三百个海洋自然保护区，长期积极参与全球环境治理，切实履行气候变化、生物多样性等方面的国际条约，提前完成2020年应对气候变化和设立自然保护区的相关目标。同时，要用生动的案例展示环保行动的力度与成效。作为一名研究低碳、环保的学者，我呼吁：要让更多的人加入我们的队伍，共同维护大国形象，在气候及环保方面全力展现出大国担当。

《阅江学刊》（2020年第6期）

建言献策

适应气候变化的教育、传播与公众参与

气候变化传播是适应气候变化的重要内容之一，其主要任务是将气候变化的科学事实解释为每一个人都能听懂的科学故事，特别是从叙事的角度，讲述气候变化的过去、现在和未来，宣传气候变化风险、损失和适应对策，以增进人们对气候变化的理解，提高公众应对气候变化的能力和科学素养。气候变化传播需要政府、合作组织以及民众等所有利益相关者的多方努力。本章围绕气候变化科学认知的不确定性和适应气候变化的紧迫性，通过介绍适应气候变化教育、传播和公众参与的国内外案例，分析利益相关方信息传播的渠道，构建适应气候变化传播的有效机制。

第一节　适应气候变化的教育

适应气候变化教育是帮助学习者和各社会阶层做好准备，以应对气候变化带来的挑战，并使公众和各经济体具备相应的知识和能力参与建设绿色、低碳的社会工作中。

在全球气候变暖背景下，各类极端天气气候灾害频发。2019 年世界气象组织发布的报告《2015—2019 年的全球气候》指出：“2015—2019 年是有记录以来最热的 5 年，大范围热浪、破纪录的大火、热带气旋、洪水和干旱等自然灾害导致了巨大的人员和粮食产量损失；南极和格陵兰岛冰川的融化开始加速，这也是海平面上升的重要因素之一。”世界气象组织秘书长彼得里·塔拉斯警告称：“气候变化所造成的影响和冲击并没有减少，反而在不断增加。除了减缓气候变化，还需要更多去适应。”中国国家气候中心《2019 年中国气候公报》统计数据显示，2019 年全国平均气温较常年偏高 0.79℃，为 1951 年以来第 5 暖年；四季气温均偏高，春秋明显偏暖；全年主要气象灾害包括干旱、暴雨洪涝、风雹、台风、低温冷冻害和雪灾，死亡失踪 909 人，直接经济损失 3271 亿元。

面对国内外日益严重的气候风险及其损失损害，如何利用多种方法有效扩大这类信息传播的覆盖面，让公众普遍认识到正在发生的气候变化，并采取与之相符的应对行动，仍然是一项具有挑战性的工作。1992 年签署的《联合国气候变化框架公约》第 6 条明确指出：“各缔约方应在国家一级并酌情在次区域和区域一级，根据国家法律和规定，在各自的能力范围内，拟订和实施有关气候变化及其影响的教育及提高公众意识的计划；保障公众获取有关气候变化及其影响的信息；公众参与应对气候变化及其影响和拟订适当的对策；培训科学、技术和管理人员。在国际层面，编写和交换有关气候变化及其影响的教育及提高公众意识的材料。”这一条款可被视为指导各国开展气候传播的最早的政策性文件。

遗憾的是，全球目前在基础教育阶段对气候变化教育重视程度还不够，还缺乏应有的投入。而在适应气候变化经济学的研究中，也还缺乏针对不同层次人群开展气候变化教育的投入产出比研究。这导致目前气候变化教育工作往往散见于各个学科课程之中，比较分散，教学不够系统，缺少关联。需要改进教育手段，提高气候变化教育的社会经济效益。

气候变化教育作为适应气候变化工作中的基础性工作，亟待在以下几个方面开展。

首先，呼吁全球公民共同行动。科学研究指出，人类现有的技术对于减缓气候变化是可行的。这就需要通过教育手段，帮助不同阶层，不同年龄段的社会人士了解气候变化、掌握相关知识，并激发起他们共同的责任感。在联合国及其相关机构推动下，各国政府和公民社会已经就应对气候变化达成协议。我们需要以全球公民的身份，承担起这一历史重任，共同采取行动。

其次，充分发挥学校的示范作用。探索和推广气候适应型发展模式，加强应对气候变化及提升应对风险的全民教育，倡导和践行低碳生活方式和消费模式，需要重视并发挥学校的示范作用和育人功能。学校担负着培养人才的重任。培养学生绿色、节能理念对全社会的影响深远。学校是公共机构节能减排工作的重点，在意识提升、管理技术、新技术产品的运用等方面能起到示范性作用。

最后，中国的贡献至关重要。中国是世界上人口最多的发展中国家，是遭受气候变化不利影响最为严重的国家之一。积极应对气候变化，事关中华民族和全人类的长远利益，事关我国经济社会发展全局。要通过全民教育，在中华民族中牢固树立起生态文明理念，坚持节约能源和保护环境的基本国策，努力走一条符合中国国情的发展经济与应对气候变化双赢的可持续发展之路。

中国气象局“应对气候变化·记录中国”

在气候变化传播的宣传与教育方面，中国做出了巨大的努力。“应对气候变化·记录中国”活动是气象部门联合各大媒体共同报道的系列气候 变化实地考察与科普宣传活动，旨在从科学角度见证气候变化、面向公众宣传应对气候变化，在气候变化领域发出气象部门的声音。自 2010 年以来，“应对气候变化·记录中国”先后在青海三江源、内蒙古阿拉善盟、江西鄱阳湖等地进行了 12 次考察。考察团从气象科学研究和媒介传播的综合视角，走访受气候变化影响的典型区域，记录全球变暖背景下出现的冰川融化、干旱、海平面上升等不利影响，验证了我国多年来的气候变化观测与研究成果，也见证了各地政府和企业应对气候变化的积极举措。

新疆作为丝绸之路经济带核心区，是气候变化影响的敏感和脆弱地区。2016年“应对气候变化·记录中国”活动以“探寻丝绸之路经济带核心区的发展机遇和选择”为主题，围绕能源转型、生态环境保护及水资源利用、自然灾害应对等方面，从新疆乌鲁木齐开始，途经一号冰川、达坂城、吐鲁番、克拉玛依，探访风电厂、油田区、新能源示范区等地，了解当地受气候变化影响的真实面貌，找寻与解读政府、企业和个人应对与适应气候变化的途径与措施。

福建作为海上丝绸之路经济核心区，“应对气候变化·记录中国”考察团围绕自然灾害应对、低碳经济发展、生态环境保护等主题，从福建福州开始，途经平潭、安溪、厦门，走进渔村，挖掘气候变化对近海养殖行业的影响及应对；探访茶叶种植园，挖掘气候变化对茶叶品质产量的影响及应对；近距离接触新一代多普勒雷达“天语舟”和台风体验馆，揭秘应对自然灾害的全新手段。

第二节　适应气候变化的传播

适应气候变化传播是在社会各个领域多元化地充分传播气候变化的事实与积极应对的理念，使用通俗易懂的语言让全人类共同面对气候变化造成的威胁，并聚焦于统一行动，形成一定的影响力。

由于气候变化科学上的不确定性，以及社会经济系统快速发展所带来的高度复杂性和互联性，对于适应气候变化工作而言，如何有效地普及气候变化和低碳发展科学知识是一项极为艰巨的工作。

近年来，通过逐步建立应对气候变化的教育科普体系，针对中央和地方各级政府官员、科研人员、企业、媒体和非政府组织开展培训，在传播绿色低碳发展理念的同时，推动形成资源节约、环境友好的生产和生活方式。

一、传播领域的行动

通过多种形式和途径开展气候传播，普及科学知识，提高公众参与意识，倡导适应气候变化的低碳生活，使适应气候变化理念成为全社会的共识和自觉行动，营造良好的舆论氛围和社会环境。

（一）新闻报道

充分利用电视、广播、报纸、互联网、微博、微信等新老大众传媒，针对气候变化焦点问题进行新闻报道，广泛传播气候变化科学知识。例如，政府部门利用“防灾减灾宣传周”“节能宣传周”等主题活动，以及世界环境日、世界气象日、世界地球日、世界海洋日、世界无车日、全国防灾减灾日、全国科普日等主题日活动，积极开展气候变化科普和低碳发展理念宣传。据统计，新华网、人民网、搜狐、新浪等门户网站都设立了应对气候变化和低碳发展专题网页，及时追踪报道全球应对气候变化和低碳发展的热点新闻，宣传低碳生活理念。每年年底的联合国气候变化大会也成为各大媒体报道的年度焦点话题。

（二）图书、影视和音像作品

目前，我国已经出版大量与气候变化和低碳发展相关的图书、影视和音像作品，包括一系列反映气候变化、低碳发展和气候灾害的画册、短片和科普读物，利用平面、网络和影视媒体进行气候变化和低碳发展知识传播。中央电视台、新华社等先后制作了《应对全球气候变化——中国在行动》等一系列专题报道节目，拍摄了《环球同此凉热》等多部系列片。环境保护部制作了《应对气候变化，就在开关之间》等多部环保公益广告片，设计制作了2万余套公众应对气候变化和低碳发展挂图。

（三）气候传播政策

应对气候变化的传播教育培训工作已成为我国经济社会发展战略中的一个不可或缺的组成部分。在《中国应对气候变化国家方案》中，第三、第四、第五部分均阐述了气候变化传播的政策内容。在第三部分“提高公众意识与管理水平”一节中提出，通过利用现代信息传播技术，加强气候变化方面的宣传、教育和培训，鼓励公众参与等措施，到2010年，力争基本普及气候变 化方面的相关知识，提高全社会的意识，为有效应对气候变化创造良好的社会氛围。第四部分在关于中国应对气候变化的相关政策和措施中，从提高气候变化公众意识的角度提出，加强宣传、教育和培训工作，利用图书、报刊、音像等大众传播媒介，对社会各阶层公众进行气候变化方面的传播活动，进一步充实气候变化信息网站的内容及功能，使其真正成为获取信息、交流沟通的一个快速而有效的平台，并强调要发挥政府的推动作用。进一步提高各级政府领导干部、企事业单位决策者的气候变化意识……利用社会各界力量，宣传应对气候变化的各项方针政策，提高公众应对气候变化的意识。在第五部分能力建设方面提出，制定提高公众气候变化意识的中长期规划及相关政策，建立与国际接轨的专业传播网络和机构，培养宣传教育人才，面向不同区域、不同层次利益相关者的传播活动，普及气候变化知识，引导公众选择有利于保护气候的消费模式等能力建设。

2008—2013年陆续发行的《中国应对气候变化的政策与行动》年度报告也阐述了应对气候变化传播教育培训的相关政策。《中国应对气候变化的政策与行动——2010年度报告》明确指出，国家把建设资源节约型和环境友好型社会作为学校教育和新闻传播的重要内容，利用各种手段普及气候变化方面的相关知识，提高全社会的全球环境意识。2011年国务院正式印发的《“十二五”控制温室气体排放工作方案》，明确要求利用多种形式和手段，提高公众参与意识。大力倡导绿色低碳、健康文明的生活方式和消费模式，树立绿色低碳的价值观、生活观和消费观，使低碳理念广泛深入人心，成为全社会的共识和自觉行动，营造良好的舆论氛围和社会环境。2012 年，科学技术部、外交部、国家发展改革委等十六个部门联合发布的《“十二五”国家应对气候变化科技发展专项规划》，在第四节“经济社会发展”中明确提出，传播绿色、低碳和可持续发展理念，促进全民绿色、低碳消费行为模式的转变，加强科学普及，推进应对气候变化的教育普及体系和知识传播体系的建设，提高全民积极参与应对气候变化的意识，促进社会组织参与应对气候变化的行动。

二、非政府组织的传播作用

非政府组织（NGO）通过组织举办形式多样的活动，在引导公众参与应对气候变化和低碳发展方面起到了积极的传播作用。绿色出行专项基金等 NGO 组织在辽宁、北京、天津、浙江杭州等 15 个省、市组织“酷中国——全民低碳行动计划”项目及低碳公众传播教育巡展活动。近 40 家中外民间组织共同发起了“气候公民超越行动（C+）计划”，倡导企业、学校、社区和个人积极参与应对气候变化和低碳发展的活动。社会公众也以实际行动积极应对气候变化和低碳发展，在机关、学校、社区、军营、企业、公园和广场等开展了丰富多彩的活动。

丹麦政府高度重视通过传播提升居民素质

丹麦政府认为，传播在应对气候变化的斗争中起着至关重要的作用，应鼓励所有年龄的人加入应对气候变化。在新能源发展和环境保护传播领域，政府、企业和 NGO 组织充分发挥协同效应，不断创新传播模式，建立覆盖各个社会群体和年龄阶段的传播网络。

对青少年的低碳发展意识培养被视为重中之重。丹麦教育部规定，2008–2009 年间，所有中小学教学大纲中必须增加有关气候变化的传播内容。丹麦环境和发展国际机构（International Institute for

Environment and Development,IIED ）每年针对青少年、农民、企业等在学校、农场和社会团体等多种场合举办各种传播培训活动。以位于丹麦中部的萨姆索岛为例，该岛是一个新能源供应的示范岛，在10年时间内就实现了100%的可再生能源供给，2010年岛屿上的人均碳排放量已经为负数。其成就的取得，是在从市政当局\环保人士到管道工、农场主以及家庭主妇的共同传播努力下完成的，与其对居民的教育尤其是青少年的气候变化传播息息相关。萨姆索岛能源学院会对当地儿童从小进行风电等新能源发展相关知识的教育传播，从小给他们树立发展新能源的意识。萨姆索岛能源学院还免费对来自各地的游客开设专门的能源课堂，传播一些关乎能源可持续利用的知识，吸引尽可能多的民众参与应对气候变化和新能源发展中来。

第三节　适应气候变化的公众参与

适应气候变化的公众参与是全民行动应对气候变化，公众是应对气候变化的重要核心力量，公众认知对全世界所有国家的低碳发展非常重要，应对气候变化是一项社会性工作，离不开公众的广泛参与。

一 、联合国的努力：联合国开发计划署推广社区公众参与气候适应

人们越来越认识到，小型社区可能是受气候变化影响最严重的，但却没有足够的能力应对和适应。联合国开发计划署推广社区公众参与该试点项目旨在实施以社区为公众参与基础的项目，以此提高社区或其所依赖的生态系统对气候变化影响的恢复力。它将基本上创建小规模政策实验室，并产生有关如何在地方一级实现适应的知识。

美国“自下而上”的公众参与气候适应传播模式

美国的气候传播手段呈现出“大传播”的特征，参与主体呈现多元化特征，既包括科学界、媒体、非政府组织、教育界、各级政府，也包括宗教界人士、商界和普通公众。传播渠道不仅限于电视、广播、网络、电影、纸质新闻媒体等大众传播渠道，还包括举办大型推广和传播活动、公众辩论、教育培训、信息咨询和公众参与决策等多种方式，以提升公众应对气候变化意识。目前，气候传播在美国已经成为一门融入心理学、社会学、人类学、经济学、历史学、政治学、环境科学和大气科学等多学科的理论与研究方法的交叉学科和新的应用性公共传播研究领域。

美国的公众参与气候传播呈现以下特点。

重视传播内容的贴近性：媒体有意识地将气候变化影响与公众日常生活、已有认知或个人体验关联起来。例如美国著名气候传播机构——耶鲁大学气候传播中心网站的口号就是“搭建科学家、记者和公众之间的桥梁”。

重视对公众认知的调查：耶鲁大学气候传播项目和乔治梅森大学气候传播中心在美国进行了将近10年的公众气候变化认知调查，并发布了著名的“美国人对全球变暖的六种态度”报告。

重视理论研究和公众参与实践相结合：哥伦比亚大学森林和环境学院会研究如何使用各类不同的方法、语言、修辞、叙事以建构起传播战略和策略，进而提升公众的意识和改变行动；耶鲁大学气候传播项目则关注气候传播活动的公共话语和公共行动本质问题。

充分发挥非政府组织的作用：美国非政府组织参与气候传播的形式包括：①直接或间接参与政策立法过程，例如加州2006年通过了《全球气候变暖解决方案》，美国环保基金（EDF)、美国自然资源保护委员会（NRDC）等非政府组织是法案的直接参与起草者，并协助政府使法案最终得以通过。②直接或间接的施压与对抗行动，例如在重要事件和会议场合上，以集体行动、媒体倡议等方式向公共政策决策者或企业决策者施加压力。

二、中国的努力

中国政府高度重视适应气候变化的公众参与工作。近年来，中国在提升公众意识等方面开展了很多工作。自2013年首个全国低碳日以来，通过举办应对气候变化主题展览，召开适应气候变化论坛，建立适应气候变化产业联盟，播放公益广告，组织适应气候变化院士专家中国行，适应气候变化进校园、进园区和进社区等系列活动，提升了公众的适应气候变化发展意识。近年来，越来越多的地方各级政府、企业、社区和媒体通过多种形式扩大了气候变化的影响力。如镇江举办的国际低碳大会，深圳举办国际低碳城论坛和应对气候变化国际影视大会。

中国政府高度重视转变发展方式探索，尤其重视气候变化问题。在国家"十二五""十三五"规划中均提出相关要求，并在全国范围助推减排。中国媒体在应对气候变化公众参与工作中，加大传播力度，令公众掌握相关知识和政策。另外，中国公众也亲身经历了气候变化带来的干旱、洪涝等极端事件，感同身受地对气候变化的影响有了高度认知。因此，中国公众高度认同政府应对气候变化的国内政策及国际合作。

《巴黎协定》后，中国政府、研究机构和公众均主动投身到应对气候变化工作中来。2018年9月的加州气候行动峰会上，来自中国利益相关方代表共同启动"气候变化全球行动"倡议，向国际社会展示了中国民间联合行动的力量。

尤其值得一提的是，中国气候传播项目中心与耶鲁大学气候传播中心的合作，取得的调研数据为联合国和国内相关政府部门提供了有力的科学依据，发挥了公众参与调研助推全球气候治理进程的策略作用。

公众参与全球气候治理，中国在行动。中国公众正在践行从高认知到高行动的跨越，应对气候变化需要更多公众参与。作为消费者的中国公众逐步通过主动改变消费模式、选择低碳产品，倒逼生产端向低碳转型，进而为实现《巴黎协定》的目标作出自己的贡献。

三、未来的展望

公民科学是从公众的视角探索科学、社会议题以及相关的知识。让公众具备足够适应气候变化的科学素养以促使他们在涉及气候变化科学问题的时候做出明智的选择。

由于一系列气候变化危机的出现而使得公众对科学和技术专业知识信任的渴望，很多公民意识到他们高度依赖适应气候变化科学和技术专家的评估、预测新技术以及特定科学。

适应气候变化之路任重而道远，适应气候变化的教育、传播和公众参与还需要进一步加强。在推动低碳发展的过程中，需加强在政府、学术界、媒体、普通公众等各方之间的信息互动传播，以形成合力来推动社会更好地适应和减缓气候变化。创新气候变化传播方式、提高传播效率和效果需建立一种合适的传播机制，这种机制的建立是提高各级政府、决策部门和社会公众对低碳发展的认识，扎实推进传播基础能力建设，加强教育、传播普及工作，发动全社会广泛参与的基础，也是适应气候变化有效运行和有效传播的保证。

第一，抓住适应气候变化的大方向。2016 年美国宣布退出《巴黎协定》，给适应气候变化工作造成了负面影响，但是并没有改变整个气候变化的发展趋势。通过传播引导越来越多的公众参与气候变化的事业中，把低碳发展的理念贯彻到社会生活的方方面面。

第二，拓展公众参与的机制设计。提升公众对适应气候变化工作的知情权，及时向社会公布气候变化工作的最新进展，拓展公众参与的形式，推动决策过程的信息公开，对涉及环境和气候变化和立法、政策制定等工作通过征求公众意见，使国家决策充分反映公众设想。

第三，将意识转换为实际行动。知易行难，我们倡导简约适度、绿色低碳的生活方式，反对奢侈浪费和不合理消费。建立低碳社会，通过市场和行政相结合的方式，加强总量和强度双重控制，减少对自然资源的过度攫取，倡导低碳消费。

第四，加强国际合作。加强与其他国家和组织在气候教育、传播和公众参与领域的合作，通过学术交流、项目合作等形式，构建国际化的气候教育、传播网络，吸收国际先进的传播理念，创新公众参与的形式。

精武镇发展特色小镇的态势及面临挑战

作为天津市发展特色小镇的重点对象，精武镇基于自身明确的产业形态、宜居的发展环境、特色的文化资源、完善的设施服务以及创新灵活的体制机制，坚持党和政府的坚强领导，不断探索实践精武镇发展特色小镇的道路，努力实现“转型发展、赶超跨越”，形成了良好的发展局面。在创建天津市特色文化产业示范镇的同时，将精武镇打造成为中国天津·世界精武文化旅游目的地、中国武术朝圣地、天津旅游发展新亮点、天津城市客厅、地标性文化休闲名片，建设成为功能齐全、品位高端、生态优美、和谐宜居的新型特色小镇。

第一节　精武镇特色小镇的发展态势

围绕“转型发展、赶超跨越”的发展目标，精武镇在党和政府的正确引导下，充分发挥市场的主体作用，进行了一系列经济、文化、社会工程建设，发展势头良好。在这里对精武镇建设特色小镇的整体形势作一概述，并对建设中的重点项目进行重点介绍。

一、整体形势

近年来，精武镇全面落实区委“一二三五三”总体工作要求和基本工作思路。围绕“世界精武魂，活力精武镇”的总体定位，坚持“创新竞进、崇文尚武，打造活力新城”的发展目标，通过优化城市生产功能、城市生活功能及城市生态功能三大功能，围绕“一主四辅”的产业发展定位，重点发展医疗健康、新材料、数据物联、电子商务和体育旅游五大产业。重点打造学府高新区、精武门·中华武林园、《武·传奇》、天津霍元甲文武学校、精武文化广场五张城市特色名片。以区域化为重点，全面加强党的建设；以网格化为基础，提升社会综合治理水平；以精益化为目标，提升行政管理效能，不断加强城镇建设的保障机制。

在区委、区政府的坚强领导下，全镇努力探索顺应科学发展规律、契合精武特点、实现弯道超车的发展路径，提出并践行了“经济搭台、文化唱戏、稳定铺路、民生作后盾、党建为基石”的总体工作要求和基本工作思路，坚持不懈抓发展、惠民生、促和谐、强党建，全镇经济社会保持了良好的发展势头。

（一）综合实力显著增强

精武镇主动适应经济新常态，积极应对下行压力，经济社会实现持续健康发展。地区生产总值、税收收入、固定资产投资、农民人均可支配收入，2015年分别完成68.7亿元、9.3亿元、112.3亿元和20973元。各项主要经济指标始终保持“二字头、两位数”增长，增速位居全区前列，大幅度缩小了与先进街镇的差距，大跨步迈进了全区“第二集团”行列。

“十二五”精武镇经济发展各项指标统计

指标	单位	2010年	2011年	2012年	2013年	2014年	2015年
地区生产总值（GDP）	亿元	15.2	18.2	23	28.5	57.3	68.7
税收收入	亿元	2.8	3.4	4.3	4.8	7.4	9.3
农民人均可支配收入	元	未统计	12564	14913	17479	19165	20973
固定资产投资	亿元	34.4	45.4	57.3	85.9	87.7	112.3
规上工业总产值	亿元	77.8	105	129.1	132.8	156	182
批发零售销售额	亿元	5.7	62	100.9	105.9	124	150

（二）发展质量显著提升

精武镇三次产业比例优化为1∶55∶44。现代都市型农业初具规模，“三区九园一中心”的农业基础建设布局基本完成。占地1000亩、总投资3.5亿元的光伏农业科技产业园投入使用，成为三次产业融合发展的新亮点。与天津农学院建立产学研联合体，推广观赏鱼先进养殖技术，品质和产量全面提升。先进制造业升级步伐加快，工业总产值达到192亿元，规模以上工业企业达到36家，战略性新型产业产值年均增长30%。老工业园区企业提质增效，29家企业实现转型升级，大冢制药主营业务收入连续五年保持20%以上增幅，新宇彩板跻身中国民营制造业500强。“十二五”期间，新增中国驰名商标2个，天津市名牌产品7个，天津市著名商标8个，市级“杀手锏”产品3个。现代服务业加速壮大，服务业快速发展。商贸流通、楼宇经济、文化旅游等服务业增长加快，学府商务大厦已注册97家总部结算机构、高端服务机构和高新技术企业，2015年贡献税收5000万元。卓尔海宁皮革城、汇成国际（食品）商贸城等商贸综合体竣工开业，文博园、教师之家、“星期八小镇”等特色商业街投入运营。精武门·中华武林园被认定为国家4A级景区，5年间成功举办两次世界精武武术文化交流活动，2017年举办首届迎春庙会、天津首届风筝节、梦想家大学生音乐节等活动，旅游接待人次近73000人，日均客流量4000多人，文艺展演40场。落实中小微企业贷款风险补偿机制，发放贷款547笔、87.5亿元。

（三）增长动力显著转换

精武镇坚定实施项目带动战略，发展后劲不断增强。项目引进成果丰硕，围绕重点产业规划和首都疏解功能，积极融入京津冀协同发展，引进了包括正威国际集团、卓尔天津电商城、津版传媒集团、久泰电子科技等世界、国内500强在内的28个行业龙头企业，签约投资额714亿元，实现外资到位2.2亿美元、内资到位157.8亿元。重大项目加快发力，累计推出重点项目50个，计划总投资388.2亿元，已完成投资187亿元。蓝辰天成绿色数据中心、学府慧谷配电设备制造、旭辉燕南园等一批重点项目开工建设；国家信息安全产业基地、慧谷工业园、麦谷“互联网 +”产业园、光电科技及创新产业园等一批高新产业园区相继投入运营。创新创业快速推进，学府高新区成功列入国家自主创新示范区，天津学府科创广场被认定为市级众创空间，引进 4 位院士和 7 位国家“千人计划”专家，科研成果和研发团队分别荣获第四届全国创新创业大赛一等奖和优秀团队奖。五年来发展科技型中小企业 592 家、科技小巨人 27 家、高新技术企业 19 家，新认定专利 1532 件。

（四）城镇面貌显著改变

精武镇加快实施“四清一绿”行动，连续开展市容环境综合整治活动，环境面貌不断提升。空气质量持续向好，推行大气污染防治网格化管理，狠抓“五控”治理，关停并转高耗能高污染企业 4 家，圆满完成各年度节能减排任务。水系生态持续改善，综合治理河道 20.5 公里，新建改造污水管网 20.6 公里，全镇污水管网基本实现全覆盖。治理入河排污口门 8 个，改造合流制地区 4 片，城镇污水集中处理率达到 97%。镇容村貌持续提升，深入开展爱国卫生运动和市容环境综合整治，取缔一批废品收购站，拆除一批违章建筑，整修街景立面 3.96 万平方米。完成老旧楼区改造 30.3 万平方米。近日完成精武镇汇英苑小区沿街商业的整改，典雅大气的欧式风格，焕然一新的街景立面，宽敞平整的停车场，整齐有序停放的车辆，都让人眼前一亮。建成镇村综合服务中心 16 个、美丽社区 3 个。全面完成清洁村庄创建任务，全镇生活垃圾无害化处理率达到 90% 以上。大绿快绿持续推进，下大力气打造生态绿林、绿色河道，新增绿化面积 8000 亩，栽植乔灌木 85 万株。高标准建成 7.3 万平方米的精武公园，为镇区群众提供了更好的休闲健身场所。城镇功能持续提高，按照“一控规两导则”的要求，镇区规划及小城镇挂钩试点地块规划实现全覆盖；京沪高铁天津南站投入使用，地铁 3 号线引入我镇，新建改造城镇道路 13 条、27 公里和乡村公路 9 条、11 公里。社区工作站和网格化管理实现全覆盖。

（五）民生福祉显著增进

精武镇持续加大民生领域投入，2015 年已累计达到 67.5 亿元，占财政支出比例超过80%，群众生活水平不断提高。住房条件持续改善，加快推进示范镇安置区和各村住宅楼建设，10个村、5600余户村民迁入配套齐全、环境优美的新型社区。就业形势保持稳定，充分利用劳动保障信息广场积极开展“送政策、送信息、送岗位”等活动，5年内实现新增就业3176人，转移农村富余劳动力2563人，累计参加各类技能培训3000余人次，城镇登记失业率控制在3.5%以内。社会保障持续健全，深入实施养老保险参保补贴、农籍居民医疗保险补助等惠民措施，本地城乡居民医疗保险参保实现全覆盖，城乡低保、农村五保供养标准逐年提高，居家养老补贴、优抚对象抚恤全面落实。教育教学水平明显提升，新建、改扩建4所中小学和7所幼儿园，教育基础设施和办学条件得到质的飞跃。全镇教育系统累计获得市级以上荣誉28项，其中，师大三附小荣获全国教育系统先进集体。霍元甲文武学校被国家文化部授予“国家对非培训基地”称号，在国际和全国大赛中荣获金牌920枚，成为国家级特色学校。公共服务更加便民，8000平方米社会事务服务中心投入使用，集社会治理、综治信访、社会事务于一体，内设27个服务窗口，80余个服务事项，日均受理便民事项300余件。民营客运班线全部停运，新开通4条公交线路，百姓出行更加安全便捷。建成大南河祥和园文体活动中心和国兴佳园等3个社区综合服务中心，全镇新增体育器材1200件，为村、社区、企业等24家农家书屋增加图书2.6万册、乐器252件。社会保持和谐稳定，“六五”普法有效开展，积极化解社会矛盾和不稳定因素，连续5年获评综治工作优秀达标地区，镇司法所荣获“全国先进司法所”荣誉称号，义务普法宣传员陈万宏入选中央电视台法制频道“2015年度法治人物”。启动建设安全精武，加强了重点领域安全隐患排查整治，有效防止了重大不稳定事件和重特大安全事故。

二、重点产业项目

特色小镇发展的“灵魂”在产业，而重点项目则是产业的必要支撑和落脚点，对于特色小镇的建设和发展起着关键作用。围绕区委确立的医疗健康、新材料、数据物联、电子商务和体育旅游等五大产业，精武镇开展了兼具经济效益和社会效益的重点项目，目前已形成了较大的知名度和影响力，有力地支撑了精武镇产业的健康发展。

（一）精武门·中华武林园

精武镇是近代著名爱国武术家——霍元甲的故乡。由霍元甲创办的精武体育会已成立 104 年，遍布世界 30 个国家，共有 60 余个精武体育会。精武镇充分借助这一得天独厚的历史人文资源，高标准规划并启动建设了集国内外武术文化交流、爱国主义教育、观光体验、休闲度假于一体的富有浓郁精武文化特色的文化产业高地——精武门·中华武林园，目前已投资 7 亿元建成了“二馆一园”即霍元甲纪念馆、霍元甲纪念园和精武馆，是国家 AAAA 级景区、天津市爱国主义教育基地。

霍元甲纪念馆占地约 132 亩，建筑面积 12602 平方米，纪念馆为三层建筑，太极图结构，下由一八卦型底座高高托起，纪念馆全面系统地展示了霍元甲的传奇一生和精武会的创建发展历程；霍元甲纪念园在原址上扩建，占地约 110 亩，建筑面积 3533 平方米，包括观武亭、广场、山门、大殿、牌坊、陵墓等，供各国精武友人和各界人士前来恭仰祭拜；精武镇于 1992 年、2010 年和 2012 年先后承办了“世界精武武术文化交流大会”“霍元甲百年英雄会”，并成功举办了 2017 年、2018 年两届“迎新春庙会”、“中国天津首届轻型飞机低空飞行嘉年华”、天津首届风筝节等活动，武林园景区的国内、国际影响力日渐提升。

精武镇对该项目不断升级改造，提高国内外的影响力：一是重点加大对精武门·中华武林园景区的提升改造建设，对霍元甲纪念馆内部进行全新的提升改造，实现精武馆后续工程的合理对接，打通武林园和武校。将霍元甲武术元素充分融入园区中，实现两馆一园、武校四为一体。积极联手本地及外埠大中小院校合作共建爱国主义实践教育基地，开展实践活动。二是为传承精武文化，弘扬尚武精神，不断提升霍公故里西青区的知名度和天津在全球的影响力，举办霍元甲诞辰 150 周年纪念活动。组织区政协、区文化局、教育局、旅游局、精武镇政府及霍元甲文武学校等有关人员赴上海市虹口区、浙江省余姚市等地区开展专题调研，加强精武镇特色小镇重点项目建设。

（二）霍元甲文武学校

由世界武术冠军郎荣标、候冬媚创办的霍元甲文武学校，是中国孕育武术精英的摇篮。学校现有师生1800人，建校17年共获奖牌3000余枚，共培养7个世界冠军、300多个国家级冠军和健将级运动员，每年众多国内外武术爱好者慕名而来，习武修身，体验独具特色的津门功夫之旅。国家体局总局授予霍元甲文武学校“国家空手道训练基地”，此外还承担非洲武术学员的培训，迄今为止已经培训四期共计80名非洲学员。

近年来，霍元甲文武学校通过参加各类国际文艺演出及活动，促进精武文化走出去。霍元甲文武学校也是天津“精武会”和“迷踪拳研究会”所在地，每年接待来自世界各国的武术爱好者来校学习训练。

2017年，霍元甲文武学校学员在泰国“欢乐春节”文化交流访演，为泰国人民献上了一场精彩绝伦的武术表演《精武英豪》，学员们高超的武术技艺、敬业的工作态度得到了盛赞。霍元甲文武学校学员随“美丽天津”艺术团赴俄罗斯进行访问演出和文化交流，赴圣彼得堡参加“记忆·天津”非物质文化遗产展览和综合文艺演出；霍元甲文武学校外派教练在毛里求斯与当地学员举行武术展演；出访古巴、巴巴多斯，参加哈瓦那“中国文化节”，提高了精武文化的知名度和影响力，向全世界展示了中华武术的博大精深和中华文化的源远流长。

（三）精武文化公园

精武文化公园项目位于精武镇富兴路东侧，丰华道南侧，鸿信路西侧，乾华道北侧，占地面积约12万平方米，总投资1.28亿元，是由老厂房改造而来的集休闲、娱乐、健身为一体的文化主题公园。2019年9月30日精武文化公园正式开园迎客。公园水清树绿、花香景美，活动场地宽阔、设施器材齐全、文化元素丰富，成为人们观光游玩、休闲休憩、享受生活的好去处。

精武文化公园由福润精武、尚武精神、辉煌风采三大板块组成，惠及人口达2万余人。公园以现有生态环境为依托，建设绿荫健身步道、生态水溪和音乐喷泉等绿色休闲设施，成为高楼大厦中供百姓休憩的民心工程。公园规划设计建设了尚武精神雕塑，剪影雕刻以迷踪拳为原型，与精武镇本土文化紧密联系，充分彰显精武文化的魅力；“阳光书吧”，将建筑与自然高度融合，让群众在文化滋养中享受美好生活；公园旱喷音乐广场为群众文化活动增添了气氛，以下沉式精武剧场为核心，周边寓意五大洲的活动场地，为居民活动健身提供了广阔舒适的空间。另外，公园整体融入海绵城市设计理念，促进雨水资源的利用和生态环境和谐，力争建造一个“会呼吸”的公园生态环境。

（四）《武·传奇》文化名片

天津市首个舞台功夫真人秀《武·传奇》，由精武镇政府发起，联合霍元甲文武学校，展现天津本地文化特色、弘扬中华民族传统武术文化，自2015年5月正式公演以来，已经面向国内外演出近百场，反响强烈。

2016年，天津尚武文化发展有限公司开展了“武术体验定制游”：观看由世界武术冠军领衔主演的大型现代原创武术表演秀《武·传奇》，感受精武精神、体验中华武术的独特魅力，品尝运动员标准餐，近距离观赏和学习中华武术，享受全新的旅游体验。《武·传奇》的推出带动了整个区镇的文化旅游资源，进一步提升西青区作为全国知名武术之乡的声誉，是西青区文化旅游产业的一面旗帜。《武·传奇》从问世到现在已经演出了200多场，在津湾大剧院演出10余场，受到了社会各界的一致好评，可以说已经成为能够代表精武镇、代表西青区的文化产业的一张绚丽名片。其经济效益也不可小觑，尤其随着精武镇文化旅游产业的不断做大做强，《武·传奇》背靠国内，面向国际，具备素质一流的专业演出团队，并曾多次赴非洲、中亚、南美等几十个国家进行武术交流与访演活动，其演出水平在国内外享有极高声誉，广受赞赏。

2017年，天津尚武文化发展有限公司与北京、津湾三方合作对《武·传奇》进行了改版，在原《武·传奇》成功的舞台表演基础上，充分利用津湾大剧院的舞美机械，从内容到表演方式上对《武·传奇》进行加工和深化处理，特别在串联形式、表演人物塑造方面，加大霍元甲、精武会的内容比例，给人们还原一个真实的霍元甲、真实的迷踪艺。首版定名为《武传奇之霍元甲》，并已进入市场化运营，进一步向外界展示精武文化，弘扬精武精神。2017年5月《武传奇之霍元甲》舞台功夫秀作为天津市文化旅游名片正式在津湾大剧场进行商业演出。计划每年演出200场次，票房年收入500万元以上。

（五）西青学府高新区

天津西青学府工业区坐落于精武镇北部，东至第三高教区，南至精武镇镇区，西至津晋高速公路，北至天津高新技术产业园区海泰南道，位于西青区中部新城和西青经济技术开发区两大发展组团的中心位置，区位优势明显。园区规划面积10.2平方公里，其中国家自主创新示范区用地面积3.6平方公里，2009年被天津市人民政府批准为示范工业园区，2014年园区被天津市政府批准为天津国家自主创新示范区“一区二十一园”之一，2015年获批天津市众创空间、天津市留创园，2016年获批天津市首批知识产权聚集区、西青区首批文创基地。

“十三五”期间，精武镇将立足于打造崇文尚武、宜居宜业的活力新镇，努力促进战略性新兴产业占据价值链高端，提高现代服务业的产业融合度，以大学科技园为重点加快建设学府高新区，围绕高新化、高质化、高端化的产业发展定位进行建设。打造创新技术和创新产品聚集高地，重点发展医疗健康、新材料、数据物联、电子商务和体育旅游五大产业。依托高教区、高新区的智力资源优势，把学府工业区打造成科教、研发、产业一体化基地，成为“智力西青”的核心板块。

（六）常青藤国际艺术小镇

常青藤国际艺术小镇项目坐落于精武镇小卞庄村，该项目将在保留小卞庄原有村落及人文特色的基础之上，增加艺术与创新元素，吸引常青藤文化集团有限公司签约合作的艺术家、美术馆、数码版画创作室等入驻艺术小镇，形成艺术创作与艺术体验、数字出版产业与旅游度假相融合的聚集地。项目总投资 3.4 亿元，占地面积为住宅地面积 151.9 亩，农田 416 亩，大棚面积 100 亩。小镇可用建设用地面积为 133 亩，示范区（一期）占地 12460 平方米，总建筑面积 3460.67 平方米。目前小镇已完成示范区（一期）建设，包括 12 套大师工作室、咖啡厅、艺术沙龙、画廊、餐厅及民宿酒店等内容。于 2019 年 11 月 10 日在小镇举行“绥猷艺术沙龙暨天津常青藤国际艺术小镇启幕”活动，正式对外展示。

艺术小镇依托常青藤文化集团产业链优势，集团旗下包括常青藤基金、常青藤艺术、常青藤文化、常青藤设计师联盟、常青藤营造与装饰、常青藤艺术产业园、常青藤美术馆、常青藤环境艺术体验中心、常青藤艺术家工作室等板块公司，构成了服务各类客户的艺术品产品链和艺术化装饰服务体系，集合了艺术设计、艺术品生产制作、艺术教育、仓储运输、艺术展览交流、艺术品交易从设计到生产、从培育到就业、从仓储到物流的全方位体系。天津常青藤国际艺术小镇作为以签约艺术家生活创作的工作室为特色的艺术区，作为常青藤文化产业体系的重要节点，将同常青藤文化集团打造的艺术创作、艺术品研发生产、推广及销售整体产业链平台无缝对接，为入住艺术家及相关人群创造艺术作品的有效销售渠道，形成艺术创作、体验、交流与销售的产业发展的新模式。

（七）光伏农业产业园

精武镇近年来着力发展现代都市农业，按照“三区九园一中心”总体规划，加快光伏农业科技产业园建设，尽快竣工投产，发电并网。加快生态旅游功能开发，做优炒茶品茗、特蔬采摘、农事体验等休闲项目，深耕食用菌、光伏茶、有机蔬菜、园艺苗木四大品种，在规模化种植的基础上，利用科技化手段提高农业附加值，努力打造天津“伏茶庄园”和“光伏菇乡”，形成集科技农业、体验农业、创意农业、品牌农业、定制农业于一体的现代都市农业样板项目。

光伏农业产业园包括 222 个光伏农业科技大棚及配套设施，主要以特种蔬菜、光伏茶、皇菊种植、苗木花卉种植、加工及林蛙养殖为主营业务。园区目前分为光伏茶种植区、CSA 采摘区、林蛙养殖区、休闲农业体验区、苗木区五个区域。园区在发展光伏农业全产业链的同时，还将发展休闲农业，建设华盛农场。项目一期规划面积约为 400 亩，种植区以皇菊种植为主，养殖区以林蛙养殖为主，活动区规模约为 85 亩，以地景设计为主题。

（八）精武镇中心幼儿园

天津市西青区精武镇中心幼儿园创建于 2018 年，占地 4050 平方米，是精武镇第一所公办幼儿园。现有大、中、小 9 个教学班，每间教室均设有幼儿衣帽间、盥洗室、卫生间，此外还设有幼儿保健室、隔离室、综合活动教室等；户外操场、跑道、沙池，各种玩教具应有尽有，保证幼儿户外活动质量。幼儿园拥有一支教育观念新、业务能力强、师德修养好、充满活力的中青年教师队伍。幼儿园以“育德，启智，崇文，尚武”为宗旨，以期让孩子们在乃文乃武的精武大地共擎一方蓝天，让每一个孩子都沐浴在爱的阳光下，启心智之门，扬求知之帆；拥抱人生最美最佳的开端，踏步新征程，不负新时代。

2019 年，精武镇中心幼儿园严格对照《天津市幼儿园保教质量规范》标准，以高度负责的态度，实事求是开展教育安全工作。着力园所设施配备高投入、幼儿安全高保障、教育投入高标准，推进办园条件标准化；聚焦一日常规、区域活动、园本教研等质量提升，推进保教工作优质化；着眼开放性和特色化发展，推进办学效益最大化。幼儿园通过积极构建家园共育平台，成立家长委员会，不定期地召开会议，举办各种专题讲座，除了传统的上门家访、电话访谈、家长开放日、家园联系栏等形式外，还通过网站、微信群、微家园等媒体与家长互动，还特别增设家长助教渠道，让家长走进课堂，利用多样化家长资源让幼儿全面发展。通过多渠道、立体化的家园共育活动，幼儿园赢得了家长的普遍赞誉，公众满意度逐年提升。

第二节　精武镇发展特色小镇面临的挑战

精武镇在发展特色小镇的热潮中紧抓机遇，立足自身特色资源，在产业形态、发展环境、文化资源、设施服务及体制机制等方面都有了重要的基础，并通过有规划、有策略地针对性开发建设，特色小镇建设已卓有成效，但另一方面，因为地区差异，各个城镇的资源和发展实际有所不同，建设特色小镇需要开发者关注的环节、需要协调的资源涉及非常广，在实际工作中面临的困难和问题更没有可以完全复制的经验和路径，只能依靠自身去实践和探索。基于精武镇发展特色小镇的基础和局势，其面临的挑战主要有以下几个方面。

一、文化品牌有待提炼

精武镇人文资源要素分布范围较广、较为零散，且优良级资源的产业化能力和品牌影响力不强，难以形成整体性的规模集聚效应。更为关键的是，在精武、尚武文化的大品牌下没有形成相关的特色文化产品和服务，及形成与之相匹配的价值链、品牌链、产业链。因此，要以利于产业化和品牌化为原则，打造文化产业各要素环环相扣、相互促进，上下游优势互补、梯次发展，以良性循环不断推动产业螺旋式上升的文化产业链条。

二、产业融合有待加强

精武镇文化产业尚处于初步发展阶段，受体制机制、配套政策、平台和人才等方面制约，文化产业发展过程中与其他产业融合较少，尤其是文化与农业、旅游业的结合方面。文化产业在与旅游业、高科技产业、传统制造业、金融业、商贸业的融合发展中，既以文化创意提升了相关产业的文化含量，催生了新的业态形式，也极大地提高了其附加价值。文化产业与其他产业融合的政策有待进一步完善，融合的深度和广度也有待进一步深化，创新发展，打破瓶颈，加速转变经济发展方式，实现相关产业转型升级。

三、龙头企业有待培育

精武镇共有 17 类文化经营单位 14 家，但除几家国有文化单位外几乎没有规模较大的文化企业。知名企业少，企业知名度低，没有形成品牌效应，市场认知率、占有率低。优势特色企业缺乏，缺少大型龙头企业带动，导致产品优势没有形成品牌优势、规模优势。要进一步推动文化产业在我市的发展，必须集中力量，力争培育出 1 至 2 家文化产业的龙头企业，扶持几家重点企业，帮助其做大做强，以龙头带配套、促集聚，促进文化产业集群化发展。

四、招商引资有待创新

在文化项目招商上，有待进一步调动企业的主动性和积极性，真正把企业推入招商引资第一线。政府不能既“搭台”又“唱戏”，不能是项目的包装者，又是项目的推出者，还是项目的谈判者和跟踪者，导致外来投资者反而找不到对等的合作者。明确政府主要职责，着重研究招商引资的战略、策略和相关政策，宣传造势，营造环境，构建平台，牵线搭桥，政策扶持，配套服务等，真正实现企业之间的直接交流和双方合作项目的有效对接。

五、公共服务品质有待提升

特色小镇建设不同于早期开发区主要依靠“政策扶持”与“制度红利”，通过特殊的税收、用地优惠政策增强外来投资的吸引力的模式，而必须要依托于更加优质的公共服务来吸引优质资本、打造特色优质产业。这既包含了自然风貌、生活配套等“硬”设施，更涵盖优质化的医疗、教育资源、政府公共服务水平等“软”配套。近年来，精武镇公共服务体系不断建设和完善，但随着精武镇的经济发展和转型升级，针对公共服务中的一些“软”配套品质还不够高，基于公共服务的多元性和重要性，今后还需要进一步改造提升。

加快精武镇发展特色小镇的政策措施与建议

第一节　特色小镇建设的思路

精武镇基于自身鲜明的产业形态、宜居的发展环境、特色的文化资源、完善的设施服务以及创新灵活的体制机制，着眼于“建设成为功能齐全、品位高端、生态优美、和谐宜居的新型特色小镇”的长远目标，顺应国家建设特色小镇发展趋势，同时积极应对发展中遇到的各项挑战，准确把握精武镇发展特色小镇的方向，是精武镇实现跨越发展的题中之义。

一、政府引导、社会资本介入是特色小镇建设的主要模式

政府引导、社会资本介入这种模式是未来特色小镇发展的主流趋势。特色小镇建设需要大量的资金，持续稳定的资金来源是特色小镇发展的关键，因此合适的融资模式对于特色小镇的发展将至关重要。目前在中国各级地方政府已逐步广泛运用的 PPP 模式，具有很多优势。

PPP 模式能够有效地综合使用财政资金和社会资本，减轻政府压力，开拓融资渠道。弥补特色小镇资金缺口，丰富资金来源。同时，未来通过小镇进入

成熟阶段，可以通过发行资产证券化产品进行融资进一步支持小镇的发展。

2. PPP 模式能够降低和分散风险，政府和社会资本通过相应的合约，对投资、建设过程中的相关责任进行明确界定。政府主要在小镇建设阶段承担建设风险，社会资本则主要是在小镇运营阶段承担运营风险。这样政府和社会资本可以发挥自身优势在项目的不同阶段管控相应风险，降低和分散风险，提高特色小镇建设运营的效率。

3. PPP 模式实现经济效益和社会效益的平衡。特色小镇不同于一般的政府公益性项目，是一个融合产业、文化、旅游、生活等多项功能于一体的综合型平台。市场化合理运营的特色小镇，未来产生的价值，可以满足社会资本的投资回报要求。同时，对政府经济转型升级、新型城镇化建设，都具有重要意义。

精武镇是政府主导下建设的特色小镇，已培育有众多强有力的社会资本，应该适时采用政府与社会资本合作的 PPP 模式，充分发挥政府主导与社会资本的优势，共同开发特色小镇。

二、跨界融合、构建生态系统是特色小镇建设的核心理念

特色小镇是按创新、协调、绿色、开放、共享发展理念，结合自身资源优势，找准产业定位，进行科学规划，挖掘产业特色、人文底蕴和生态禀赋，实行产城融合、服务配套、管理健全的发展模式。

单一的资源型、产业型特色小镇风险较大，特色小镇力求一、二、三产业的高度融合，追求生产、生活、生态融合发展。保持产业、文化、旅游、休闲为一体，实现产业和城镇发展融合，加速新型城镇化进程。特色小镇在确保核心产业“特”的同时，必须进行多产业跨界融合才能确保小镇产业链的内生活力。

1. 产城融合共建，促进公共服务一体化

产城融合是新阶段经济发展的必然产物，符合城镇化发展的客观规律。有产必有城，有产则城立则城兴，无产则城衰则城空。产业自身发展，不仅能够为城镇居民提供各类产品和公共服务，丰富城乡市场供给，还能推进城乡资源

平等流动，带动城市公共产品和服务向乡村延伸。要把产城融合共建摆在特色小镇建设的重要位置。树立“以产立城、以产兴城、以产聚人”的发展思路，实现产、城、人的融合发展。

2. 发展配套产业，提高综合发展能力

在小城镇区域范围内，一、二、三产业发展都具有一定的基础和条件。要结合各自条件和发展阶段，进一步挖掘产业内涵和潜力，推动相关配套产业发展。特别是要立足一产、做强二产、做活三产，大力发展农产品加工、乡村旅游、休闲农业等产业，促进产业功能拓展，提升产业文化内涵，实现一、二、三产业融合互动，提高三次产业综合发展能力。

3. 推动产业聚集，提高规模效应

产业集群发展是指相互联系又相互独立的产业，根据地区分布、专业化生产与经营的要求，发展各自优势产业，在空间与地域上进行高凝聚度的集合发展。在地区范围内进行产业聚集抱团发展，一方面能够有效节约商品生产成本，另一方面能够增强产业活力，促进形成产业竞争的良好氛围，提高产业综合竞争力。

一个完整的特色小镇生态系统，通常分为核心产业、衍生产业和配套产业三个层级，由内而外实现共荣共生共享。单一产业难以为继，统一运营才能协调发展。而融合的关键是产业链的挖掘、细分和创新。只有将当地的特色文化、资源等进行充分挖掘，并通过创新手法进行加工、传播、体验，才能实现由核心产业向衍生产业过渡，激发产业活力，最终实现投资效益最大化。

因此建设特色小镇要打造具有多业态汇聚能力的综合性平台，依托资源整合能力，吸纳各个业态的行业资源。在此基础上，融合政策、资本、商业的力量，以人为根本，率先实现人流的聚集，进而带动多产业的协同发展。

三、紧凑型、集约化、产业化发展是特色小镇建设的突破方向

特色小镇区别于行政区划单元上的小镇，它相对独立于市区，有明确产业

定位、文化内涵、旅游特色、生活社区功能的发展空间平台。

发展特色小镇要改变单纯求大思维，要追求“小而美”，特色小镇的小尺度、近距离、微景观是其发展的优势。应在小而特、小而优、小而美、小而精上多下功夫，从追求规模到追求质量转变，才能探索出更广阔的前景。小城镇不要克隆大中城市形态，要突出自身的地方特色，包括地方人文特色、自然风光特色、产业特色、建筑特色、旅游特色等。

1. 从资源优势出发，确定主导产业。

产业是城镇健康发展的基础，根据当地的人口结构、文化资源、产业基础进行合理规划，因地制宜发展当地特色产业，根据区域定位确立小镇的主导产业，科学规划设计特色小镇建设与生态产业发展，依靠支柱产业，做好重点产品营销，引导市场发展，另一方面在特色小镇建设过程中预防恶性竞争与重复设计。

2. 培育龙头企业，发挥带动效应

龙头企业是一个地区产业发展的代表，在一定程度上代表地区产业发展水平，因此在建设特色小镇产业生态的过程中，应在用地面积、财政支持、税费优惠等各方面加大对龙头企业的扶持力度，鼓励龙头企业引导产业链条上的个体经营商户、小型企业的发展，建立健全公平合理的利润分配制度，充分发挥龙头企业对于当地产业经营发展的领导与带动作用。

3. 突出特色优势，创新品牌市场

建设特色小镇，主要体现是特色产业、特色产品和特色服务。发展特色产业，不能墨守成规、不能千篇一律，要加强创新和品牌建设。大力开展品牌创建，发展品牌产业、品牌产品和品牌服务，提高品牌的知名度、美誉度，用特色品牌占领市场。特色小镇重点在特色，只有紧紧抓住小镇特色并充分开发，才有可能打造特色产业。

第二节　精武镇特色小镇发展的措施与建议

为了推进精武特色小镇全面发展，需要加强政府的指导和调控，充分发挥市场配置资源的基础性作用，建立和完善促进开放合作的体制机制，通过自身努力与各级政府支持相结合，在现有基本格局之上，以体制机制创新为突破口，建立和完善综合配套政策体系和组织架构，统筹协调，先行先试，着力从政策引领、挖掘资源、基础设施、人才引进等九方面，汇聚创新要素、打通创新渠道、营造创新环境、完善创新支持，形成多元化、多层次的服务保障和政策措施新局面，提升小镇影响力与整体竞争力。

全力推进新型工业化。坚持以规模化、高新化、集群化为方向，依靠项目带动，强化产业支撑，突出抓大扶小，增强创新能力，不断优化工业结构，提升工业发展水平。大力发展现代服务业。坚持以优化结构、提升层次、扩大规模为重点，构建与新型工业化相配套、与城市化进程相协调、与城乡居民需求相适应的现代服务业体系。千方百计提高居民收入。实施城乡居民收入倍增计划，稳定和扩大就业增加工资性收入，鼓励和支持创业增加经营性收入，扩大投资渠道增加财产性收入，提高财政对社会保障投入增加转移性收入，逐步实现居民收入增长与经济增长相协调。大力改善城乡生态环境。坚持以造林绿化为重点，加快生态文明建设。突出抓好沿山、沿河、沿路、环湖绿化，创建一批绿色园区、绿色厂区、绿色校区、绿色社区。以个性打造城镇品牌、以产业彰显城镇特色、以文化提升城镇品位、以环境吸纳人口聚集，加快推进小镇建设，突出抓好特色产业培育、基础设施配套和生态环境建设，提高小镇综合承载能力。按照方便生产生活的要求，科学规划布局，建设成为产业特色鲜明、基础设施配套、生活环境优美、民俗文化浓郁的小镇。

一、重视政策引领，加强科学规划

政策是先导，是精武特色镇发展的首要条件。政策机制不仅是精武特色镇建设的首要动力，而且能够弥补市场机制的不足，对精武特色小镇建设起着生死攸关的作用。精武特色小镇建设必须坚持“先规划，后实施”的原则，突出规划的科学性和前瞻性，争取实现多规融合，统筹考虑项目建设与城市发展相协调、公共设施与人口布局相协调、自然环境与人文环境相协调，努力实现小镇的生产功能、休憩功能、文化功能和生活功能的有机统一。不断完善精武特色小镇规划体系，以总体规划为指导，结合生态保护、历史文化保护、农地保护要求，加快推进特色小镇总规、控规和修建性详规、新社区规划，以及道路、公共设施等专项规划编制，强化各类规划衔接，形成层次分明、结构完备的规划体系，做到区域功能定位科学、城乡空间布局合理、公共服务和基础设施均等覆盖。此外，要力求保护传统与创新发展协调统一，推进城镇规划设施现代化、生活富裕化、环境宜居化、城乡一体化，但不能抛弃小城镇的优良传统，注重传统与现代的协调发展。

第一，精武特色小镇在发展过程中应坚持以《精武镇第十三个五年规划纲要》《天津市文化产业特色示范镇创建方案（精武镇）》为依托，做好小镇在总规、控规、道路、基础设施等方面的规划。依靠精武特色文化，做好特色小镇差异化发展，将精武镇打造成为世界精武文化旅游目的地，同时结合工业文化、爱情文化、休闲文化、教育文化、商贸文化、农业文化打造主题不同的区域板块，将精武镇建设成为天津城市客厅、地标性文化休闲名片、西青生态活力新城的文化休闲中心。

第二，注重增强服务职能，为小镇的建设提供良好的环境。调整在经济发展中的位置，建立服务型政府，转变观念、增强意识，服务于主导产业的定位与发展。通过完善审核制度，简化政府办事程序，提高政府办事效率，对经济发展环境做出改善。这样可提高对大型企业的吸引力，促进龙头企业的发展，同时也为市民日常生活提供了便利，从而获得认同感和归属感。精武镇政府应转变管理理念，做好服务型政府建设，整合政府内部资源为企业提供便利，同时与上级相关部门沟通，建立企业注册、税务、审计等方面的绿色通道，为符合小镇发展的企业提供优质服务。

第三，组建“天津市西青区精武镇产业发展领导小组”。建立由天津市西青区主要负责领导任组长的“天津市西青区精武镇产业发展领导小组”，着力加强顶层设计，立足比较优势、立足现代产业分工要求、立足区域优势互补原则、立足合作共赢理念，以“统筹规划、预留空间、逐步实施”为原则，以优化区域分工和产业布局为重点，以资源要素空间统筹规划利用为主线，以构建长效体制机制为抓手，统筹协调市区发改委、科技委、工业与信息化局、国土资源局、财政局等相关行政部门，整体落实国家在京津冀一体化、新型城镇化、投资贸易便利化等方面的专项改革工作，明确产业发展的功能定位、产业布局、设施配套、综合交通体系等重大问题，组织开展先行先试的体制机制创新试点，在土地开发、基础建设、项目审批、财税、投融资、技术创新、知识产权、对外贸易、人才培养引进等方面给予积极支持。

第四，深化简政放权改革，促进政府职能转变，评估清理现有行政审批事项，尽可能减少行政审批事项，确需保留的，要精简审批流程，严控审批时限，公开审批标准，提高审批效率，规范审批程序。建立健全多部门协同服务机制，开展行政审批权下放试点工作。完善行政监管制度和政府信息发布制度，推进政务公开，建立健全政府相关部门信息共享和工作联动机制。

二、深入挖掘资源，重点突出特色

特色资源是精武特色小镇发展的前提和保障。综观世界著名特色小镇，大多是依托当地资源，融合当地特色，走出了一条因地制宜的发展之路，从而形成了自己的特色。精武特色小镇建设首先要立足自身环境和资源禀赋，充分把握区位优势、资源优势和产业优势，在尊重历史、尊重规律的前提下，把城市、产业、居民作为一个整体。对当地农村的资源禀赋和乡村传统文化等进行系统梳理、综合利用，然后围绕优势资源延伸拓展产业链，带动相关产业发展。

第一，尊重自然规律，不能急于求成，坚持生态、文化与功能的统一，实现自然与人文的协调。杜绝冒进式开发，杜绝人为的主观臆断。精武特色小镇在发展过程中要充分挖掘现有文化资源，尊重自然规律，建立人与自然的连接。总体思路是：以现有基础精武门·中华武林园、霍元甲文武学校和西青郊野公园做支撑，提升打造精武文化5A景区，发展精武文化旅游，打造精武印象板块；以“天仙配老槐树”的传说做支撑，打造富家湾爱情小镇和高新创意农业园，发展城市休闲旅游项目，打造精武新城板块；以现有永红工业区、牛坨子进士文化做支撑，提升打造永红时尚文创空间和牛坨子进士村，发展文化创意项目，打造文创意境板块。这三大板块发展过程中更应该重视因地制宜的发展，不仅做好对传统文化的保护及创新开发，还要做好对传统遗址的保护，做到修旧如旧，避免出现单一的同质化开发。

第二，追求建筑特色和艺术风格之美。从精武特色小镇功能定位出发，注重城市形象塑造，设计个性建筑风格，系统打造软环境，实现小镇特色之美。这种特色美是自然与人文、历史与时尚、传统与现代的完美结合，而不仅仅是高楼大厦的现代化之美。结合小镇传统文化，修缮整饰古建筑。特色小镇旅游开发强调小镇原有的文化意蕴与特色，科学合理地修缮和保护古建筑群的“原真性”是历史文化给予旅游开发的重要使命。恢复建筑风貌，修缮维护古建筑的传统格局，对文化遗存的整饰保留应在其使用材料、色彩等方面严格要求与古镇风貌相协调。开发前期对小镇进行科学合理地规划设计，深入挖掘小镇的历史人文元素，保护古建筑遗存，注重民俗特色。精武镇应结合精武文化强化城市设计和品牌塑造，突出精武自然人文特色，打造有辨识度、独特性的城市空间，让人能停下来、留得住。建立地域特色鲜明的城镇品牌推广体系，充分利用传统媒体和新媒体，策划和举办节庆活动、推介活动，宣传精武品牌和形象。推动镇域道路命名、路标设计地域化、特色化。

第三，集约集成，精益求精。贯彻“小而精”的原则，反对“大而全”的做法，依据小镇实际情况，确定精武小镇风格，做好形象设计，建设精武特色精品小镇。以精武文化为基础，以精武文化元素与地域文化元素为创新的原材料，将历史传说、事件、名人古迹等作为开发题材，设计出具有差异性、创造性的旅游商品。在包装材料的使用及形象设计上，充分融入历史风情与民俗文化，给旅游商品赋予浓厚的地方文化元素，体现魅力与特色。同时，在工艺加工方面，又不能失去传统旅游商品的原真性。当然，在科技水平发达的今天，传承保护历史文化不能排斥创新，只是创新过程中坚决不能让传统文化元素流失。因此在利用现代技术对旅游商品进行深度开发时必须深度融合古镇文化元素，生产出承载着地域和民俗特征的旅游商品。

第四，保护非遗文化。强调非物质文化遗产在民众生活当中的生命力、历史的传承性和在现实当中的实际功能。传统只有在对当今社会生活发挥积极作用时，才能体现其自身的价值，否则是没有实际意义的。对居民生产生活方式的保护首先要坚持“以人为本”，在此基础上将非物质文化遗产代代相传，不断推进发展。保护传统的生产生活活动也是对精武特色小镇历史文化与环境特色的业态传承。精武镇应将具有比较优势的非物质文化遗产作为核心文化创意业态进行重点打造，以使其成为带动整个地区非物质文化遗产开发的“增长极”，并通过该业态的极化效应，辐射相对弱势的业态，有利于使当地基于非物质文化遗产开发的各类文化创意业态形成共生共振，从而在小镇内部构建出协同发展的文化创意业态圈。在旅游开发项目中，适当利用具有特色的生产、生活元素，通过将非物质文化利用现代科技、新能源等手段，避免污染。做好外围防护，通过截污、治理污染源，构建自然生态屏障的手段，防止外部污染。精武特色小镇旅游要以小镇本身为一个生态文化物化的载体。在生态文化理念下构建精武特色小镇，可使小镇的旅游开发与社会、环境及人之间和谐共处，共同发展。作为西青区非物质文化遗产的草编柳编技艺，要利用好非遗资源，发挥非遗传承人的作用，通过借助新技术与非遗的融合，将非遗有关的历史、技术发扬光大。

三、完善基础设施，提升配套服务

基础设施建设是推进精武特色小镇必不可少的物质保证，是实现区域经济效益、社会效益和环境效益的重要条件。因此，精武特色小镇建设首先需要加大基础设施和公共服务网络体系建设，提升公共服务能力。同时，重视与周边大城市的合作，共享城市的基础设施与人文社会资源，与大城市相联系，可以高效利用大城市的医疗资源、教育资源、信息资源、科技资源和人才资源等。同时，精武特色小镇大力发展绿色产业等，可以缓解大城市的压力，增加精武特色小镇发展的动力。应该落实放宽城镇落户政策，实行居住证制度，有序推进农业转移人口城镇化，优先将长期生活在小镇并拥有稳定劳动关系的人口转为城镇居民，赋予与当地居民同等权益，让转移人口在心理上逐步融入城镇。稳步推进基本公共产品和公共服务常住人口和户籍人口的全覆盖，实现子女教育、医疗服务、劳动报酬和社会保障等的共享，让转移人口共享小镇发展成果，提升幸福感，从而更好地融入小镇的生活和建设中，实现共建共享的有机统一。

第一，完善相关金融政策。通过健全融资机制和筹资机制，促进银行和企业的合作，通过创新金融体系，为企业贷款提供便利。另外，由于政府与企业合作会存在风险分担的问题，因此有必要制定风险分担的原则和机制，制定风险补偿、信用担保等政策，消除企业参与精武特色小镇建设的顾虑，提高其参与积极性。在融资方式方面，可采用 PPP 模式增加投资面积的参与，通过民间企业的参与既可以利用企业先进的技术和管理经验，又可以为政府节约生产管理成本，同时促进了精武特色小镇建设模式的创新。具体可通过制定税收优惠政策，在建设全寿命周期的不同时期对税收给予一定的降低或免收的优惠政策，减小社会企业的压力。政府应发挥自身优势，保证基础设施的投入，完善的配套设施，对社会投资者更具有吸引力。最后，还要注意侧重于对当地本土投资者的吸引，只有将社会资本留住，使其扎根于精武特色小镇，才能真正地提升当地的产业链，调整产业结构，促进经济发展。

第二，完善市场体系。加快特色项目、重点项目的培育扶持，尽快建立具有本地区特色的特色产品生产销售体系，形成规模效益和品牌效应。革除区域障碍，加快人才、创意、版权、技术等特色产业核心要素的自由流通。大力发展中介机构和行业组织建设，注意发挥经纪、代理等中介服务机构作用，为各类企业单位提供专业化、社会化服务。注重把交流与贸易相结合，把政府推动与企业市场化运作相结合，构建完善市场体系，激发市场活力。

第三，重视体制创新。通过不同区域层次的发展规划中的相关规定，合理安排精武特色小镇的发展方向与空间布局，充分利用不同层次中的优惠政策，发挥精武小镇的特色优势。通过增强小镇与周围城市之间的配合与协调，合理安排小镇的建设方案。产业的选择需要首先考虑历史和区域的产业特点，从小镇的资源条件、人口结构、产业基础等禀赋出发，因地制宜，深度挖掘产业的内涵及增长点，确立主导和支柱产业，进而据此为相关要素资源的集聚提供配套的扶持政策和优惠政策，以要素资源的积累作为产业长期可持续发展的首要基础。在精武特色小镇建设中，一方面，要推动周边村庄的整合归并，优化行政区划与空间布局，从而推动土地、资金以及外部资源要素向小镇的集聚；另一方面，应制定优惠政策吸引人才流入，鼓励本地高素质人才回流，特别是与高校、职校进行合作，引入小镇建设所需的高端人才。

第四，与政策性银行和国有商业银行深入合作，为企业提供全方位金融服务。加强与中国人民银行、国家开发银行、国家进出口银行等政策性银行的全面合作，支持工商银行、建设银行、交通银行、农业银行等国有商业银行为文化企业提供金融服务，在政策保障和重点文化项目金融业务的协调等方面给予支持与协助，在法律法规和银行规章制度允许的范围内，积极向优质项目等提供全面的金融创新产品和服务。发挥政府统筹协调优势，加强与其他产业规划管理部门、担保、评估、产权交易等相关机构的交流沟通，积极争取上述部门对文化企业融资工作的关注和支持，为融资创造良好环境。

第五，鼓励社会组织广泛参与。社会组织成为组织群众文化团体建设、指导群众文化活动、营造日常文化生活氛围的中坚力量；全面调动广大群众成为公共文化的主体，充分发挥“文化人”在日常文化生活中的重要作用和影响力，推动基层公共文化自治。同时，完善精武小镇基础商业、社区配套设施建设。完善旧城区改造中的道路建设和社区建设，完善精武小镇及周边医疗卫生、康体保健、文化娱乐等便民生活设施的建设和管理。完善精武小镇的配套文化消费设施建设。加强全民文化艺术教育，提高人文素养，推动转变消费观念，激发创意和设计产品服务消费，鼓励有条件的地区补贴居民文化消费，扩大文化消费规模。

第六，优化精武小镇公共服务平台建设，促进集约化、特色化、专业化。以解决企业共性需求为重点，在现有各主要功能园区的公共服务平台基础之上，根据不同发展阶段的文化企业需要，提供包括创业孵化、金融服务、技术服务、产业升级、展示交易等在内的一揽子政策扶持措施，整合优化配置各类资源，聚焦重点产业、重点品牌、重点区域，加大对传统产业带动性强的项目和行业的扶持力度，深入推进专业聚集园区建设，完善特色布局和服务功能，实现项目园区集中、产业集群发展、资源集约利用、功能集成建设，不断扩大文化产业集聚效应，增强整体实力和竞争力，推动文化产业向规模化、专业化、特色化方向发展。

四、完善招商计划，引进优质资源

第一，周密部署招商计划，发挥产业促进与协同作用。制订明晰的项目推广与招商计划，将重大项目并入天津全市的招商计划中。全力针对大型龙头文化企业进行项目的招商引资工作，尽量形成“政府引导、大型企业龙头带动、中小企业积极参加”的开发格局。整合小镇资源，明晰产业定位，重点引进一批科技含量高、创意附加值高、低碳环保的知识密集型项目。实施“大企业引领，大项目带动”策略，招大引强；重视搭建产业链，实现对规划区域内产业的上、中、下游企业、配套企业及关联产业企业的吸纳引进；坚持招商与引智相结合，招产业项目与金融投资相结合。

第二，充分发挥产业促进中心的作用，推进产业招商，明确任务，明晰职责，努力形成上下联动、内外兼顾、平行协同、全员参与的招商引资队伍。一是强化组织领导，加强招商主动性。实行重大项目一把手负责制，小镇领导干部树立带头招商、主动招商的意识，亲自跟踪重大项目洽谈和落实工作。二是明确职责分工，落实项目建设。明确引资项目落地统筹、项目调度管理、督查、督办等职责分工，实行全员招商，制定招商考核标准，强化管理。实施季度汇报、年度考评制度，明确招商奖励措施。按照优势优先优选原则，按公务员队伍的 1% 配强专业招商力量。三是立足天津，协同推进。小镇要做好与市区发改委、经信委、商务局、人社局、住建局、旅游局等单位协同招商合作，四是组建驻外招商机构。组建外市、外省驻点招商联络机构，加强与外地企业尤其是大型企业的联络，吸引商会大厦入驻企业。

第三，创新招商策略，完善招商服务和宣传推广保障。建立针对性、差异化、常态化招商策略。一是围绕重点产业，实行重大项目跟踪服务机制、领导人负责制。二是实现特色化、针对性服务机制，明确规划区产业布局中各重大项目的招商定位，开展一对一、点对点服务，实现特色化、差异化、创新型招商策略。三是实行常态化招商机制。建立文化科技项目常态化招商跟进机制，加快文化创新成果转化。四是建立招商奖励机制。对引进特大项目的组织和个人给予奖励，从资金、人力等方面对招商引资工作给予大力支持。

第四，完善招商服务保障。一是继续推进招商软环境建设。继续推进天津市内招商工作中的优惠举措，完善绿色通道，切实改善招商软环境。做好入驻小镇企业的协调服务和项目申报工作、审批管理程序，简化审批手续，为外地企业落户提供全程代办服务；二是搭建完备的招商信息查询和服务平台建设。

第五，完善进入优惠政策体系。精武特色小镇建设已经得到了市区领导的大力支持，针对小镇的顺利建设和发展，仍需要各级政府的大力政策支持。要认真执行国家和市区支持特色小镇发展的相关政策，继续保持原有优惠政策的稳定；在审批政策方面，完善小镇管理条例等法规制度建设，明确政府、管委会、职能部门与开发运营机构之间的关系和职能；建立行政审批绿色通道，简化合作共建园区项目核准、备案等管理程序，提升项目报批效率，为项目的尽早落地开工创造有利条件；迁入企业在其他地区评定的管理类别，来合作共建园区后予以办理相应的工商、海关、外汇管理类别；共建项目建设特殊事项实施个性化服务，根据项目投资强度、技术含量、规模效益等给予一事一议、特事特办的审批政策。

五、树立生态理念，发展新兴产业

人居环境要围绕地区开发、城乡发展等诸多问题进行研究，重视城市环境建设。精武特色小镇的建设秉持绿色、低碳的发展理念，贯彻可持续发展的思想，注重对区域内生态环境和历史文化遗产的保护。还需做好历史文化名城、历史文化传统街区、文物古迹和历史建筑的保护工作，严格控制小镇内文化遗产及其周边的建设开发活动。精武特色小镇的内容建设必须体现更具深度的文化内涵，突出所在地的文化、历史、建筑、人文等方面特色，将产业、文化、旅游、社区等功能聚集并融合起来。这种融合不是一种机械式的叠加，而是将经济功能、文化功能、生态功能、社区功能有机地融合在一起，形成一个完整的共同发展的空间。精武特色小镇的建设不应只是打造一个单纯的旅游风景区，而是应当建立起一个综合性的文化生态旅游产业集聚区，将景点、服务业、小商品制造、居民日常生活、建筑、教育、公共卫生及生态保护等方面整合成为良性循环的产业生态链。

第一，发展生态农业。保护自然山水生态文化主要指文化在一种特定环境中的延伸及创新，强调人与自然之间相处关系的和谐统一；提倡绿色环保的生活方式；重视人文道德的文明程度，使人们在生活中既能真正了解自然，保护自然，又能崇尚自然，享受自然。精武特色小镇的发展理念是结合生态、社会、文化、经济、制度多维度构建，以人为本、天人合一制度供给。精武特色小镇的建设，要完成制度供给的创新。国家改革试点的领域，精武特色小镇优先审批、实施；法律允许的改革，精武特色小镇可以先行突破。以“开放系统”进行建构，这是一个动态的过程，同时也是一个结果，要不断完善和超越。

精武特色小镇的建设要尽可能推动当地居民的就业或自主创业，探索就地、就近城镇化的路径。应着重发挥休闲农业在这方面的作用，加快生态旅游功能开发，做优炒茶品茗、特蔬采摘、农事体验等休闲项目，深耕食用菌、光伏茶、有机蔬菜、园艺苗木四大品种，在规模化种植的基础上，利用科技化手段提高农业附加值，努力打造天津“伏茶庄园”和“光伏菇乡”，形成集科技农业、体验农业、创意农业、品牌农业、定制农业于一体的现代都市农业样板项目。完成宽河村农业园区建设，发展休闲观光农业。做好搬迁村庄复垦区域农业种养殖园区规划，及时跟进农业园区建设。同时，可借助外部力量支持当地居民的生产和销售，发展合作生产、订单式生产、链条式销售等现代生产经营方式。小镇的建设需要优化教育、医疗、文化、体育、便民服务等公共设施和服务，为当地居民提供更为优质的社会福利保障。精武特色小镇应是宜居之地，所有的规划设计必须体现小镇生活的舒适和便利，构筑人与自然的和谐关系，以完善、优质的社区吸引高精尖企业和人才的长期入驻。

第二，加入科技元素，发展体验经济。精武特色小镇的建设，要在突出物理空间和文化传承特色基础上，逐步以“虚拟建构、智慧运营”的思路，在互联网、物联网和智能领域上构建“互联网 + 物联网 + 智联网”超越性的大系统，完成“集聚经济、共享经济、智慧经济”的融合。在智能化发展的今天，信息、技术、交易都可以近乎零成本跨越物理界限实施对接。

将学府科创广场作为“孵化加速平台”，承担创新、研发功能；学府商务大厦作为“服务平台”，承担集中展示、咨询服务功能；学府物联网产业园、慧谷工业园作为“产业平台”，承担产品中试、规模化量产功能。启动天津国际大学科技园双创基地建设，引进哈工大机器人产业研究院，加快智慧物联信息技术研究院、天津工业大学精武产业技术研究院建设。大力高水平建设国家自主创新示范区，用足用好自创区政策和大学城资源优势，增强校地合作、院地产学研合作，建设产业技术创新联盟。发挥创新平台孵化加速作用，加强科技创新成果转化及市场推广，将科技成果转化成实实在在的经济效益。

精武特色小镇在建设和运营中要充分发挥信息经济和互联网思维，拓展产业功能和产业文化内涵，并推动相关配套行业的发展。一是通过“互联网＋”的方式对传统产业进行升级和整合。二是将当地全体居民纳入小镇的规划、宣传和营销中，强调小镇建设中人的参与，通过自媒体等渠道参与到信息的分享与流动过程中来。三是利用移动互联网、物联网和各类应用客户端实现管理集中化、资源跨界和服务人性化，打造智慧城市。电子商务的繁荣让许多原本不具有区位优势的小城镇有机会参与到了市场经济的竞争合作之中，享有网络经济带来的空间平等。信息的传播可以打破地理空间的限制，使得一些位置偏僻的乡镇也同样能与外界发生紧密的经济联系。精武小镇要通过走信息化带动工业化的新路，使得本地居民有条件实现就地城镇化，甚至能够吸引外来人口的聚集。

第三，影视服务业。精武镇要在霍元甲影视作品及影响力的基础上，大力发展与影视有关行业，通过政策先行，通过土地、投资、财税等政策吸引投资，吸引知名影视机构入驻。整合全市影视资源，努力探索新形势下的影视传媒业的发展模式，积极拓展影视市场。按照现代企业制度，采取收购、重组、兼并、合作等资本运作方式，筹建影视传媒集团。同时，借鉴横店模式，通过影视剧的拍摄，扩大星海湖文化产业园知名度，吸引游客，扩大客源群体。与文化旅游业相结合，利用霍元甲等人文资源建设大型影视制作基地，加强武打、近代史特色题材影视基地建设，以影视作品提升精武镇的知名度，引进并培育一批一流的民营影视企业。大力推进高新技术与影视传媒产业的结合，形成节目、广告、网络、手机新媒体四大主业并举，相关产业多元发展的影视传媒产业发展格局。

第四，演艺娱乐业。解放思想，突出特色和创意，以区域特色文化为主要载体，积极创作贴近群众，老百姓喜闻乐见的节目形态。重点打造大型声光电综合演艺节目，利用全息影像技术等高科技提升技术含量，利用霍元甲人文资源做文章，开发大型的实景演出，打造能够让游客喜欢的文化演艺产品。加强对演艺娱乐业发展的规范和引导，加强统一包装、统一规划、统一设计、统一发展，形成规模，延长链条，推进演艺产业专业化。加强演出网络建设，加强演出单位与传媒业、旅游业及大型企业集团的联合，增强演出娱乐业的活力和发展后劲。

第五，体育休闲产业。积极拓展体育休闲产业的外延，按照现代产业理念融入文化概念建设符合多元文化品位的产业。创新健身休闲业的经营方式。加大无形资产的开发利用力度，通过活动冠名、友情赞助等多方式、多层次开发运作，建设和盘活体育健身设施。在场馆的使用上，广泛发动社会的力量，将场馆推向市场，让其发挥最大的市场经济效益。做到武术与群众体育休闲的相结合。加快建设多层次、全方位的健身休闲市场。加快发展群众喜爱的健身气功、武术、秧歌、风筝等传统健身项目。积极引导休闲健身市场的发展，鼓励开办健身俱乐部，拉动城乡体育消费水平的提高。

六、重视政策倾斜，推动小微企业发展

第一，制订成长型小微文化企业的扶持计划，积极破解文化企业特别是小微文化企业“轻资产”、融资难的困境。加大国家新兴产业创投计划实施力度，按照“政府引导、规范管理、市场运作、鼓励创新”的原则，鼓励新兴产业参股创业投资企业。进一步加大对战略性新兴产业和高技术产业领域小微企业的投资力度，在科技创新、战略规划、资源整合、市场融资、营销管理等方面，全面提升对创新型小微企业的增值服务水平，促进创新型小微企业加快发展。鼓励市级备案管理部门积极开展创业投资企业、股权投资企业与小微企业的项目对接活动，促进创业投资、股权投资资本的投资需求与小微企业融资需求的有机结合。

第二，支持符合条件的创业投资企业、股权投资企业、产业投资基金发行

企业债券，专项用于投资小微企业；支持符合条件的创业投资企业、股权投资企业、产业投资基金的股东或有限合伙人发行企业债券，扩大创业投资企业、股权投资企业、产业投资基金资本规模。扩大小微企业增信集合债券试点规模。贯彻国务院关于“搭建方便快捷的融资平台，支持符合条件的小企业上市融资、发行债券”的精神，在完善风险防范机制的基础上，继续支持符合条件的国有企业和投融资平台试点发行“小微企业增信集合债券”，募集资金在有效监管下，通过商业银行转贷管理，扩大支持小微企业的覆盖面。出台财政配套措施，采取政府风险缓释基金、债券贴息等方式支持“小微企业增信集合债券”，稳步扩大试点规模。

第三，鼓励发行企业债券募集资金，投向有利于小微企业发展的领域。鼓励政府投融资平台公司发行债券用于区内小企业创业基地、科技孵化器、标准厂房等的建设，用于完善技术、电子商务、物流、信息等服务平台建设，用于中小文化企业公共服务平台网络工程建设等，鼓励发行债券用于为小微文化企业提供设备融资租赁业务。支持中小型文化企业发行企业债券用于企业技术改造，包括开发和应用新技术、新工艺、新材料、新装备，提高自主创新能力、促进节能减排、提高产品和服务质量、改善安全生产与经营条件等。清理规范涉及企业的基本银行服务费用，完善银行收费定价机制。加强对商业银行收费的监管，把规范银行收费行为作为清理治乱减负的重要内容，重点查处商业银行审核发放贷款过程中强制收费、捆绑收费、只收费不服务少服务行为，以及明令取消的项目继续收费、自立项目收费等行为。彻查违规行为，整肃经营环境，切实降低小微企业实际融资成本。

七、引进专业人才，奠定发展基础

精武特色小镇深度开发的核心是文化资源，而开发顺利进行的核心是人力资源。特色小镇开发建设是一项综合性较高的活动项目，专业人才是将这一活动项目成功实施的基础动力源，也是整个开发过程的总指挥。能否充分利用专业人才并有效将其所掌握的专业知识应用于实践，是关系到小镇旅游开发能否顺利进行的关键。增强与周边大学的合作，建立大学生实践基地，供专业对口的学生实践，将小镇建设成为大学生创新创业的转化基地。同时，针对毕业大学生的就业需求，制定具有吸引力的政策，吸引人才就业。

第一，制订精武小镇人才发展规划，完善人才认定与扶持体系。制定《天津市西青区精武镇文化创新人才发展规划》，建立健全文化创新人才培养、引进、使用、流动、评价等制度，加快建立文化人才引进、培养、任用和激励制度，为小镇内的人才发展提供服务和保障。支持小镇内的组织根据需要引进高端领军人才和高层次人才。有关部门应当根据国家和本市的有关规定为高端领军人才和高层次人才在企业设立、项目申报、科研条件保障、户口或者居住证办理、房屋购买和租赁等方面提供便利。

第二，制定《天津市西青区精武镇文化人才认定与扶持管理办法》，在充分调研的基础上，制定区域文化人才的认定、分类、分级体系，实施文化人才的标准化管理和扶持。加强文化人才职业资格认证和分级制度，通过规范文化人才职业资格认证和分级，确保文化从业人员的质量。通过国际文化人才职业资格认证和分级制度，从人才角度与国际文化发展接轨。

第三，完善人才服务体系，建立人才服务中心，拓展人事代理服务，为人才的流入提供优质的服务。对区域急需的优秀和特殊人才，在住房、职称评定、家属随迁、子女教育、社会福利等方面给予政策倾斜。大力发展人才市场，使人才市场成为人才资源配置的主渠道，真正赋予用人单位与人才双向选择的自主权，建立公正、合理、有序的人才流动机制。

第四，积极响应大学生志愿服务计划，在具有科技、农业背景、品牌传播背景的高等院校中招募若干优秀志愿者，为建设精武特色小镇人才队伍注入活力；加大人才引进力度，以引进建设型人才、企业管理型人才、品牌宣传型人才为对象，加快引进人才“绿色通道”和建立“一站式”服务机制，大力发展人才市场，使人才市场成为人才资源配置的主渠道。加强专业人才培训，按照

“发展什么培养什么、干什么培训什么、缺什么培训什么”的原则，依托相关专业性职业培训学校，围绕重点发展领域，加大教育培训力度，尽快形成人才培训体系。

第五，加强人才培养。一是加强专业人才培训按照“发展什么培养什么、干什么培训什么、缺什么培训什么”的原则，依托天津市相关专业性职业培训学校，围绕精武镇重点发展领域，加大职业技术教育培训力度；加强人才专业培训，建立一批专业高级、中初级人才培训基地，尽快形成精武镇人才培训体系。二是加强干部队伍培养。通过对现阶段在重要岗位的相关负责人分重点、分批次的选送到国家相关重点大学或相关机构进行短期专业化知识的培训学习，让精武镇干部队伍在短时间内实现转变，提升干部队伍的整体素质，为精武特色小镇发展提供重要支撑。

八、树立宣传核心，扩大小镇影响

第一，以推介精品项目、打造品牌活动、塑造小镇形象作为着力点，确立总体营销思路，建立小镇形象识别系统，构建多层次的外宣格局。以镇党委宣传部门为核心，加强各有关部门间的沟通联络，建立各部门宣传合作机制，积极推介精品项目，突出品牌建设重点。

第二，借助媒体宣传，提升精武小镇品牌知名度。充分利用电视广播、报纸杂志、互联网、新媒体、路边广告牌等渠道进行品牌宣传，宣传名牌战略、名牌政策、名牌产品、名牌企业，在全社会营造注册商标、利用商标、争创品牌、保护品牌、使用品牌的浓厚氛围。在网站、新媒体等开设品牌宣传专栏，积极挖掘、培养、宣传全市涌现出的典型，通过成功名牌的典型宣传，让名牌兴企、质量兴镇理念更加深入人心；充分利用国内外相关展会平台、投资洽谈会和旅游节庆等机会，大张旗鼓地开展精武特色小镇品牌宣传推介活动；互联网成为现在最具有发展潜力的传播渠道，政府和各品牌创建主体都要加强互联网的利用，通过网络进行品牌传播。

第三，着力培育精武小镇品牌。精武小镇的可持续发展应当以重点打造一批有小镇特色的品牌。深入挖掘提升小镇文化产品和服务的文化原创力，将精武小镇先进的文化个性、文化特色物化到文化产品的品牌塑造以及服务质量、理念等过程中，提高商品文化的内隐价值。挖掘小镇领域内的老字号等文化资源，吸收现代制造业理念、自动化生产理念和工业设计的理念，使用信息技术、环境技术、材料技术、安全技术等将其与现代美术、现代音乐等相结合，发展推动精武小镇文化产业老字号文化的新兴产品业态，使老字号的区域品牌变成国内品牌和世界品牌。以推动精武小镇协作发展为核心，制订精武小镇文化产业跨区域协同发展规划，鼓励企业整合创意、研发、生产及营销等上下游环节，进一步延伸精武小镇文化新业态产业链，发展以实现产业关联、产业协同为目标的精武小镇文化产业新型业态和产品。

第四，依照精武小镇特色地理环境、人文环境等，分析小镇城市文化、城市精神与城市形象，将创意设计融入文化形象开发中，利用形象化的表现手段来传达小镇的特征。挖掘与之相应的城市视觉文化符号，着力打造形象突出、特色鲜明的园区文化视觉符号系统。在天津市的机场、港口、火车站、长途汽车站、高速公路与国道旁、星海广场等旅游景点以及人流大车流大的繁华地段，通过户外广告、标志性景观建设，圆雕、浮雕和透雕等多种艺术表现形式的设立，传播小镇文化视觉符号系统。完善园区基础商业、社区配套设施建设。完善旧城区改造中的道路建设和社区建设，完善园区及周边医疗卫生、康体保健、文化娱乐等便民生活设施的建设和管理。完善园区的配套文化消费设施建设。

九、借助外部力量，开展对外交流

第一，加强与京津产学研合作。组织企业直接与京津高校和科研院所进行技术对接或项目对接，充分利用京津丰富的资源，借智发展，通过加强合作，引进高校的先进成果，加速科技成果转化，接纳周边产业转移，加快精武镇传统产业优化升级，促进经济持续稳定发展。突破人才壁垒，将人才区域合作经常化，加强小镇与京津间的人才合作，实现人才资源共享。鼓励各类金融机构加大产品创新，推出适合文化产业和企业的多种科技与金融结合产品。

第二，建立公共数字化平台。整合京津冀地区的公共服务资源，打造政府公共服务的调查统计、需求分析、供需信息发布、统一采购、监督和评价于一体的综合服务平台，研发新型服务模式，提高公共服务的质量和效率。具体包括公共服务调查与研发、公共服务供应服务、公共服务需求分析、公共服务信息发布、公共服务统一采购、公共服务监管与评价以及知识产权管理服务等。

第三，积极开展文化品牌活动，拓展外部市场。继续举办精武门·中华武林园迎春庙会、天津风筝节、梦想家大学生音乐节等活动，天津电商城举办的动批服装新城周年庆暨小商品城开业活动、“脱单劳动节·卓尔来牵线”大型相亲交友活动、儿童跳蚤集市等，整合全镇旅游资源、活跃市场。组织景区参加天津旅游暨民俗西青专场推荐会、天津西青休闲旅游购物季、中国天津投资贸易洽谈会、5·19中国旅游日天津西青主题活动和天津市旅游商品大赛。

第四，鼓励跨区域合作共建产业园。探索飞地经济模式，即在精武小镇划出一块区域，专门承接与发达地区政府间合作共建园区的项目，优质大型企业鼓励类项目，国内外著名高校、科研院所合作共建的项目等。按照“政府推动、市场导向、优势互补、互利共赢、因地制宜、特色突出”的原则，鼓励发展园中园、共管园、托管园、项目合作、贸易合作和交流合作等多种模式。

第五，拓展国际科技合作与交流渠道。充分发挥政府渠道和中介组织的作用，认真凝练合作重点，不断拓展对外合作渠道，逐步形成“政府引导、多方参与，统筹集成、突出重点，以我为主、双赢互利，为我所用、支撑创新”的对外合作态势，形成全市双边、多边、官方、民间等多形式、多层次、多渠道、全方位的国际科技合作新格局，为小镇经济建设、科技发展和构筑开放型科技创新体系服务。

第六，构筑对外合作基地。构筑对外文化科技合作服务平台，为企业和研发机构提供技术转移、最新科研成果、科技人才、技术咨询等方面服务。培育对外文化科技合作基地。推进与美国、日本、俄罗斯、加拿大、澳大利亚、欧盟等发达国家和经济体的合作，集成优势科技资源，培育对外科技合作基地和联合研发中心，加速高新技术成果在精武镇的产业转化。

基于以上发展措施及建议，以精武镇“十三五”时期提出的努力实现“转型发展、赶超跨越”为发展目标，通过筑就自创高地、打造商旅重镇、塑造武魂之乡，建设一个功能齐全、品位高端、生态优美、和谐宜居的美丽精武。